中国民营酒店人力资源管理研究

王浩乐 编著

中国出版集团
世界图书出版公司

图书在版编目(CIP)数据

中国民营酒店人力资源管理研究/王浩乐编著.
—广州:世界图书出版广东有限公司,2014.9
ISBN 978-7-5100-8726-4

Ⅰ.①中… Ⅱ.①王… Ⅲ.①民营企业-饭店-人力资源管理-研究 Ⅳ.①F719.2

中国版本图书馆 CIP 数据核字(2014)第 231203 号

中国民营酒店人力资源管理研究

责任编辑	韩大才
封面设计	牛 力
版式设计	杨 洋
出版发行	世界图书出版广东有限公司
地　　址	广州市新港西路大江冲 25 号
电　　话	020-84459702
印　　刷	虎彩印艺股份有限公司
规　　格	710mm×1000mm　1/16
印　　张	15.5
字　　数	309 千字
版　　次	2014 年 9 月第 1 版　2015 年 3 月第 2 次印刷
ＩＳＢＮ	978-7-5100-8726-4/F・0158
定　　价	40.00 元

版权所有　翻印必究

内容简介

本书从酒店企业的实际操作出发，理论与实践相结合，概括了酒店企业人力资源管理的各项工作，探讨现代企业人力资源管理在我国民营酒店企业中的运用。全书共分10章，首先是结合我国民营酒店企业的发展实践，阐述民营酒店企业人力资源管理的的相关内容，其次是通过人力资源管理的六大模块对民营酒店企业人力资源管理的具体操作实务作了详尽的分析和探讨，并给出了具体的操作方法和步骤。

本书可以供从事酒店经营管理的人员阅读，或作为民营酒店企业人力资源管理人员岗位培训用书，也可以作为高等学校相关专业本科生、专科生以及中专生的学习资料或教材。

前言

我国民营酒店企业的发展，是中国经济转型的重要成果，民营酒店企业迅速发展，成为中国当代企业的重要组成部分。然而，随着民营酒店企业逐步发展壮大，民营酒店又面临着新的危机——人才危机。民营酒店的发展在很大程度上因人才的缺乏而受到阻碍。民营酒店发展的先天不足，其原因很大程度上是在于人力资源管理方面还没有形成一套适合中国国情的、适合中国民营酒店企业发展的科学合理的人力资源管理系统。因此，无论是哪种类型的民营酒店企业，其人力资源管理都多多少少存在着这样或那样的问题，归纳为以下四个方面：

第一，民营酒店企业家的管理权力缺乏制约，民营酒店企业家的素质参差不齐；

第二，民营酒店企业机构设置不到位，缺乏人力资源的战略规划和专业的人力资源管理者；

第三，民营酒店企业强调管理，激励手段单一，薪酬管理存在误区；

第四，民营酒店企业培训开发态度不正确，人员流失严重并缺乏控制。

另外，许多民营酒店不能科学地对员工的工作表现、业务能力、发展潜力、贡献大小等情况进行公正的绩效考核，从而不能充分地调动员工为企业工作的积极性，而正是这种不完善的考核制度导致了不完善的奖惩制度，致使许多民营酒店企业不能形成科学的人力资源管理制度。

作者通过所从事的酒店管理实践，在深入对民营酒店企业进行诊断后，决心针对中国民营酒店企业的人力资源管理问题，撰写这部中国民营酒店企业管理著作，促使民营酒店企业把人力资源管理放在企业战略的重要位置上，并愿此书对广大民营酒店企业经营者有所启迪，对这些企业走出管理困境有所帮助。

本书努力做到从酒店的实际操作出发，尽可能把人力资源管理理论与民营酒店企业管理实践相结合，探讨现代企业人力资源管理在我国民营酒店企业中的运用。全书共分 10 章,首先是结合我国民营酒店企业的发展实践,阐述民营酒店企业人力资源管理的的相关内容,其次是通过人力资源管理的六大模块对民营酒店企业人力资源管理的具体操作实务作了详尽的分析和探讨,并给出了具体的操作方法和步骤。本书可以供从事民营酒店企业经营管理的人员阅读,或作为民营酒店企业人力资源管理人员岗位培训用书,也可以作为高等学校相关专业本科生、专科生以及中专生的学习资料或教材。

本书由王浩乐编著,另外,对黄胜恩等同事给予的大力支持,在此深表谢意!书稿主要参考的资料已在参考文献中列出,在此向有关作者表示感谢!由于水平有限,时间仓促,书中差错在所难免,敬请读者批评斧正。

作　者

2014 年 8 月

目 录

第1章 明确目标:用最少的人完成工作 …………………… (1)
  1.1 人本管理是一切的开始 …………………………… (1)
  1.2 酒店人力资源管理 ………………………………… (7)
  1.3 我们应该如何行动 ………………………………… (12)
  1.4 把民营酒店的人力资源提升到战略层次 ………… (18)

第2章 构建团队:如何进行组织机构设计 …………………… (21)
  2.1 有一种方法叫做职务分析 ………………………… (21)
  2.2 职务分析的流程 …………………………………… (24)
  2.3 民营酒店如何认识酒店职务评估 ………………… (38)

第3章 深谋远虑:进行酒店人力资源规划 …………………… (49)
  3.1 认识酒店人力资源规划 …………………………… (49)
  3.2 酒店人力资源规划应该怎么做 …………………… (53)
  3.3 关于民营酒店人力资源规划问题的几点思考 …… (64)

第4章 慧眼识珠:酒店员工招聘中的识人艺术 ……………… (67)
  4.1 建立有效的招聘制度 ……………………………… (67)
  4.2 构建人才选拔体系 ………………………………… (77)
  4.3 建设高层次人才队伍 ……………………………… (84)

第5章 操练兵马:有效的员工培训和职业生涯规划 ………… (95)
  5.1 构建员工培训体系 ………………………………… (95)
  5.2 全面推进培训工作 ………………………………… (113)
  5.3 酒店员工的职业生涯规划 ………………………… (119)

第6章 突破瓶颈:酒店绩效管理体系建设 …………………… (124)
  6.1 民营酒店绩效管理的困境 ………………………… (124)
  6.2 酒店人力资源绩效考核指标体系设计 …………… (128)
  6.3 酒店人力资源绩效考核的方法 …………………… (133)

6.4　酒店员工绩效考核结果运用与管理 ………………………………… (141)
第7章　优化设计：薪酬制度的建立与执行 ………………………………… (148)
　　7.1　民营酒店薪酬管理存在的困境 ………………………………… (149)
　　7.2　酒店薪酬体系的设计 ………………………………………………… (150)
　　7.3　奖金 ………………………………………………………………… (155)
　　7.4　福利 ………………………………………………………………… (158)
　　7.5　酒店薪酬管理的发展趋势 …………………………………………… (160)

第8章　高效沟通：建立有效的员工激励机制 …………………………………… (168)
　　8.1　建设有效的沟通系统 ………………………………………………… (168)
　　8.2　建立员工激励机制 …………………………………………………… (178)

第9章　合同优先：酒店劳动关系管理 …………………………………………… (188)
　　9.1　劳动规章制度 ………………………………………………………… (188)
　　9.2　酒店劳动合同管理 …………………………………………………… (190)
　　9.3　酒店劳动争议管理 …………………………………………………… (196)
　　9.4　常用表格精选 ………………………………………………………… (202)

第10章　独一无二：构建不可复制的酒店企业文化 …………………………… (205)
　　10.1　我国民营酒店文化构建中的困惑 ………………………………… (205)
　　10.2　认识酒店企业文化 ………………………………………………… (210)
　　10.3　中国民营酒店企业文化建设对策的思考 ………………………… (216)
　　10.4　酒店企业文化与人力资源管理之间的关系 ……………………… (218)
　　10.5　酒店企业文化阅读材料 …………………………………………… (221)

附录Ⅰ　员工考勤、假期及加班管理规定 ……………………………………… (229)
附录Ⅱ　人事档案管理办法 ……………………………………………………… (233)
附录Ⅲ　员工职务变动管理规定 ………………………………………………… (234)
附录Ⅳ　人力资源部工作报告 …………………………………………………… (236)

参考文献 …………………………………………………………………………… (239)

第 1 章

明确目标：用最少的人完成工作

我国的民营企业家大多是白手起家,经过了艰苦的奋斗和无数的艰辛创办企业,在取得一定的资金积累后,许多企业家开始看好另外一个朝阳产业——酒店业。从事建筑和房地产业多年的许昌中原建设集团董事局主席王福臣先生说:"中国目前处于大建设时期,但不可能永远处于大建设时期,到国外看,发达国家没有像中国这样到处都是塔吊和脚手架,到中国的大建设时期结束时,建筑和房地产业必将陷入低谷。但是,随着人们生活水平的提高,对生活质量的要求就会越来越高,所以给人们提高享受场所的酒店业必然会越来越好。"正是基于这种认识,王福臣先生在许昌市投资了三家酒店。在内地,极少有国外的酒店集团投资酒店,而中国的民营企业家在取得成功之后,普遍看好酒店业,而且积极投身酒店业,一时间,内地的大、中、小城市民营酒店蓬勃发展。虽然在其他行业取得了巨大的成功,但是这些民营企业家不一定就是做酒店的行家里手,大家都希望自己的酒店生意红火,员工尽心尽力,能取得很好的经济效益,但往往事与愿违。酒店业有其自身的特点,生产零部件的工厂员工可以在视频监控下工作,生产出来的不合格产品可以马上检查出来,但是,酒店业基本是员工独立面对客人,很难实现实时监控,甚至我们也不可能去询问每一位客人是否服务使他满意,所以,酒店的人力资源管理是酒店成败的关键,这恰恰是从矿业、房地产业转型到酒店业的企业家的短板,作者亲身经历了一家经营很好的国营酒店拍卖给一个民营企业家后酒店出现的问题。希望通过此书,给经营酒店的民营企业家提供一些参考。

1.1 人本管理是一切的开始

现代管理学认为,人是管理中的首要因素,因此,进行任何管理活动都必须要树立人本观念,把关心人、尊重人、激励人、解放人、发展人放在首要地位。人本观念,是现代管理中的基本观念,一个企业要创新,要发展,必须紧紧依靠人本管理。

1.1.1 现代管理中的人本思想

人本管理思想就是"以人为中心"的管理思想。具体说来,以人为本即把人作为酒店最重要的资源,以人的能力、特长、兴趣、爱好、心理状况等综合情况来科学地安排最合适的工作,并且在工作时充分地考虑到员工的成长和价值,使用科学的管理方法,通过全面的人力资源开发计划和酒店文化建设,使员工能够在工作中充分地调动和发挥自己的积极性、主动性和创造性,从而提高工作效率和工作业绩,为实现酒店发展目标做出最大的贡献。

随着社会的进步和教育程度的不断提高,酒店员工的素质发生了很大的变化。酒店中"知识型员工"的比重越来越大,酒店中的员工不再是为了生存而工作,他们渴望能力的充分发挥和更大的前途。由于酒店的发展越来越依靠知识的积累,而员工是酒店知识资本的所有者,这决定了酒店中老板与员工的关系不再仅仅是雇佣与被雇佣的关系,而更多地体现为合作者的关系。老板是物质资本的投资者,而员工则是知识资本的投资者,双方的共同"投资"促进了酒店的发展。

1. 现代人本思想的层次

现代酒店管理中,越来越强调人的重要性,于是越来越多的公司提出了"以人为本"的口号,但真正要做到人本管理还需要一个较长的过程。目前人本管理在管理实践中体现出不同的形态,并且这种形态具有层次性。目前,较为普遍的把人本管理分为五个层次,分别为:情感沟通管理、员工参与管理、员工自主管理、人才开发管理、酒店文化管理。

(1) 情感沟通管理。情感式沟通是人本管理的基本层次,也是提升到其他层次的基础。在该层次中,管理者与员工不再是单纯的命令发出者和命令实施者。管理者和员工有了除工作命令之外的其他沟通,这种沟通主要是情感上的沟通,比如管理者会了解员工对工作的一些真实想法,或者员工在生活上和个人发展上的一些其他需求。在这个阶段,员工还没有就工作上的问题与管理者进行决策沟通,但这种情感式沟通为决策沟通打下了基础。

(2) 员工参与管理。员工参与管理也称为"决策沟通管理",管理者和员工的沟通不再局限于对员工的嘘寒问暖,员工已经开始参与到工作目标的决策中来。在这个阶段,管理者会与员工一起来讨论员工的工作计划和工作目标,认真听取员工对工作的看法,积极采纳员工提出的合理化建议。员工参与管理会使工作计划和工作目标更加趋于合理,并增强了员工工作的积极性,提高了工作效率。

（3）员工自主管理。随着员工参与管理的程度的加深，对业务娴熟的员工或知识型员工可以实行员工自主管理。管理者可以指出公司整体各部门的工作目标，让每位员工拿出自己的工作计划和工作目标，经大家讨论通过后，就可以实施。由于员工在自己的工作范围内有较大的决策权，所以员工的工作主动性会很强，并且能够承担相应的工作职责。在该阶段，每位员工的工作能力都会得到较大的锻炼，综合能力较高、创造力较强的员工，在这个阶段会脱颖而出，成为独当一面的业务骨干。

（4）人才开发管理。为了更进一步提高和发掘员工的工作潜能，公司要有针对性地进行一些人力资源开发工作。员工工作能力的提高主要通过三个途径：工作中学习、交流中学习和专业培训。人才开发管理首先要为员工建立一个工作交流的环境，让大家互相学习和讨论。另外，人力资源部门可以聘请一些专家，进行有针对性的培训。作者在酒店管理实践中感觉，由于酒店业发展很快，所以整个行业内缺乏成熟的酒店管理人员，在酒店中层人员缺乏的情况下，提出了"边用边培养的管理思路"，把要培养的人放到岗位上先担任副职，在工作中得到锻炼，最终成为一名合格的管理者。

（5）酒店文化管理。所谓酒店文化，说到底就是一个酒店所特有的工作作风、习惯和精神风貌。酒店文化的形成需要经过长期的积累。员工的工作习惯需要有针对性地进行规范和引导。如果公司不将员工的工作习惯向好的方向引导，这种习惯就会向坏的方向发展。酒店文化的作用就是建立这样一种导向，而这种导向必须是大家所认同的。随着公司的发展，酒店文化也会不断发展。但不管怎样，酒店文化管理的关键是对员工的工作习惯进行引导，而不仅仅是为了公司形象的宣传。作者认为，在酒店文化建设中，我们要积极主动地占领员工的思想阵地。酒店中年轻人居多，我们不注入正能量，员工的思想阵地可能会被负能量占领，不但不利于企业，也不利于员工个人的发展，一个有良好企业文化的公司不仅仅是使用员工这个劳动力，同时也是在为社会培养合格的劳动者。

2. 现代人本思想的不同类型

从总体上讲，酒店管理有四种基本的管理模式：命令式管理、传统式管理、协商式管理、参与式管理。命令式管理和传统式管理是集权式管理；而协商式管理和参与式管理则属于员工参与的以人为本的酒店管理。根据酒店的人员素质和不同的管理要求，可以把人本管理分为四种管理类型：控制型参与管理、授权型参与管理、自主型参与管理和团队型参与管理。

（1）控制型参与管理。控制型参与管理适合于刚开始导入参与管理模式时使用。严格的说，这种管理模式不属于真正意义上的参与管理，只是从传统管理向现代管理的一种过渡。控制型参与管理强调控制，在传统的自上而下的管理模式下,引入自下而上的管理反馈机制,让员工的建议和意见有一个正确的反馈渠道,渠道的建设和管理仍然有管理人员负责。这个阶段对于知识层次较低的工人可能会持续相当长的一段时间。

(2) 授权型参与管理。在授权型参与管理中,员工自身被赋予少量的决策权,能够较灵活地处理本职工作内的一些事务。对于知识型员工的管理,在刚开始就可以从这个阶段入手。授权型参与管理的意义在于这种管理模式让员工养成了自主决策并对决策负责的习惯。由于经验和能力的问题,员工常常会有一些决策失误,所以还需要管理人员进行监督和管理。在这个阶段,要允许员工犯错误,当然不能连续犯同类的错误。管理人员的管理职能逐渐转化为指导职能。

(3) 自主型参与管理。授权型参与管理使员工自我决策和自我管理能力有了很大的提高,这时就可以进入自主型参与管理阶段。在这个阶段,员工有更大的决策权限,当然也要为决策的失误负更大的责任。员工在工作过程中,对信息的获取量越来越大,员工之间的沟通和讨论越来越频繁。酒店对每位员工实行目标管理,由员工自主决策工作的进程。

(4) 团队型参与管理。已打破了传统的行政组织结构体系,根据酒店发展需要临时组建或撤销职能团队。每个职能团队有了明确的目标,团队中的成员可以自由组合,也可以由酒店决策层指定。由于部门的撤销,大量的管理人员将加入团队,丧失了管理职能。在团队中,由团队成员自主选择协调人。团队协调人不是团队的领导,他没有给其他成员安排工作的权力,他只是在团队内部或者与外界沟通发生摩擦时起到调解人的作用。团队协调人没有酒店的正式任命,只有一个民间职务,他可以根据团队的需要随时选举和撤销。团队协调人也有自己的工作,与团队其他成员同等待遇。由酒店指定团队的目标,由团队成员讨论达成工作目标的方式,然后各自分工,相互协作,完成工作。

1.1.2 为什么要实行人本管理

1. 在酒店内牢固树立以人为本的思想,可以充分调动人的积极性和创造性

在市场经济条件下,牢固树立人力资源是第一资源的观念,充分认识人力资源开发与管理的战略意义,酒店才可以拥有健康、快速发展的保证。一个酒店,衡量其改革是否成功,管理是否科学,根本的一条是看这个酒店是否树立了以人为本的思想,是否把全体职工的积极性、创造性真正调动起来了。酒店领导者的一个重要职责是,营造人才竞争向上的氛围和环境,树立公开竞争、优胜劣汰、无功就是过的新观念,激励大家比才能、比贡献,人人为酒店出力献策。加强人本管理是酒店经营的一项十分重要的管理工作,也是酒店保持生机活力的根本举措。

2. 通过人本管理可以促使酒店领导者提高自身的素质

作为酒店领导者,首先要能在众多的信息中梳理出重要的部分进行科学决策;必须要善于与人交往,传递信息;必须有很好的运营机制和长远打算;必须非常重视人才,要从实际出发,要把人本管理贯彻到酒店管理经营过程的始终,带领广大员工积极推进酒店的改革和发展。这不仅是市场经济的必然要求,而且也将成为社会全面发展的重要途径。实践证明,酒店的好坏和酒店领导者素质的优劣有关。这就要求酒店领导者必须坚持人本管理理念,并时刻有危机感,切实加强自身素质的提高。

3. 牢固树立"人才为本"的观念,有利于用好现有人才

酒店要发展,就要牢固树立"人才为本"的观念,发现人才、培养人才、充分开发和利用人才;就要新生人才,保护人才,留住人才,做到人尽其才,才尽其用。为此,要坚持物质激励和精神激励有机结合;要确实建立"按贡献大小分配、效率优先、兼顾公平"的分配制度。在这种理念下可以帮助酒店认真改变现有的一些不科学的分配制度,使个人的经济收入与其贡献挂钩,特别是对那些作用突出、岗位重要、贡献大的人才应该增加其收入;"人才为本"可以帮助推选积极成功的酒店文化,激发人才的向心力。良好的酒店文化能促进酒店的健康生存和长足发展,最终也会提高酒店的经营者和广大员工的收入,充分调动广大员工的积极性。

1.1.3　如何用好人本管理这个法宝

随着我国社会经济的快速发展,"人本管理"在酒店管理中发挥着越来越重要的作用。酒店管理者在不断提升酒店硬件豪华程度、不断推出特色服务的同时,必须努力实践"人本管理",力求做到人尽其才,最大程度地挖掘员工潜力,最大程度地发挥员工的工作热情,不断提升酒店服务水平,以实现酒店"赢得顾客,赢得市场,赢得利润,赢得发展"的最终目标,成为酒店管理者追求的理想化状态。亦即,一个现代化的酒店,唯有兼收并蓄,扬长避短,走适合自己特色的人力资源管理之路,才是酒店发展的方向。坚持"人本管理"可以从四个方面加以实施。

1. 强化人力资源管理,努力造就一支高素质的员工队伍

注重人力资源管理,培养高素质的酒店员工队伍,是酒店坚持"人本管理"的精髓所在,正如国际假日集团的创始人凯蒙·威尔逊先生说的:"没有满意的员工,就没有满意的顾客。"在我国的酒店服务业中,因员工素质偏低(如学历普遍不高,外语等必备技能掌握不够,受传统观念影响不少员工仍把服务顾客看作是伺候顾客,职业修养缺乏等等),而导致出现服务质量问题的情况并不少见。这从一个侧面,反映出这样一个现实:我国现阶段的酒店业,员工素质和技能还远不能适应国内外顾客日益个性化的需求。因此,现代酒店的管理者们有必要加强人力资源管理,努力造就一支高素质员工队伍。

2. 改变传统的薪酬设计理念,建立以能力、业绩为核心价值的资薪体系

传统的薪酬体系未能充分体现"多劳多得、兼顾公平"的社会主义分配原则,因而难以充分发挥薪酬应有的激励作用。因此,薪酬必须与员工的能力和岗位业绩直接挂钩,以激励员工的工作动机与热情。

首先,要让每一位员工明确酒店的商业战略及奋斗目标。例如假日酒店向每一位员工明示的商业战略是"提高营业额,使运营成功,重新构建和统一机能,壮大酒店基础,培养优秀的酒店文化,进一步发掘战略优势"。

然后,对员工择聘过程中发掘出的个人能力在岗位实践中给予认证,证实其是否确实有助于酒店商业战略的成功。

最后,通过以能力、业绩为核心价值的资薪体系引入员工的认识环境,使员工认识到个人利益与酒店利益的一致性,明确酒店对员工所寄予的期望。如假日酒店成功地使人力资源战略与公司战略、与核心价值薪酬体系保持一致,5年来利润一直保持增长,顾客满意度很高,且员工流失率也很低。

3. 为员工提供多通道发展环境,激励人才,留住人才,实施酒店获得效益,员工获得进步的"双赢"战略

首先,对具有潜质并热爱酒店工作的大学生类高素质人员,酒店应有一个明确的职业发展规划方案,使他们能够看到自己未来发展的方向、目标和希望。同时,酒店根据工作需要,结合他们的性格特点、兴趣爱好、技能特长合理分配岗位,及时对他们进行晋级或升职评估。当然,在有条件的情况下,可以为优秀员工提供带薪脱产培训、学习以及境外培训的机会。例如,美国假日集团在孟菲斯市设假日酒店大学,该集团的经理们都必须在此学习2至5周。再如,喜来登集团在国外设有5个培训中心,培训本集团高级管理人员。

需特别强调和提倡的是,酒店必须主动为一线服务岗位的员工提供多通道发展环境。酒店管理"金字塔"结构决定了酒店管理职数的有限性,绝大多数员工必须坚守在服务第一线。因此,酒店必须主动为一线服务岗位员工提供多通道发展机会,使他们在平凡、辛苦、默默无闻的一线服务岗位上也能得到进步和成功。酒店可以改革薪酬制度增加服务人员的工资递升等级,定期考核晋升;可以将薪酬与岗位工作年限、称号、技术职称、岗位业绩挂钩,授予工龄长、技能强、工作优质的服务岗位人员"资深服务员"、"首席服务师"等称号。合理改变资深服务人员工资不如初出茅庐管理人员的现象,以此激励人才,留住人才。

4. 加强酒店文化建设,将不同价值取向的员工同质化,增强酒店的凝聚力和竞争力

良好的酒店文化是酒店得以生存、发展的源动力,是区别于竞争对手的最根本标志。酒店员工来自五湖四海,其生活经历、文化素质、岗位性质、志向爱好等的差异,决定了员工价值取向的差异性,良好的酒店文化,是酒店把有着不同价值取向的员工同质化的"神奇"力量。良好的酒店文化具有以下特征:

(1) 兼容性:能吸收和接纳不同酒店管理模式的精髓,容忍员工个性上的缺陷和不足。

(2) 学习性:能以比竞争对手更快的速度进行学习,并创造新的经营管理与服务理念。

(3) 战略性:重视并坚持酒店服务的长期效应,增强员工危机感;把管理者为员工服务的原则落到实处,主动关心、帮助员工,营建"员工之家";建立公平、公开、公正的员工能力评估系统。

一种良好的酒店文化,可以恰当张扬,充分地体现酒店的个性和特色,为酒店赢得成功。如世界知名成功酒店喜来登酒店联号以"物有所值"赢得人心,希尔顿酒店以重"快"服务著称,香港文华大酒店以重"情"服务而显。

5. 推崇"员工参与",调动、发挥员工的主动性和创造性

在知识经济时代,员工越来越看重个人价值的实现,亦即,每一位员工都有着一定的精神需求。我们的员工,在与他人合作解决问题的过程中,社会需求得到满足;在感受酒店需要自己的时候,尊重需求得到满足;在取得突出业绩得到领导和同志赞扬的时候,自我实现需求得到满足,等等。

所以,酒店在确信已把最合适的人选安排在最适合的岗位之后,应授予其一定权力,为员工创造和提供参与酒店管理的条件和机会,满足员工不同层次的精神需求,酒店会因此而保持良性循环,成功发展。如里兹-卡尔顿酒店推出"自我导向工作团队"措施,通过授权使员工行使原上一级管理人员的权力,为员工营造自由的发挥空间,激励并释放他们的潜质,使员工在增强责任心和使命感的过程中快速成长,极大地提高了酒店的整体服务水平。

1.2 酒店人力资源管理

有一位老板在收购了一家酒店后,由于一些措施不适当,一时间出现了人力资源流失的问题,这位老板不但不反思,反而说:三条腿的狗不好找,两条腿的人还不好找吗?只要我发工资,人到处有的是。他的这些话在员工中传开后,流失的人员更多,特别是酒店的骨干力量成批地离开。虽然酒店大量招工补充了人力,但是,该酒店常年积累的服务理念没有了,企业文化变味了,客人不但看不到熟悉的面孔,也体会不到以往的服务,该酒店经济效益连续下降,直至亏损。所以,有人在那里干活不等于有了人力资源,我们要真正认识人力资源的概念,才能做好人力资源管理工作。

1.2.1 什么是酒店人力资源管理

1. 什么是人力资源

资源是一个经济学术语,资源泛指社会财富的源泉,是指能给人们带来新的使用价值和价值的客观存在物。迄今为止,世界上有四大资源:人力资源,自然资源,资本资源,信息资源。一般把资源分为两大类:其一是物质资源,其二是人力资源。我们通常所说的管理中的"人、财、物","人"即人力资源,"财"和"物"均属物质资源。

什么是人力资源,学术界尚存在不同的认识和看法。一般认为人力资源是指能够推动整个经济和社会发展的劳动者的能力,人力资源反映一个国家或地区人口总体所拥有的劳动能力。人力资源包括数量与质量两个方面。

(1) 人力资源数量:一个国家或地区拥有劳动能力的人口的数量。包括就业人口、劳动年龄内(我国男性16～60岁,女性16～55岁)的就业人口、家务劳动人口、正在谋求职业的人口等。

(2) 人力资源质量:一个国家或地区拥有劳动能力的人口的身体素质,文化素质,思想道德素质与专业(职业)劳动技能水平。影响人力资源质量的因素有:人类体质与智能遗传,营养状况,教育状况(国民教育发展水平,成人教育,早期教育),文化观念以及经济与社会环境等。

2. 什么是酒店人力资源管理

酒店管理以人为主体。一家酒店不管其组织如何完善、设备如何精良,如果酒店员工没有足够的动力和士气,就不可能成为一流的酒店。可以说人力资源管理是决定酒店经营成败的最关键要素。

随着人力资源管理的发展和成熟,人力资源工作的使命不断得到提升。人力资源不再是传统意义上单纯的人事管理,而是已逐步上升到战略的高度,与酒店的生存发展密切相关。纵观全球,"竞争的全球化挑战、满足利益相关群体的需要以及高绩效工作系统的挑战"这三大方面的竞争将会提高人力资源管理的实践性,人力资源职能由事务中心到卓越绩效中心,再到业务伙伴逐步转化,由此对人力资源工作者提出了更高的要求。

人力资源是酒店最重要的资源,必须对其进行科学而有效的开发和管理,才能使酒店在激烈的竞争中取得最佳经济效益和社会效益,立于不败之地。对酒店人力资源进行量的管理是通过对酒店员工的培训、组织和协调,使人力和物力保持最佳比例和有机的结合,使人和物都充分发挥出最佳效益。对酒店人力资源进行质的管理,是对酒店员工的心理和行为进行管理,也就是调动员工的主观能动性。与人力资源的数量管理相比较,质量管理更为重要。社会化程度越完善,设备、技术越现代化,市场竞争越激烈,工作压力和挑战性越高,对酒店人力资源的质量管理要求越高。

由此可见,酒店人力资源管理是指运用现代化的科学方法,对与一定物力相结合的酒店员工进行合理的培训、组织和调配,使酒店人力、物力经常保持最佳比例;同时,对酒店员工的思想、心理和行为进行适当的引导、控制和协调,充分发挥员工的主观能动性,使人尽其才,事得其人,人事相宜,以期实现酒店目标。

1.2.2 酒店人力资源管理的特点

酒店人力资源管理作为一门管理学科,就其具体工作的开展方面而言,具有局外性、替代性、跨越性、动态性、超前性、系统性和不可储存性等特点。

1. 局外性

局外性主要强调由酒店客人监督和评定酒店工作人员的服务质量。这样做,一方面可以大大减少管理人员巡查检查的工作量;另一方面可以对酒店管理人员的工作起到拾遗补缺的作用。喜来登酒店集团创始人翰德森先生认为,酒店最有效的管理工具应该是进行客人对服务质量的监督和评定。喜来登酒店集团所属的每一个酒店,都制定了一份详细的客人评定酒店服务质量调查表,内容和项目十分具体。我国民营酒店业同样非常重视人力资源管理的局外性,并且予以制度化,几乎每一个酒店都在大厅内设立了大堂经理的岗位,以及客人意见箱和投诉电话。这样做,一方面可以广泛听取客人对员工和设施的意见,及时处理投诉,解决问题,使客人称心、放心;另一方面,则可以使管理人员针对问题,尤其是那些管理人员不在现场而难以发现的问题,及时改进酒店人力资源管理工作,实现酒店人力资源的有效控制和协调。

2. 替代性

替代性包含两个层面的含义:其一,本来是由酒店管理人员去完成的一些工作,现在已由大量表格所代替;其二,本来是由酒店管理人员去完成的一些工作,现在已由员工自我强化的功能所代替。

有人说,"现代酒店管理就是表格管理"。表格是酒店管理的重要工具,是酒店管理程序化、标准化、制度化的集中体现。表格管理既控制了成本费用,又保证了服务质量;既提高了工作效率,又减少了管理中的"走动"现象,而且防止了工作中的"瞎指挥",使员工在轻松的环境中照章行事。

自我强化是说酒店大多数的员工都能够自我培训、自我约束、自我完善。一方面,他们都能主动地参与管理和监督,自觉开展批评和自我批评,不断总结工作经验和教训;另一方面,能自觉参加各种服务与管理学习班,努力学习理论知识和实际技能,刻苦锻炼意志和身体,努力提高自己的劳动素质和能力。酒店员工的这种自我强化大大地降低了酒店培训工作的难度,减少了工作中的摩擦和冲突,为酒店人力资源工作铺平了前进的道路。

3. 跨越性

跨越性主要集中体现在地域和文化环境两个方面。首先是地域的跨越。近几年来,境外一些著名的跨国酒店集团,如希尔顿、假日、喜来登、马里奥特、香格里拉等酒店联号,以不同方式相继进入中国,其中有些联号已经和我国国营酒店进行了合资经营、合作经营,与此同时,我国的一些国营酒店也实现了跨地区、跨国界的集团化经营管理,如上海锦江酒店集团、广州白天鹅酒店集团等,这使得我国酒店人力资源管理带来了明显的地域跨越性,无论是员工招聘,还是员工培训、员工调配,都反映了这一特点。

其次是文化的跨越。合资酒店、合作酒店的员工长期工作于两种不同文化交叉并存的环境之中,而且外来文化又处于主导地位,使员工容易造成心理上的失衡。上班时,他们的工作要符合酒店制定的服务规程,言谈举止要符合酒店规定的行为守则,一举一动必须随时留意,精神处于高度集中而紧张的状态之中;下班回家后,在自己的小天地中,没有任何拘束,高度集中和紧张的精神状态得到放松,员工长期生活在心理失衡状态下而导致情绪不稳定,甚至烦躁,影响服务质量的提高,严重时会引起心理疾患,不安于工作,频繁调岗或"跳槽",极大地影响了其他员工的士气,长此以往,将对酒店人力资源的管理工作造成混乱,致使酒店的经济效益发挥不出来。"无功消耗"和"文化震荡"现象,都是由于跨地区、跨文化而导致员工无法适应环境和工作的有力见证。现实的情况要求人力资源管理人员,在招聘、培训、挑选、心理分析等具体工作方面,应注意因地制宜、因势利导,把培养锻炼员工的适应能力和应变能力放在酒店人力资源管理工作的首位。

4. 动态性

酒店人力资源管理不应是封闭的、停滞的体系,而应该是开放的、发展的体系,酒店人力资源管理实践活动先后经历了3个发展阶段。

(1) 传统人力资源管理阶段。这一阶段的管理活动以人力资源的量的管理为主要活动,是孤立的、封闭的,不与外界发生能量交换关系,是非系统的、停滞的。

(2) 科学人力资源管理阶段。这一阶段的管理活动以人力资源量上的配合为重点,把酒店员工看做是"经济人",把人当做物去管理,以效率为中心,较之传统阶段来得科学而系统。

(3)现代人力资源管理阶段。这一阶段是在科学人力资源管理阶段的基础上发展起来的,运用了大量行为科学的理论,以人为中心,把酒店员工看做"社会人"、"自我实现人"、"复杂人",把"客户是上帝"、"员工是王"奉为酒店经营管理的信条,量与质并重,并逐步过渡到以质的管理(即素质的提高和观念的创新)为主,使酒店人力资源管理活动在动态中跃上一个新的高度。

5. 超前性

俗话说:前人栽树,后人乘凉。不管是从人才的发现到人才的培养,还是从人才的利用到人才的驾驭,都离不开人才的超前培养和继续教育,否则,现在是人才,若干年后可能是"现代文盲"。因此,酒店人力资源管理者要有超前意识,并解决好以下两个方面的矛盾。

(1)解决好酒店人力资源管理开发的超前性与人力资源利用的滞后性之间的矛盾。争取缩短二者之间的时间差,即学即用,杜绝知识资本的浪费,提高知识的转化率和利用率。

(2)处理好酒店人力资源开发的长期性与人力资源利用的滞后性之间的矛盾。把酒店人力资源的开发工作当做一件长期不懈的大事来抓;进行持久地、连续地开发,也可以分期分批地进行开发,同时,也要珍惜开发出来的人力资源,进行适当的利用。在利用人力资源时,切忌短期行为,掠夺性的榨取式利用,或"卸磨杀驴",或"杀鸡取卵",都是不合理的,也是不人道的。应该按照"开发-利用-再开发-再利用"的过程,不断地给员工"充电",使酒店人力资源取之不尽,用之不竭。

6. 系统性

就人的群体而言,每一个员工的主观能动性,并不一定都能形成群体功能的最佳效应。因为这里有一个内耗的问题:"1+1<1","一个和尚挑水吃,两个和尚抬水吃,三个和尚没水吃"。只有群体在思想观念上一致,在感情上融洽,在行动上协作,才能使群体的功能大于每一个个体功能之和,即"1+1>2"。"100-1=0","一颗老鼠屎坏了一锅粥",从另一个侧面道出了群体和个体的利害关系,反映了个体的重要性。"1*0=0","皮之不存,毛将焉附",也说明了群体的重要性。

当今的酒店是靠员工的密切合作和客人的良好印象维持其生存和发展的。如果酒店员工不能密切配合,服务就会脱节;服务脱节,客人就不会满意;客人不满意,酒店也就会失去客人;酒店失去客人,就会降低效益,甚至不能生存;酒店没有效益就不能生存,员工的生存和发展就会受到威胁。这种系统性的连锁反应,足以让酒店的管理人员和服务人员引起高度的重视。

7. 不可储存性

酒店人力资源价值具有不可储存性,从而使酒店人力资源管理具有易损性。酒店和一般服务业不同,酒店以出租使用价值和提供服务为主,餐饮、客房、娱乐、会务和其他综合服务设施在经营中都不发生实物的所有权转移,因此,酒店员工凝结在酒店产品中的服务价值不可储存。如果酒店的产品,在特定的时间内卖不出去,其当天的价值就自然失去,等到第二天再卖出去,前一天的价值便永远也收不回来。于是,人力资源的价值也就体现不出来,支出的人工成本也就无法补偿,从而使酒店人力资源管理活动蒙受损失,而且这种损失是永远追不回来的。由此看来,酒店人力资源管理确实具有易损性,管理人员必须把人力资源管理和酒店产品经营结合起来,走"全员营销"的道路。

1.3 我们应该如何行动

1.3.1 酒店人力资源管理的任务

1. 建立一支专业化的员工队伍

酒店要正常运作并取得良好的经济效益和社会效益,不仅要有与酒店各个岗位相适应的员工数量,而且这些员工的素质应符合酒店业务经营的需要。任何一家酒店想在竞争中取胜,都必须造就一支专业化的员工队伍。酒店不同于其他行业,酒店专业化的员工是指具有酒店意识和良好职业习惯的员工。因此酒店要通过规划、组织、调配、招聘等方式,保证一定数量和质量的劳动力与专业人才加入并配置到酒店的正常运营活动中,满足酒店发展的需要。

2. 形成最佳团队组合

一支优秀的员工队伍,必须经过科学的配置,才能形成最佳的人员组合,即每个人与其他人的行为协调一致,形成合力,共同完成酒店规定的目标。否则,即使员工特别优秀,也未必能够保证取得很好的成绩。

3. 对员工开展科学的培训

通过各种方式和途径,有计划地加强对酒店现有员工的培训,不断提高他们的文化知识和技术业务水平。并在此基础上结合每位员工的具体职业发展目标,做好对酒店员工的选拔、使用、考核和奖励工作,做到能发现人才,合理使用人才和充分发挥人才的作用。

4. 充分调动员工的积极性

管理实质上不在于管人,而在于谋求人与事的最佳配合。正所谓"天时不如地利,地利不如人和"。因此,酒店人力资源管理的最终目标就是充分调动员工的积极性。通过采取包括思想教育、合理安排劳动和工作、关心员工的生活和物质利益等各种有效的激励措施,发挥最佳的群体效应,创造一个良好的工作环境,使酒店员工安于工作、乐于工作,从而最大限度地发挥员工的积极性和创造性。

5. 协调劳资关系。

根据现代酒店制度要求,做好工资、福利、安全与健康等工作,协调劳资关系。

1.3.2 酒店人力资源管理的内容

酒店人力资源管理的内容即酒店人力资源运作过程所包括的形成、开发、分配和使用几个环节。

酒店人力资源的形成主要是指对具备各种劳动能力的人及其体质、智力、知识和技能的发现;酒店人力资源的开发是指潜在人力资源向现实人力资源的转化;酒店人力资源的分配是指酒店将不同的人力资源,根据不同的需要投向不同的部门和岗位;酒店人力资源的使用是指酒店各部门对其所拥有员工的能力加以发挥和运用,并使员工完成酒店所指定的任务。

1. 酒店人力资源的形成和开发

酒店人力资源的形成和开发包括 3 个方面的内容:

(1) 酒店现有员工工作能力的保持,这主要通过酒店员工生活消费、恢复体力和精力实现的。

(2) 酒店员工队伍的替换、补充和扩大,这主要是通过酒店新员工替换超龄员工和不称职员工,以及填补职位空缺来实现的,这是酒店人力资源总体的部分更新和扩大问题。

(3) 酒店员工工作能力的获得和提高,这主要是通过教育、培训、工作经验的积累以及自学途径实现的,这是酒店人力资源实现质的飞跃的问题,也是提高工作效率和工作质量的根本保证。

2. 酒店人力资源的分配

酒店人力资源的分配是通过人力资源供求关系来实现的,酒店人力资源的使用则是酒店各级部门在具体经营业务中对员工体力和智力的具体消耗。人力资源供给表现为在一定的工资水平和工作条件下,员工愿意提供的劳动数量(包括劳动力数量、劳动时间和劳动强度);人力资源需求则表现为在一定的工资成本和工作要求条件下,酒店愿意使用的劳动数量(同样也包括劳动力数量、劳动时间和劳动强度)。酒店人力资源供求关系的实现需要一个有效运行的机制,这包括员工招聘与培训、调整劳资关系的措施、开放的人才流动和人员迁移体制,等等。其具体内容包括:酒店人力资源需要量的确定;工作岗位与工作职务的设计;机构设置与定员;人员配备;劳动纪律管理;员工激励与领导等。

3. 酒店人力资源的使用

酒店人力资源的使用是人力资源与物力资源相结合的过程。酒店人力资源使用必须遵循保证活动、提高效率、发挥能力、注意养护的原则。其具体内容有:

(1) 人力资源需要量的确定;
(2) 工作岗位与工作职务的设计;
(3) 机构设置与定员;
(4) 人员配备;
(5) 劳动纪律管理;
(6) 员工激励和领导。

根据人力资源的运作过程,酒店人力资源管理的程序及主要内容如表 1-1 所示。

表 1-1 人力资源管理的程序和内容

六大模块	具体内容
人力资源规划	制定、人事研究、工作分析、咨询、轮岗
招聘与配置	制定、工作计划、招聘录用、解雇
培训与开发	制度、职前教育、职业生涯设计
绩效管理	制度、满意度调查、激励、绩效评估
薪酬与福利	制度、薪酬设计与管理、薪酬预算、保险福利、住房保障
劳动关系管理	制度、纪律、安全与职业健康、劳资谈判、争议处理、后勤服务

【案例 1.1】 麦当劳经理的成长

麦当劳餐馆 1979 年打入法国,在斯大林特拉斯开设了第一家餐馆。短短的 12 年之后,麦当劳就扩大成遍及 30 多个城市的由 100 家餐馆组成的庞大体系。如此的发展速度和规模,必然需要一个相当成熟的中级管理阶层。在麦当劳,这个阶层主要是由年轻人组成的。下面就是麦当劳如何把一名普通毕业生培养成为成熟的管理者的进程。

人才的多样化是麦当劳普通员工的一大特点,这也是刚晋升为该公司人事部主任的年轻的艾蒂安-雷蒙的招聘工作中的指导思想之一。正因为此,麦当劳不同于其他公司。真正毕业于饮食服务学校的员工只占员工的 30%,而 40% 的员工来自商业学校,其余的则由大学生、工程师、农学家和中学毕业后进修 2~5 年的青年人组成。

同时，麦当劳公司拥有一支庞大的年轻人才后备军。由3500名大学生组成，他们在校上课的同时定期利用部分时间到餐馆打工。这些后备人才将有50％的机会成为公司明天的高级管理人员。他们将可以根据麦当劳公司安排的培训计划担任各种职务，并有可能同已开始在公司工作的有文凭的年轻人一起担任餐馆经理。

多样化的人才组合与庞大的后备力量使人才的培养和提升有极大的选择性，他们一起成为麦当劳管理阶层的稳固基石，不断将新鲜血液注入到公司中去。

在麦当劳公司取得成功的人，都有一个共同的特点：即从零开始，脚踏实地。炸土豆条，做汉堡包，是在公司走向成功的必经之路。当然，这对于那些年轻的、取得了各式文凭、踌躇满志想要大展宏图的人来说，往往是不能接受的。

但是，他们必须懂得，脚踏实地从头做起才是在这一行业中成功的必要条件。如果你没有经历过各个阶段的尝试，没有在各个工作岗位上亲自实践过，那么你又如何以管理者的身份对他们进行监督和指导呢？在这里，从收款到炸土豆条直至制作程式冰淇淋，每个岗位上都会造就出未来的餐馆经理。

艾蒂安-雷蒙强调："人们要求我们的合作者做许多事情，但人们也可以开开玩笑，气氛是和谐友好的。那些在公司干了6个月以上的人后来都有成了麦当劳公司的忠诚雇员。"

最艰难的时期是初入公司时期。饮食业是艰苦的，在最初的6个月中，人员流动率最高，离去的人中，有80％的人根本不了解这一行业应该知道：要听从盼咐，不要计较工作时间。

能坚持下来的关键在于协调好家庭生活与餐馆工作的时间。那些更善于分配和利用时间的人，那些对工作投入最多的人是胜利者。

而且，他们的牺牲是有价值的，他们中那些有责任感的、有文凭的、独立自主的年轻人，在25岁以前，就可能得到在许多企业不可能得到的好机会：真正成为一个中小型企业的管理者。

"不想当将军的士兵不是好士兵。"同样的，艾蒂安-雷蒙以这样的一种态度对待公开应聘的每个人，他说："法国麦当劳公司董事长的位子等着人们去争取。"实际上，公司高级管理职务还都由在法国的美国人担任，不过，在他们的背后，一些法国人已崭露头角。

麦当劳公司力求向每位合伙者反复灌输的基本技能是对餐馆的管理。艾蒂安-雷蒙说："平均在25岁左右，一名青年就可以成为一家真正的中小型企业的领导人，管理100来人。我们在教会他们当老板。"

这在中国来说简直是天方夜谭，他们又是如何做到的呢？

原来,法国麦当劳公司实行一种快速晋升的制度:一个刚参加工件的出色的年轻人,可以在 18 个月内当上餐馆经理,可以在 24 个月内当上监督管理员。

而且,晋升对每个人是公平合理的,既不作特殊规定,也不设典型的职业模式。每个人主宰自己的命运,适应快、能力强的人能迅速掌握各个阶段的技术,从而更快地得到晋升。

这个制度可以避免有人滥竽充数。每个级别的经常性培训,有关人员只有获得一定数量的必要知识,才能顺利通过阶段考试。公平的竞争和优越的机会吸引着大量有文凭的年轻人到此,实现自己的理想。

首先,一个有文凭的年轻人要当 4~6 个月的实习助理。在此期间,他们以一个普通班成员的身份投入到公司各个基层工作岗位,如炸土豆条、收款、烤牛排等。在这些一线工作岗位上,实习助理应当学会保持清洁和最佳服务的方法。并依靠他们最直接的实践来积累实现良好管理的经验,为日后的管理实践作准备。

第二个工作岗位则更带有实际负责的性质:二级助理。这时,他们在每天规定的一段时间内负责餐馆工作,与实习助理不同的是,他们要承担一部分管理工作,如订货、计划、排班、统计等,他们要在一个小范围内展示他们的管理才能,并在日常实践中摸索经验,协调好他们的小天地。

在进入麦当劳 8~14 个月后,有文凭的年轻人将成为一级助理,即经理的左膀右臂。与此同时,他们肩负了更多更重的责任,每个人都要在餐馆中独当一面。他们的管理才能日趋完善。这样,离他们的梦想——晋升为经理,已经不远了。有些人在首次炸土豆条之后不到 18 个月就将达到最后阶段。

但是,在达到这梦寐以求的阶段前,他们还需要接受一个为期 15 天的小阶段培训。与前面各阶段不同的是,这个阶段本身也是他们盼望已久的:他们可以去芝加哥汉堡大学进修 15 天。

这是一所名副其实的大学,既教授管理一家餐馆所必需的各方面的理论知识,又传授有关的实践经验。麦当劳公司的所有工作人员每年至少可以去一次美国。

应该承认的是,这个制度不仅有助于工作人员管理水平的提高,而且成为麦当劳集团在法国乃至全世界范围极富魅力的主要因素之一,吸引了大量有才华的年轻人的加盟。

当然,一个有才华的年轻人升至餐馆经理后,麦当劳公司依然为其提供了广阔的发展空间。经过一段时间的努力,他们将晋升为监督管理员,负责 3~4 家餐馆的工作。

3 年后,监督管理员将晋升为地区顾问。届时,他将成为总公司派驻其下属的代表,用艾蒂安-雷蒙的话说,成为"麦当劳公司的外交官"。

作为公司下属10余家餐馆的顾问,他们责任重大。他将是公司标准的捍卫者,而一个从炸土豆条做起,经历了各个岗位和阶段的地区顾问,对各方面的管理标准游刃有余。他将是公司哲学的保证人,一个由麦当劳特有的公司哲学创造的高级管理人员,其本人正是麦当劳哲学的保证。

作为"麦当劳公司的外交官",他的主要职责是往返于麦当劳公司与各下属企业,沟通建议之类的重要使命,成为总公司在这一地区的全权代表。

当然,成绩优异的地区顾问依然会得到晋升,终有一天会实现艾蒂安-雷蒙所说的——法国麦当劳公司董事长的位子坐着的是一个法国的年轻人。

"君子爱财,取之有道。"法国麦当劳公司雇员的取财之道是别具特色的。他们的个人收入水平变动频繁,正如他们实行的快速晋升制度,每次工作岗位的调整必然导致工资收入的变化。准确估计一个雇员的年薪是很困难的,因为一名雇员的工资级别只在几个月内是有效的,以后将会很快提高。

一个刚取得大学文凭的年轻人,在选择工作时往往将不同企业的招聘工资加以比较,而麦当劳公司的工资调整制度则有着令人怦然心动的魅力,因为在参加工作仅仅4个月之后,他们的工资就会提高。

工资收入变动的程序是这样的。人们一进入法国麦当劳公司就开始每年领取11万乃至13万法郎的工资,根据每个人的文凭不同,略有差别(这就是根据头4个月的工资标准计算的)。尔后,人们从第5个月开始就每年领取13万至15万法郎的工资。

两年后,如果一名麦当劳公司的工作人员顺利地当上了经理,那么每年就可以挣到18万法郎。如果后来他又顺利地升任监督管理员,那么他的年薪将达到25万法郎。

当然,除了年薪的增长外,他还能得到各方面的实物好处。比如,根据职务不同提供的专用车。而且,对于麦当劳公司基层至高层的每位雇员来说,还可以白天在公司免费就餐。

麦当劳公司与众不同的重要特点是,如果人们没有预先培养自己的接替者,那么他们在公司里的升迁将不被考虑。麦当劳公司的一项重要规则强调,如果事先未培养出自己的接班人,那么无论谁都不能提级晋升。

这就犹如齿轮的转动,每个人都得保证培养他的继承人并为之尽力,因为这关系到他的声誉和前途。这是一项真正实用的原则,可以想象,麦当劳公司因此而成为一个发现培养人才的大课堂。在这里,缺少的绝不会是人才。

1.4 把民营酒店的人力资源提升到战略层次

民营酒店的人才战略与架构怎么样？如何才能最大限度地为酒店的发展提供人才保障？在作者的酒店管理实践中能感受到，许多民营酒店在发展过程中，遭受了大量来自人力资源的压力。

民营酒店人力资源管理若要提升到战略层次，管理者必须要"以人为本"。因为，酒店在关心、尊重和培养员工的同时，也发展了酒店，真正实现了个人与酒店的"双赢"。

民营酒店老板素质提升的表现，很重要的一个方面就是人才观念的转变。民营酒店管理者应树立"以人为本"的人才观，站在"用天下之才，取天下之才"的战略高度，通过完善的激励机制和合理的分配机制，把人才的积极性调动起来。

1.4.1 民营酒店人力资源的战术与战略

1. 民营酒店人力资源的战术计划

实施战术计划，就要根据对酒店未来面临的外部人力资源供求量的预测，以及酒店的发展对人力资源的需求量的预测，制定具体的人力发展方案。民营酒店有了人力资源战略计划后，就要制定人力资源战术计划，比如：招聘计划、晋升与使用计划、培训开发计划、绩效与福利计划、劳动关系计划、管理与组织发展计划、人员裁减计划等。

2. 民营酒店人力资源的战略计划

民营酒店的战略计划，就是要根据酒店内部的经营方向和经营目标，以及酒店外部的社会和法律环境对人力资源程序的影响，制定出一套几年计划。同时还要注意战略规划稳定性和灵活性的统一。

1.4.2 促进民营酒店发展的人力资源战略

1. 从战术层面提高到战略高度

民营酒店要把人力资源管理从以往的战术层面提升到战略高度，就需要与公司的长期人力资源规划配套，例如通过培养接班人等方式以增强公司的凝聚力。招聘是人力资源的"源头活水"，是取天下之人才资源为己所用的第一关。

2. 主动吸引优秀人才

一些民营酒店都是依据工作岗位缺口等待应聘者的方式进行招聘,但在人才争夺激烈的今天,民营酒店应该积极主动地通过各种渠道对人才进行主动争夺。在日益激烈的企业竞争环境中,优秀人才倾向于向优秀企业集中,而优秀企业依靠优秀的企业文化吸引优秀人才。在企业与人才的双向选择中,高明的企业总是以平等、尊重、合作的态度来获得人才的青睐。

3. 从应急招聘到储备优秀骨干

民营酒店面对人才流失严重的情况,如果不能抓紧储备、培训、锻炼、培养人才,将随时面临捉襟见肘的困境。所以,民营酒店要高度重视内部复合型人才,将重点放在人才的内部选拔上,也要重视从外部提前引进战略型、管理型人才进行储备。

4. 从外部招聘转变为内聘

许多民营酒店通过外聘的方式,聘用了一些管理型、技术型的中高层人员,促使酒店在短时间内取得了较大的发展,但是民营酒店也不能过分依赖外聘人才,而是既要发挥外聘人才的积极作用,又要拓展内聘渠道。同时,酒店也应帮助员工完善职业生涯规划,通过系统化、制度化的内聘机制,给予内部人才提升的平台,挖掘年轻又有潜力的新员工。

5. 不要单纯招聘经验型人才,应适当吸收应届毕业生

一些民营酒店比较倾向于招聘经验型人才,因为这样可以解决酒店的燃眉之急,但由于这些人的年龄、经验、阅历等原因可能更多地形成了他们的思维定势和固执的价值观念;而应届毕业的大学生们往往年轻气盛,思维活跃敏捷,又受过多年正规系统的教育,掌握了较深的专业知识,对公司的未来具有重要意义,其可塑性使他们能够成为酒店企业文化的传承者、推动者、创新者。

6. 不光只培训新员工,也可以向新员工学习

一些民营酒店只注重新员工的培训以及同化导向,但却忽略了新员工会带来不同的价值观和新知识、新观点、新思路、新方法。比如外聘优秀的技术人才、营销专家和管理专家,他们将带给组织技术知识、客户群体和管理技能,这些往往都是无法从书本上直接学到的巨大财富。再比如从其他优秀公司过来的新员工,能够带来优秀公司的经营思路、企业文化、管理制度等值得学习的东西。因此,在招聘过程中,人力资源管理者应当有这样的意识:多了解信息,善于总结应聘者的好建议。

民营酒店的人力资源管理必须根据酒店发展需要,由战术型向战略型转变。根据本酒店的组织结构、文化特点和发展战略,制定人力资源管理的方法、技术和相应的策略。所以,民营酒店要建立切实可行的战略管理体系,从战略高度推动人力资源管理体系的变革。在酒店内部建立能够与企业战略相适应的科学的人力资源管理子战略,促进酒店发展和管理水平的提升,增强酒店的核心竞争力。

第 2 章

构建团队：如何进行组织机构设计

我们许多民营企业家在创办酒店时，都面临极大的困惑，酒店到底该用多少人？到底该设置多少个岗位？对这些问题往往心里没底，在这种情况下，大家常用的方法就是参考别的酒店，别人怎么搞我也怎么搞。殊不知，天下没有一模一样的酒店，每一家酒店都有自己的特点，照搬照抄别人的酒店岗位设置不一定适合自己，可能有些岗位是多余的，有些该设置的岗位却没有设置。下面我们就来研究酒店该如何设置岗位，每个岗位该做哪些工作？

酒店要有效地进行人力资源管理，首先要了解酒店内各工种岗位的特点以及能够胜任这些工作岗位的人员的特点。早在 19 世纪末，"科学管理之父"泰勒就系统地对各项工作予以科学的分析，即所谓"动作与时间研究"。现在，职务分析已被作为人力资源管理的基本范畴确定下来，是人力资源管理的重要职能之一。

2.1 有一种方法叫做职务分析

一位厨师不小心把一碗豆油洒在厨房通向传菜间的路面上。厨师长叫这位厨师把洒在地上的油清扫干净，厨师拒绝执行，理由是职务说明书里并没有包括清扫的条文。厨师长顾不上去查职务说明书上的原文，就找来一名切配工来做清扫，但这名切配工同样拒绝，他的理由也是职务说明书里没有包括这一类工作。厨师长威胁切配工说要把他解雇，因为这位切配工是分配到厨房来的临时工。切配工勉强同意清扫，但是干完之后立即向酒店经理投诉。

有关人员听了投诉后，审阅了三类人员的职务说明书：厨师、切配工和服务员。厨师的职务说明书规定：厨师有责任保持灶台的清洁，使之处于可用状态，但并未提及清扫地面。切配工的职务说明书规定：切配工有责任以各种方式协助厨师,如提供切配好的各色菜蔬和调料,随叫随到,及时服务,但也没有明确写明包括清扫工作。服务员的职务说明书中确实包含了各种形式的清扫,但是他的工作范围是在餐厅而不是厨房。

厨房地面的清扫工作到底该由谁来做?

2.1.1 认识职务分析

职务分析亦称为工作分析、岗位分析、职位说明等,是指通过观察和研究,确定关于某种特定职务的基本工作情况,以及完成工作所应具备的能力和资格的一种程序。搞好人力资源开发与管理必须建立在知事、识人的基础上,才能做到事得其人,人尽其才,人事相宜,事竟功成。职务分析便是企业知事的过程,是为达到"知事"而必须去做的工作。对于酒店而言,职务分析就是对酒店内各项职务的工作内容、规范、任职资格、任务与目标进行研究和描述的一项管理活动和制定具体的职务说明的系统工程。

职务分析是一种重要而普通的人力资源管理技术。国外人力资源管理心理学家指出,职务分析就是全面收集某项工作的信息,提出职务分析公式——"6W1H":

(1) 用谁,即谁来完成这项工作(WHO);
(2) 做何事,即这一职位具体的工作内容是什么(WHAT);
(3) 何时,即工作的时间安排怎样(WHEN);
(4) 何地,即这项工作是在哪里进行(WHERE);
(5) 如何,即如何来进行这项工作(HOW);
(6) 为何,即从事这项工作的目的是什么(WHY);
(7) 为何人,即这项工作的服务对象是谁(FOR WHOM)。

2.1.2 职务分析的目的和意义

1. 职务分析的目的

一个组织的工作涉及人员、职务及其环境等三方面因素。工作人员的分析包括工作条件、工作能力等,有助于员工职业生涯指导和发展,达到人尽其才的目的。工作职务的分析包括工作范围、工作程序、工作任务等,对员工工作上的任用、甄选、协调有所帮助,达到适才适职的目的。工作环境的分析包括酒店的环境设备,工作的知识技能等,使员工易于应付工作的要求,达到才尽其用的目的。职务分析乃"人与才"、"人与职"、"职与用"三者的有机结合,通过一定的组织行为以

达到组织目的,即

$$职务分析 \rightarrow \begin{cases} 人员——工作条件、能力……人尽其才 \\ 职务——工作范围、任务……才尽其职 \\ 环境——工作设备、技能……职尽其用 \end{cases} \rightarrow 组织目的$$

2. 职务分析的意义

酒店是一个功能多、业务复杂的综合性服务企业。随着服务项目因市场需要而不断增多,更使酒店内的工作、岗位日益繁杂,加之各岗位对知识、技术水平要求的差异也很大,这些都给招聘、选拔、录用以及工资标准制定等人力资源开发与管理工作带来困惑。职务分析对于人力资源研究和管理具有非常重要的作用。全面深入地进行职务分析,可以使酒店充分了解工作的具体特点和对员工的行为要求,为做出正确的人事决策奠定坚实的基础和提供科学的依据,如图 2-1 所示。

图 2-1 职务分析在人力资源管理体系中的位置

具体来说,职务分析在人力资源管理中有以下几个方面的意义:

(1) 明确选人用人的标准,做到人尽其才。一般来讲,招聘前手中要有一份招聘人员岗位的职务分析。职务分析明确了工作的具体程序和方法,指明在哪种工作岗位需要什么样的人才;规定工作职务的近期与长期目标;提出有关工种人员的心理、技能、文化和知识等方面的要求。有了明确而有效的标准,人力资源部门就可以招聘、选拔和任用符合工作需要和职务要求的合格员工。

(2) 提高工作效率,避免人力资源的浪费。通过职务分析,可以使工作职责明确,目标清楚。酒店中的每一位员工,上至总经理下至清洁工都能明确自己的工作环节和任务要求,充分利用和安排工作时间,使他们能更加合理地运用自己的知识和技能,增强他们的工作满意度,从而提高工作效率,避免人力资源浪费现象。

(3) 有效地激励员工。通过职务分析,可以设计积极的人员培训和职业开发方案。根据实际工作要求和聘用人员的不同情况,有针对性地安排培训内容和方案,以培训促进员工在组织内能按部就班地获得知识、技能和能力的提升,增强员工工作的信心;职务分析可以为员工绩效考核和晋升提供客观标准和科学依据,提高员工的工作积极性;通过职务分析和评估,可以建立先进、合理的工作定额和工资、奖金等报酬制度。酒店在职务分析的基础上了解员工工作的各种信息,全方位多角度有效地激励员工。

(4) 改善工作环境。通过职务分析,确定工作职务的任务和要求,建立工作规范,就可以检查工作中不利于发挥员工积极性和能力的方面,发现工作环境中有损于工作安全、加重工作负荷、造成工作疲劳与紧张等不合理因素;从而有利于改善工作环境,使员工在更适于身心健康和安全舒适的环境中工作。

2.2 职务分析的流程

2.2.1 职务分析流程的四个阶段

酒店组织职务分析是对酒店组织工作的一个全面了解,这项工作需要许多的工作信息。一般来讲,酒店职务分析可以分为四大阶段:准备工作阶段、信息收集阶段、信息分析阶段和结果表达阶段。

1. 职务分析准备工作阶段

职务分析准备工作阶段,酒店应明确职务分析的目的,这样才能确定工作分析信息调查的范围和信息收集的内容。限定工作分析的范围,并选择具有代表性的工作作为样本;与组织中的相关成员进行沟通,向组织成员传达工作分析的目的、意义、作用等相关信息以获得组织成员的赞同;选择职务分析人员,组建工作分析小组,同时对具备一定条件的工作人员进行相关工作的培训;选择职务分析的方法和工具,如采用问卷调查法时,就需要编写一份比较详细的"职务分析调查表",有助于将职务分析所需要的信息进行预先组织和整理。

2. 职务分析信息收集阶段

职务分析信息收集阶段的主要工作任务是对整个工作过程、工作环境、工作内容和工作人员的主要方面做出全面的调查,获得相关的信息,具体的工作步骤如下:

(1) 事先需征得样本员工直接上级的同意,尽量获取直接上级的支持。
(2) 为样本员工提供良好的信息反映环境,以便真实反映信息。
(3) 向样本员工讲解职务分析的意义,并说明信息收集注意事项。
(4) 鼓励样本员工真实客观地反映自己的信息,不要对反映出的任何内容产生顾虑。

（5）职务分析人员随时解答样本员工反映信息时所提出的问题。

（6）样本员工信息反映完毕后，职务分析人员要认真地进行检查，查阅是否有遗漏现象。

（7）检查无误后，完成信息收集任务，向样本员工致谢。

在信息收集完成之后，酒店职务分析人员应形成调研报告。

3. 职务分析信息分析阶段

职务分析信息分析阶段是将按各种收集信息方法所收集到的信息进行统计、分析、研究、归类的一个过程。在信息分析阶段最好参照酒店以前的职务分析资料和同行业、同职位其他酒店的相关职务分析的资料，以提高信息分析的可靠性。在信息分析阶段，需要分析以下几方面的内容：

（1）基本信息，如工作名称、工作编号、所属部门、工作等级等。

（2）工作活动和工作程序，如工作摘要、工作范围、职责范围、工作设备及工具、工作流程、人际交往、管理状态等。

（3）物理环境，如工作场所、工作环境的危险、职业病、工作时间、工作环境的舒适程度等。

（4）聘用条件，如年龄要求、学历要求、工作经验要求、性格要求等。

（5）基本素质，如学历要求、专长领域、职务经验、接受的培训教育、特殊才能等。

（6）生理素质，如体能要求、健康状况、感觉器官的灵敏性等。

（7）综合素质，如语言表达能力、合作能力、进取心、职业道德素质、人际交往能力、团队合作能力、性格、气质、兴趣等。

4. 职务分析结果表达阶段

职务分析结果表达阶段是职务分析的最后阶段。前3个阶段的工作都是为了达到此阶段。作为工作目标，此阶段的工作任务就是根据职务分析规范和信息编制职务说明书——"职务描述"和"职务规范"，具体工作如下：

（1）根据经过分析处理的信息草拟"职务描述"和"职务规范"。

（2）将草拟的"职务描述"和"职务规范"与实际工作对比。

（3）通过对比后找到差距，决定是否需要再次进行调查研究。

（4）修改"职务描述"和"职务规范"，确定试行稿。

（5）试行期使用无误后，确定为正式文件。

2.2.2 职务说明书

职务分析的结果,记录在职务说明书这一类专门文件中。职务说明书包括两部分:一是职务描述(见表 2-1),是对有关工作活动、工作程序和方法、工作职责、工作条件等工作特性方面的信息所进行的书面描述;二是职务规范(见表 2-2),是全面反映工作对员工的品质、特点、技能、经历和知识等方面要求的书面文件。

1. 职务描述(工作说明书)

职务描述具体描述工作的物质特点和环境特点,主要解决职务操作者做什么、怎么做和为什么做等问题。职务描述一般包括以下内容:

(1) 职务名称:是指酒店对从事一定工作活动所规定的职务称谓或职务代码。职务名称应简单明了,既能对工作进行简单识别、分类,又能做到标识工作的责任,明确在组织中所属的地位和部门。如酒店餐厅收银员、酒店人力资源部经理就是较好的工作名称,而收银员、部门经理就不够明确。

(2) 工作内容:是指对工作活动和工作程序的描述。包括所要完成的工作任务、工作职责、完成工作所需要的资料、工作流程、工作中上下级与平行级之间的关系等。工作内容的描述是职务描述的主体部分。

(3) 工作环境:是指对工作条件和物理环境的描述,包括工作地点的温度、湿度、光线、噪音、安全条件、地理位置、室内或室外等。

(4) 社会环境:是指对工作中的人际关系以及社会文化和习俗的描述,包括工作群体中的人数、完成工作所要求的人际交往的数量和程度、各部门之间的关系、工作地点内外的文化设施、社会习俗等。

(5) 聘用条件:说明工作的各方面特点,包括工作时数、工资结构、支付工资的方法、福利待遇、该工作在酒店中的正式位置、晋升的机会、工作的季节性、进修的机会等。

如表 2-1 所示,是某酒店餐饮部经理的工作说明书。

表 2-1 餐饮部经理的工作说明书

职务名称:餐饮部经理
部门:餐饮部
岗位等级:部门经理
职务编号:03-01
工作活动和工作程序

续表

1．通过对餐厅服务员及相关部门的管理与协调，实施酒店对餐饮部门的计划、组织、指导和控制活动；

2．安排服务员不同的工作区域和任务，指导服务员的各种接待活动和卫生工作；

3．评估餐饮业务报告并向上级管理部门作出报告；

4．根据对顾客渠道、成本、利润管理的批准认可，协调分配功能；

5．批准各种有助于促销的计划，参与和审查市场分析，确定和研究潜在顾客、价格一览表、折扣率竞争活动；

6．及时处理客人的投诉；

7．亲自与大客户保持联系；

8．可以根据有关规定建议或实施对本部门员工的奖惩；

9．可以与其他管理部门合作，建议和批准用于特色菜肴开发工作的预算支出和拨款；

10．可以与广告机构就制作餐饮广告事宜进行谈判，并在广告发布之前对广告题材、内容予以认可；

11．可以调用食品送货车 2 辆。

工作条件和物理环境

1．室内工作为主，一般不受气候和气温影响，湿度适中。无噪音损害，无个人生命危险或严重受伤危险，无有毒气体侵害；

2．有外出要求，一年中有 1%～5% 的工作日出差在外；

3．工作地点为本市和华东、华南省会城市的市区。

社会环境

1．有一名助理，餐饮部工作人员有 20～25 人；

2．直接上级是酒店副总经理；需要经常交往的部门是采购部、前厅、大堂、财务部、客房部；

3．可以参加职工俱乐部各项活动。

聘用条件

1．每周工作 40～45 小时，有法定假日；

2．基本工资每月 2500 元，职务津贴每月 1200 元，每年完成全年销售指标奖励 2000 元，超额完成部分再以千分之一提取奖金；

3．每年工作以旅游会务高峰月为忙季，夏季为淡季；

4．每 3 年有 1 次出国进修机会；每 5 年有 1 次为期 1 个月的公休假期，可以报销 5000 元的旅游费用；

5．购买自住房，酒店提供补充公积金。

2. 职务规范(任职说明书)

职务规范是根据职务描述所提供的信息,拟定工作资格。制定职务规范的目的是决定重要的个体特征,以此作为人员甄选、任用和培训的基础。职务规范主要包括以下内容。

(1) 一般要求。是指从事酒店工作的一般性要求,如年龄、性别、学历、工作经验等。

(2) 生理要求。是指该工作对工作人员的身体状况和身体素质方面的要求,如外表形象、健康状况、感觉器官的灵敏度、力量与体力等。

(3) 心理要求。是指酒店工作人员所应具备的知识、技能、能力等个人特征,主要包括观察能力、集中能力、记忆能力、理解能力、学习能力、解决问题能力、创造性、数学计算能力、语言表达能力、决策能力、特殊能力、性格、气质、兴趣爱好、态度、事业心、合作性、领导能力,等等。

如表2-2所示,是某酒店招聘专员的任职说明书。

表2-2 招聘专员的任职说明书

职务名称:招聘专员
部门:人力资源部
职务代码:HR—021
直接上级职务:人力资源部经理
知识和技能要求
1. 学历要求:本科以上;   2. 工作经验:3年以上酒店工作经验;   3. 专业背景:从事人力资源招聘工作2年以上;   4. 英文水平:达到国家英语四级水平;   5. 计算机水平:熟练使用 Windows 和 Office 系列。
特殊才能要求
1. 语言表达能力:能够准确、清晰、生动地向应聘者介绍企业情况;准确、巧妙地解答应聘者提出的各种问题;   2. 文字表述能力:能够准确、快速地将希望表达的内容用文字表述出来,对文字描述很敏感;   3. 观察能力:能够很快地把握应聘者的心理;   4. 处理事务能力:能够将多项并行的事务安排得井井有条。

续表

综合素质
1. 有良好的职业道德,能够保守组织人事秘密; 2. 独立工作能力强,能够独立完成布置招聘会场、接待应聘人员、应聘者非智力因素评价等任务; 3. 工作认真细心,能准确地把握同行业的招聘情况。
其他要求
1. 能够随时出差; 2. 假期一般不超过一个月。

职务说明书可以分成职务描述和职务规范两份文件来阐述,也可以合并在一起。如表 2-3 所示,是某酒店前厅部经理的职务说明书。

表 2-3 前厅部经理职务说明书

职务名称:前厅部经理
部门:前厅部
岗位等级:部门经理
职务代码:F00001

任职基本要求
1. 自然条件:男 25~40 岁,身高 1.7 m 以上;女 25~40 岁,身高 1.6 m 以上;精力充沛,端庄稳重; 2. 受教育程度:大学本科毕业或者同等学力以上,具有经济师职称及同等业务水平; 3. 工作经验:曾在同档星级宾馆酒店前厅任经理职务,熟悉前厅运作及管理规范; 4. 语言能力:流利的、较标准的普通话,能听懂上海话和广东话,较强的英语口语表达能力。
工作活动和工作程序
1. 制定并实施前厅业务计划; 2. 根据酒店市场环境、部门的历史数据和现实情况,编制部门预算,在预算获得批准后,组织实施和控制,保证预算的完成; 3. 巡视属下各个部门,抽查服务质量,保证日常工作的顺利进行; 4. 负责对直接下级的工作评估及部门的奖金分配工作; 5. 协助检查当天抵达贵宾的房间质量,并于大门外恭候迎接当天抵达的贵宾; 6. 指导主管训练属下员工,监督检查各主管的管理工作并纠正偏差;

续表

7. 接受客人的投诉,及时进行处理解决并作好记录;
8. 组织、主持每周的主管例会,听取汇报、布置工作,解决工作难题;
9. 掌握客房预订情况和当天客情;审阅大堂经理周报,呈报总经理批示;
10. 负责部门的文化建设工作,对部门的人员素质建设负有直接责任。
社会环境
1. 有一名副手,前厅部工作人员有 30~35 人;
2. 下设前台接待处、问讯处、订房部、商务中心、礼宾部、总机、大堂经理等七个二级部门;
3. 直接上级是房务部总监;需要经常联系的部门是公关销售部、客房部、餐饮部、财务部等。
聘用条件
1. 每周工作 48 个小时,每周休一天,国家假日放假;
2. 基本工资每月 3000 元,岗位津贴 1500 元,年终双薪;
3. 本岗位是酒店中层管理岗位,可以批签最高房费 5 折的优惠,餐饮 9 折(不含酒水);
4. 每两年有 1~2 次培训进修机会,可报销培训费用 3000 元;
5. 酒店免费提供洗衣服务。

3. 职务说明书的编写

编写职务说明书的核心,是要回答好以下两个问题,一是"谁来做职务分析",二是"何时做职务分析"。

首先,职务说明书应由专家团队进行策划。其次,现场主管人员必须直接进行操作。然后,在业务人员的具体实践中进行修正。最后,由人力资源部门人员进行整理。

这其中,和有关员工一起做非常重要。不过,这一原则只适用于监督管理级人员的职务描述与规范。基层员工的工作往往已有明确的规定,一般改动都很少。而且,使所有有关员工都参加讨论也不大可能,因为一个人只有被招聘入职以后,才会需要职务描述与职务规范,而这些在招聘之前就必须准备出来。

相比较而言,制定职务规范通常比进行职务描述更需要技巧性,职务规范应根据职务规范书的用处来确定由谁制定。

如果编写职务规范将用于培训的目的,就应由培训专家及相关部门的经理一起制定。通过工作分析,研究从事该职位需何种培训,以规划合理的培训方案。如果职务规范是作为职务评估基础的文件,则应由工作研究专家同有关部门经理一起制定。针对职位的特点,对从事各职位的工作人员的基本禀赋作出强度不一的规范。

另外还要注意,不管采用哪一种编写方法,在关键点上都要避免使用诸如"尽量取得满意的利润水平"之类的模糊语句,而应做到确切、具体。能够写出数字的,就要写出具体的数字,例如"总利润达58%"等。当然,如果相关规定非常具体并实现了数量化后,便应将该预算值或预测值纳入职务说明书中。

由于职务说明书在人员就职、培训、工作评定与绩效考核等许多工作中都起着重要的作用,因而,应由一个人或一个部门监督职务说明书的制定工作,以保证其连贯性。同时,还应做好定期修订工作。

一般来说,酒店成立、部门结构调整、业务发生变化、有些问题被重新提起或有新发现、引进新设备或工艺、要求当事人述职或进行职位调整、员工晋级的时候,都要作职务分析或进行职务说明书调整。

经过有关人员精心编写的职务分析信息,需要及时地向用人部门的作业人员传达,否则,再好的信息,不传达到使用者手中,也是一纸空文。

2.2.3 职务分析的方法

【案例2.1】 人力资源部的座谈会

客房部的陈经理接到人力资源部的电话,要找10位服务员去开座谈会,内容是给人力资源部提供工作信息。陈经理把不当班的几个服务员排了队,挑了几个能说会道的去开会。但是会开完后,人力资源部经理埋怨说,陈经理挑来的人净说自己的岗位如何累、如何苦,要求加工资,没提供有价值的信息。陈经理觉得很冤枉,你们人力资源部没给我明确开会员工的要求啊,再说了,开会时要员工讲哪些内容,你们人力资源部也可以当场说嘛,何必怪我提供的人员不对。到底是陈经理错了,还是人力资源部自己没有讲清楚要求?

职务分析过程中需要收集大量的工作活动信息,这些信息的正确与否,直接影响到职务分析的成败和质量。通过不同的信息收集方法所收集的信息不同。职务分析的方法依照基本方式划分主要有观察法、访谈法、问卷法、现场工作日志法、职务见习法等。每种方法都有各自的优、缺点,在实践工作中,要做好职务分析,常常根据不同的职位,把不同的方法相结合。

1. 观察法

观察法是职务分析人员根据观察提纲,运用感觉器官和一些工具,对员工正常工作的状态进行系统观察以获取工作信息,并通过对信息进行比较、分析、汇总等方式,得出职务分析成果的方法。工作信息可以用文字和图表的形式进行记录,也可以用摄像、录像等方法进行记录。观察法适用于酒店内的体力劳动者和事务性工作者,如前台接待员、行李员、文员等职位。

采用观察法的优点是通过对工作的直接观察和工作者介绍能使职务分析人员更多、更深刻地了解工作要求,从而使所获得的信息比较客观和准确,但同时也要求观察者有一定的实际操作经验。其缺点一是不适用于工作周期长和主要是脑力劳动的工作,如部门经理等;二是不易观察紧急而又偶然的工作,例如处理紧急情况。

在运用观察法时,一定要有一份详细的观察提纲,这样在观察时才能及时记录。表2-4是观察提纲的一个例子。

表2-4 职务分析观察提纲(客房服务员岗位)

被观察者姓名:_____   日期:_____
观察者姓名:_____   观察时间:_____
工作类型:_____   工作部门:_____

观察内容:
1. 什么时候开始正式工作?_____。
2. 上午工作多长时间?_____。
3. 上午休息几次?_____。
4. 第一次休息时间从_____到_____。
5. 第二次休息时间从_____到_____。
6. 完成多少任务(接受客人问询、清扫客房、做床、检查房态)?_____。
7. 平均多少时间完成一件任务?_____。
8. 与同事交谈几次?_____。
9. 每次交谈约_____分钟。
10. 工作中遇到什么困难?_____。
11. 全天出现几次差错?_____。
12. 下午工作多少小时?_____。
13. 有无向领导汇报工作?_____。
14. 工作时间有无离开酒店外出?_____。
15. 外出时间共多少?_____。
16. 外出原因是什么?_____。

2. 访谈法

访谈法又称面谈法,是指职务分析人员通过面对面询问而获取工作要素信息的调查研究方法,是一种应用最为广泛的工作分析方法。访谈的对象可以是任职者本人,也可以是专家和主管人员;访谈形式可以个别访谈,也可以群体座谈;访谈的程序可以是标准化的,也可以是非标准化的。

访谈法的优点是比较灵活,有助于与任职者进行双向沟通,可以对员工的工作任务和工作态度等较深层次的内容有比较详细的了解。另外,由于任职者本身也是自己行为的观察者,他对自己工作的特征最为熟悉,也最有发言权,由任职者本人描述工作内容,具体而准确。总之,作为一种运用最为广泛的职务分析方法,访谈法能够简单而迅速地收集多方面的工作信息。

访谈法的缺点,一方面在于对职务分析人员的要求比较高。访谈者的访谈策略和提问技巧,直接关系到访谈的效果。访谈者要有多方面的知识和能力,需要经过严格而规范的培训。另一方面,任职者可能出于自身利益的考虑,采取不合作的态度或有意无意地夸大自己所从事工作的重要性、复杂性,导致工作信息失真。若分析人员和被调查者相互不信任,应用该方法具有一定的危险性。

因此,访谈法不能单独作为信息收集的方法,只适合与其他方法一起使用。

访谈法的分析提纲如表 2-5 所示。

表 2-5 访谈法工作岗位分析表

职务名称:	主管部门:
所属部门:	工作地点:
间接主管:	监督者:
直接主管:	

1.这个岗位工作的目的是什么?

2.岗位的工作职责是什么？在各项职责中,需要完成什么工作？

3.岗位的工作内容是什么？你是如何做的？

4.除了日常工作外,每周、每月、每季或每年还需要承担哪些工作？

5.如何衡量你的工作完成得好坏？

6.你的工作对完成的时间要求是什么？

续表

7. 在日常工作中是否存在难以克服的困难？
8. 工作职责是否与别的工作岗位职责有交叉的部分？
9. 为了圆满完成你的工作，所需要的教育水平如何？需要何种类型的知识、技能？
10. 你的工作向谁汇报？
11. 你的工作与组织中的哪些岗位有接触？接触的频率是多少？为什么需要这些接触？
12. 你的工作与组织外的哪些组织、机构有联系？
13. 你是否承担管理他人的工作？管理哪些岗位的员工？你是如何管理的？
14. 你在工作中难度最大的是什么？为什么？如何才能很好地完成这些工作？

3. 问卷法

问卷法是指通过书面形式、以严格设计的心理测试项目或问题，让员工或相关人员填写问卷，然后由职务分析人员根据回收的答卷来统计工作特征、工作行为和工作人员特征的方法。问卷法适用于酒店的脑力工作者、管理工作者或工作不确定因素很大的员工，比如酒店行政经理。

问卷法的优点是比较规范化、数量化，适合于用计算机对结果进行统计分析；调查范围广，速度快，调查样本量很大，适用于需要对许多员工进行调查的情况。其缺点在于问卷由被调查对象单独填写，职务分析者与其缺少交流和沟通，不易唤起被调查对象的兴趣；调查问卷的设计比较费人力和物力，也不像访谈那样可以面对面交流信息。

需要注意的是，调查问卷的设计直接关系着问卷调查的成败，所以问卷一定要设计得完整、科学、合理。问卷法主要可以分为两种：一般职务分析问卷法和指定职务分析问卷法。

(1) 一般职务分析问卷法。这种方法适合于各种工作，问卷内容具有普遍性，表 2-6 是一个例子。

表 2-6　一般职务分析问卷

1. 职务名称。
2. 比较适合任该职务的性别是＿＿＿＿。
   A. 男性　　　　　　　　B. 女性　　　　　　　　C. 男女均可
3. 最适合任该职务的年龄是＿＿＿＿。
   A. 20 岁以下　　　　　　B. 21～30 岁　　　　　　C. 31～40 岁
   D. 41～50 岁　　　　　　E. 51 岁以上
4. 能胜任该职务的文化程度是＿＿＿＿。
   A. 初中以下　　　　　　B. 高中、中专　　　　　　C. 大专
   D. 本科　　　　　　　　E. 研究生以上
5. 该职务的工作地点在＿＿＿＿。
   A. 本地市区　　B. 本地郊区　　C. 外地市区　　D. 外地郊区
6. 该职务的工作主要在＿＿＿＿（指 75％以上时间）。
   A. 室内　　　　B. 室外　　　　C. 市内外各一半
7. 任该职务的工作时间一般在＿＿＿＿（指 75％以上时间）。
   A. 白天　　　　B. 晚上　　　　C. 兼有白天和晚上节假日为主
8. 该职务工作信息来源主要是＿＿＿＿。
   A. 视觉材料（文件、图表、财务数据、照片、数字显示、信号灯等）
   B. 听觉材料（语音广播、公共场所混杂音、乐曲等）
   C. 触觉材料（手感温度、湿度、光滑度、柔软度等）
   D. 模型装置（模型、模式、模板等）
   E. 测量装置（气压表、气温表等各种表具）

（2）指定职务分析问卷法。这种方法适合于各种指定的工作，问卷内容具有特定性，一张问卷只适用于一种工作。表 2-7 是一个例子。

表 2-7　客房服务员职务分析问卷（部分）

说明以下职责在你工作中的重要性（最重要的打 10 分，最不重要的打 0 分，标在右侧的横线上）。

1. 接听、转达或记录客人电话。＿＿＿＿
2. 接待好每一个开房客人。＿＿＿＿
3. 接受客人询问及呼唤。＿＿＿＿
4. 在规定的时间整理清扫客房。＿＿＿＿
5. 正确记住各房间客人的嘱咐事项。＿＿＿＿

续表

6. 掌握工作中经常遇到的必要的商务、法律知识。_____
7. 善于微笑。_____
8. 清洁走道和公共场所。_____
9. 满足客人事先提出的要求。_____
10. 做好开房记录。_____
11. 参加在职培训。_____
12. 讲话口齿清楚。_____
13. 熟练运用清洁工具,分清不同清洗剂的使用对象和方法。_____
14. 及时清扫挂有"请速打扫"的客房。_____
15. 思路清晰。_____
16. 向经理汇报工作。_____
17. 每天总结自己的工作。_____
18. 每天锻炼身体。_____
19. 和同事保持良好关系。_____
20. 不怕脏和苦。_____

4. 现场工作日志法

现场工作日志法是由任职者按时间顺序,详细记录自己在一段时间内的工作内容与工作过程,经过归纳、分析,达到职务分析目的的一种职务分析方法。日志的形式可以是不固定的,也可以由酒店提供统一的格式。

现场工作日志法是每日在完成工作以后的即时记录,其优点在于提供了员工工作活动的概要信息,较为详尽。其缺点在于信息有可能失真,包括遗忘、不能及时填写及刻意隐瞒等;不能了解长期的、周期性变化的工作活动及各项活动的目的和重要性。

一般来说,在用于职务分析时,工作日志法很少作为唯一的、主要的信息收集技术,常常要与其他方法相结合。实际工作中,职务分析人员通常会将酒店已有的工作日志作为问卷设计、准备访谈或者对某一项工作作初步了解的文献资料来源,而且选择不同工龄的员工的日志作为参考。

现场工作日志法的现场工作日志如表2-8所示。

表 2-8 现场工作日志

姓名：			职务名称：	
填写日期： 年 月 日			所属部门：	
开始时间	结束时间	工作任务和活动内容	活动结果	备注

说明：
1. 请你按工作活动发生的顺序及时填写，勿在一天工作结束后合并填写。
2. 严格按照表格要求进行填写，不要遗漏细小的工作活动。
3. 请你提供真实的信息，以免损害你的利益。

5. 职务见习法

职务见习法又称参与法，是指从事职务分析的工作人员亲自直接参与某项工作，取得自己深入细致的体验。

运用职务见习法的好处是可以弥补观察法无法了解的活动，比如计算机房的工作和会计的核算有大量的智力活动，无法被观察，访谈时也可能因为会计人员不善于表达而无法获取信息，而职务见习则能全面感受。再者，职务见习法能矫正观察中得到的虚假信息。但是这种方法的缺点是受到许多因素的制约，专业化程度较高的工作，调查者不具备从事这个工作的知识和能力，或者一些复杂而危险的职务，不可能运用这种方法。如酒店的保安在抓捕犯罪分子的过程。

职务分析的方法众多，在具体操作时，各种方法结合使用才能全面有效地反映工作的真实情况。

2.3 民营酒店如何认识酒店职务评估

2.3.1 民营酒店组织架构存在着的制约发展的问题

随着酒店业的迅速发展,其中一些酒店不断发展壮大,诞生了锦江之星、凯莱、建国等一批管理规范、理念超前的现代化酒店企业。但是对相当一部分民营酒店来说,这类酒店基本完成了资本的原始积累,酒店已有一定的规模,产品有一定的市场,这类酒店正从"创业阶段"向"持续成长阶段"发展,从不重视管理到强烈要求学习和实现科学管理转变,这些转变都说明这些酒店正面临着二次创业。企业组织是企业可持续发展的根本保证,没有科学的组织管理体系必定会阻碍企业目标的实现。作者在对酒店的管理实践中,通过对多家民营酒店企业的实证分析,发现酒店组织架构管理的现状亟待改变。

1. 民营酒店高度集权与"家长式"管理

多数民营酒店的决策和控制权牢牢掌握在酒店所有者手里,其组织管理模式是建立在权力集中的"家长式"管理基础上的。管理工作事无巨细、"一竿子到底",使各级存在较强的依赖性,管理人员缺乏积极性与创新精神,工作被动、扮演"救火队员"的角色。一般地说,公司在初创期,集权管理是必要的。但随着公司规模的扩大,若再高度集权、单凭行政命令直线式管理企业,会产生许多弊端,如降低决策的质量、降低组织的适应能力、降低公司员工的工作热情等。

2. 民营酒店高层管理幅度过大

高度集权的管理模式必然会造成主要高层负责人管理幅度过大,使其淹没在日常事务中,不能用更多的时间和精力考虑公司的长期规划与战略问题。同时,也影响了部门之间的横向协调,降低了管理工作的效率。

3. 民营酒店各部门划分边界不清,岗位职责不够明确

民营酒店若过分强调组织的灵活性,必然会牺牲规范性,造成管理混乱、部门边界不清、接口不明,导致部门之间配合差,工作相互推诿,各自为政,这些都大大降低了组织运行的效率。

4. 民营酒店缺乏科学的管理体系,导致人浮于事

虽然民营酒店强调组织监督,建立了审计部、监察部等监督部门,但由予缺乏科学组织与管理体系,往往造成过度的或不恰当的监督,不仅使管理费用增加,而且易产生人浮于事的现象,根据实证调查所反映的情况看,实际效果并不理想。

2.3.2 找准适合民营酒店的组织机构

酒店的各项工作任务,是通过其内部各机构人员分工协作共同完成的。酒店的规模不同,其组织机构的具体设置也不尽相同。总的来说,酒店组织机构的设置应既能保证日常运作的质量和效率,又能方便客人,满足客人的需求。民营酒店应根据酒店的规模大小和酒店连锁机构的上层构架来选择适合自己的组织机构模式。

1. 经济型酒店的组织机构

经济型酒店又称为有限服务酒店,如国内的"锦江之星"、"如家快捷"。其最大的特点是服务比较简单,服务模式为"B&B",即"床(Bed)＋早餐(Breakfast)"(也有个别不提供店内早餐的,叫外卖)。由于人工成本较低,经济型酒店的租金便宜,开房率很高,国际上的一些品牌酒店看好国内这块市场,正在大举进入。

由于经济型酒店的经营内容少,所以组织机构也相对精干。如图2-2所示是其组织机构设置框图。

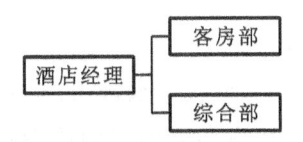

图 2-2　经济型酒店组织机构设置框图

2. 小型酒店的组织机构

小型酒店是指客房数在200间以下的酒店,小型酒店是国内大型旅游景区及中等城市常见的酒店,一般的标准在3星级以下。旅游景区酒店的季节性较强,一般地区的小型酒店没有明显的季节性,但与节日的相关度依然明显。

小型酒店的经营内容与中型酒店相比较差别不大,只是规模较小,组织机构相应也较完整。小规模的民营酒店也多采用这种简单的组织机构。如图2-3所示是其组织机构设置框图。

3. 中型酒店的组织机构

中型酒店是指客房数在500间以下的酒店,是国内大中城市主要的酒店,适合国内一般层次的会议用房和较高消费的旅游用房。中型酒店的季节性也较强。

中型酒店的经营内容较齐全,组织机构完整,职能门类细分。部分民营酒店在经历了快速扩张之后,多采用这种组织机构,但从实际运作来看,民营酒店的部分组织机构虽有其部门设置,但组织机构不完善,流于表面的形式。如图2-4所示

图 2-3　小型酒店组织机构设置框图

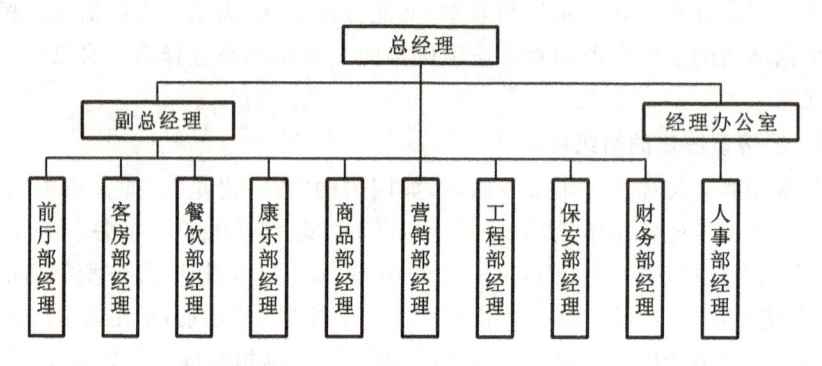

图 2-4　中型酒店组织机构设置框图

是其组织机构设置框图。

4. 大型酒店的组织机构

大型酒店是指客房数在 500 间以上的酒店,是国内大中城市标志性的酒店,适合国内外重要或大型会议用房和高消费的旅游用房。大型酒店的季节性也较强。

大型酒店的经营内容繁多,组织机构相应复杂,职能门类完全细分,员工人数众多。如图 2-5 所示是其组织机构设置框图。

2.3.3　酒店的岗位设计

在酒店组织形式确定之后,应根据每个酒店的实际需要设置不同的工作岗位,制定每个工作岗位的职务描述和职务规范,并以此建立岗位责任制。

1. 岗位设计步骤

(1) 依照服务流程和分工要求设计岗位。例如,要确定前厅的工作岗位,就要按照酒店设定的服务流程和分工要求列出所需岗位。若顾客从机场下飞机到前厅,酒店要有机场迎宾员、轿车驾驶员前往机场迎接客人,要在机场设置机场代表柜台欢迎顾客,然后提供门厅应接服务、行李运送服务、问讯服务、外汇兑换和结账服务、电话总机服务、预订服务、大堂问讯与投诉服务,这样就产生了前厅需要

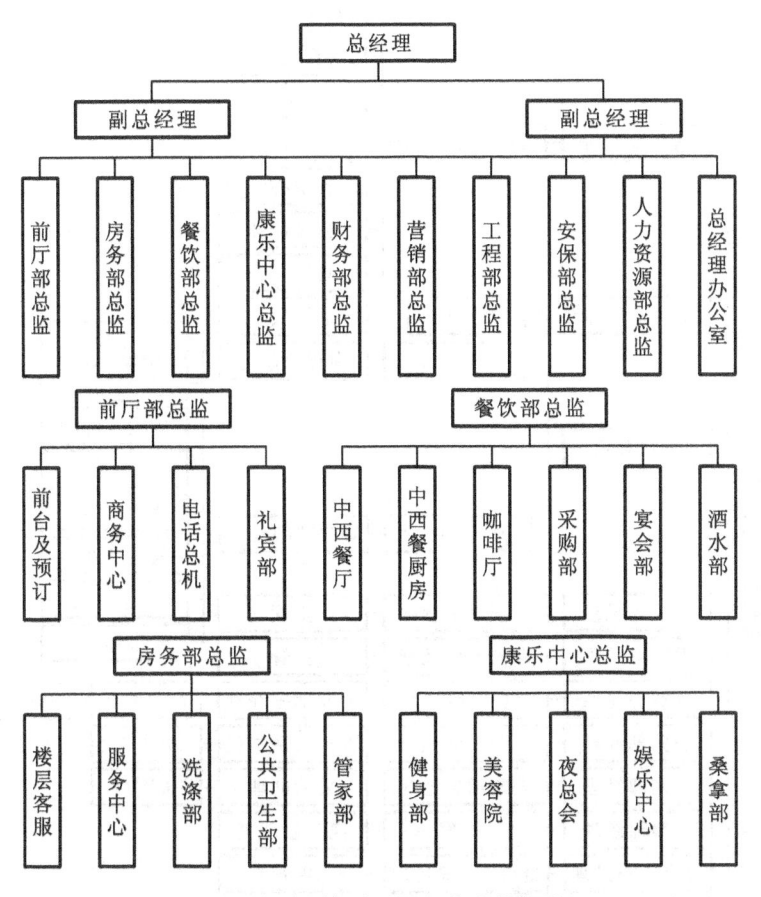

```
                            总经理
              ┌──────────────┴──────────────┐
           副总经理                        副总经理
    ┌──┬──┬──┬──┼──┐              ┌──┬──┬──┬──┼──┐
   前  房  餐  康  财              营  工  安  人  总
   厅  务  饮  乐  务              销  程  保  力  经
   部  部  部  中  部              部  部  部  资  理
   总  总  总  心  总              总  总  总  源  办
   监  监  监  总  监              监  监  监  部  公
              监                              总  室
                                              监
```

```
                  前厅部总监                              餐饮部总监
       ┌────┬────┼────┬────┐              ┌────┬────┼────┬────┐
      前    商    电    礼              中    中    咖    采    宴    酒
      台    务    话    宾              西    西    啡    购    会    水
      及    中    总    部              餐    餐    厅    部    部    部
      预    心    机                    厅    厨
      订                                      房
```

```
              房务部总监                              康乐中心总监
     ┌────┬────┼────┬────┐              ┌────┬────┼────┬────┐
    楼    服    洗    公    管          健    美    夜    娱    桑
    层    务    涤    共    家          身    容    总    乐    拿
    客    中    部    卫    部          部    院    会    中    部
    服    心          生                                  心
                      部
```

图 2-5 大型酒店组织机构设置框图

设置的一系列岗位。

（2）检验是否有可以取消或合并的岗位。例如，一星级和二星级酒店一般可以不提供机场代表服务、门厅应接服务，也可以不设大堂经理。又如，在 24:00 到清晨 5:00 期间，总台的接待、问讯和结账这三个岗位可以合并为一。

如图 2-6 所示是 A 酒店岗位设置情况（该酒店拥有 800 间客房和 1500 名员工）。

2. 岗位设计原则

设计工作岗位的原则是"人有其位"，切不可"因人设位"。因为民营酒店盈利模式的自主性，许多民营酒店的"因人设岗"现象比许多国营酒店要好。各类酒店在设计工作岗位时要注意以下问题：

（1）合理分工是工作岗位科学设计的基础。分工就是将需要完成的任务分解成相对独立又有机联系的操作工序，每个岗位负责完成其中的一道工序，以后无

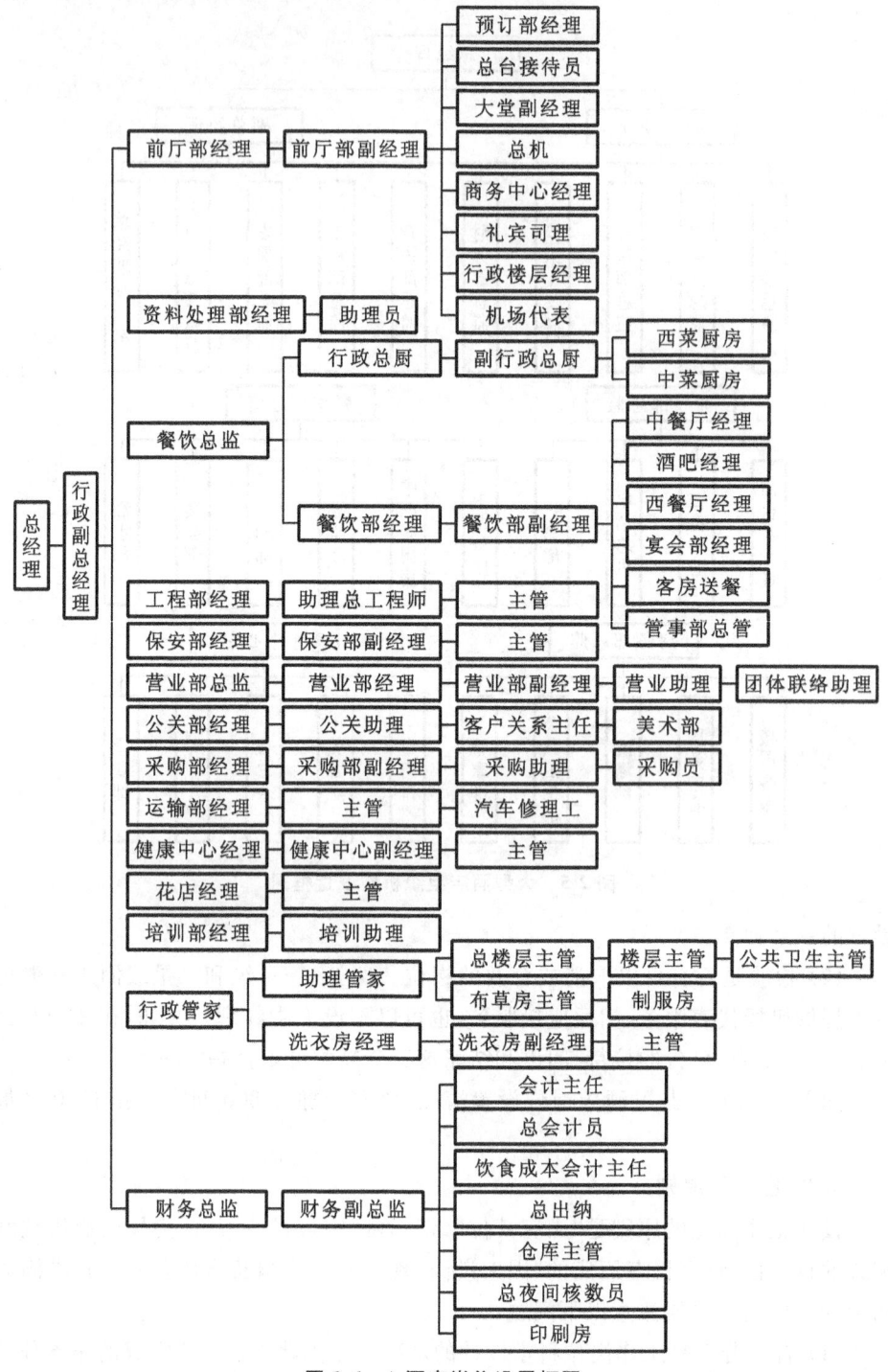

图 2-6 A 酒店岗位设置框图

论是酒店的培训还是管理都将以此为基础提高工作效率。但应注意,分工过细会使工作重复而琐碎,使员工对工作兴趣索然,从而影响工作情绪与积极性。

(2) 设计工作岗位要以目前酒店员工的素质为基础。如果从理想化的角度设计而实际无人胜任这项工作,这对酒店经营与管理无任何好处。设计工作岗位时还要兼顾劳动力市场供求状况,考虑是否能够招聘到足够数量符合条件的员工。

(3) 设计工作岗位必须考虑到员工对工作的满足感。"管理科学之父"泰勒提出一个著名的管理思想,他说:"只要岗位合适,每一个人都能成为一流的工人。"酒店人力资源开发的宗旨,正在于使每一个员工都能适岗:在岗位上扬长避短,人尽其才,物尽其用。

近年来,管理学界不断强调工作内容的扩大化和丰富化,经研究表明,工作内容的扩大化和丰富化能提高员工的工作兴趣,提高员工的工作积极性。

(4) 设计工作岗位时应考虑新技术的影响。技术创新可以创造新的工作岗位或改变原有工作岗位的内容。例如,酒店开始使用计算机管理,就产生了维护计算机硬件和软件的新岗位。由于使用计算机,总服务台订房员的工作内容也发生了很大变化,使用计算机终端成为其重要工作内容。因此,设计工作岗位时必须注意到科技发展对人力需求的影响。

2.3.4 酒店职务评估

职务评估,是在岗位分析的基础上,对各岗位的责任大小、工作强度、工作复杂性、所需资格条件等特性进行评价,形成岗位序列,以确定岗位相对价值的过程。落实在酒店,就是要确定出酒店里每一种职务的相对价值的等级,使酒店的所有岗位有效互补,形成一个体系,令每一位员工都明确自己的位置。

1. 职务评估的作用

进行职务评估,主要是为招聘、晋升以及工薪定级等提供依据。具体地,可以有以下四方面作用:

(1) 有助于明确员工招聘的层次范围。

(2) 有助于明确各工种、岗位之间工薪标准,以合理为新老员工定薪。

(3) 不同的工种和职务之间在薪金高低上有明显差异,有利于人员的晋升和工种之间的顺利调动。

(4) 利于薪资的成本预算与管理。

2. 职务评估的内容

酒店里的工种、岗位十分繁杂,要想确立不同工种的相对价值,区别出主次轻重，就必须制定出一个包罗所有工种在内的对比体系，找出各工种都包含的、可以做比较的共同因素来评估。这些因素，就是职务评估的内容。对每一工种进行评估时，具体至少应考虑以下七个方面：

（1）知识。有的工种只要求简单的知识，这种知识几天内便可以掌握；有的工种则要求复杂的知识，非苦读数载并经过实习则不能掌握。

（2）技能。主要是指手工技巧。技能也有难易之别，有的可以在很短时间内学会（例如，吸尘器的操作），有的则要学习几个星期，甚至培训几个月之久（例如电脑绘图或一般的烹调技巧）。

（3）责任。有的人员要负责重要决策，并承担重大的责任，而这种决策的重要性往往在很长时间以后才得以显现。而另一些人员所从事的工作的效果则立即可以显现。这就是责任大小之不同。例如，修理卫生洁具和办理出纳所负的责任，就有很大的差异。

（4）体力消耗。酒店里有些工种（如搬运、烹调等），是体力消耗比较多的；而另一些工种（如记账或打字），则消耗体力比较少。

（5）脑力消耗。任何工种都包含一定的脑力消耗，但程度差异很大。如接待主管在工作时所付出的脑力消耗就远远高于保洁员。

（6）社交技巧。某些工种要求较高的社交技巧。例如，餐厅经理就得处事非常灵活而有耐心，才能对各类型的顾客应付自如；而主厨，就不需要这样的社交技巧。

（7）工作条件。包括各种消耗体力因素（如高温、站立）和生活上的不便（加班、轮班等）。此外，还应考虑是否存在烫伤、刀伤以及其他方面的人身危险。

以上，只是列举说明需要考虑的基本因素，并未罗列出所有的因素。但即使在上述因素中，有的也还可以进一步细分为若干个子因素。根据本酒店的具体情况全面考虑，慎重取舍以确定比较因素，是保证评估公正的关键。

3. 职务评估的方法

对工作岗位的等级进行评估，一般有三种方法：

（1）按岗位本身的高低来确定，如把岗位等级分为实习生、低级服务员、高级服务员、副领班、正领班、副主管、正主管、部门经理助理、部门副经理、部门正经理、总经理助理、副总经理、总经理。

（2）按岗位工作性质来分析定级。具体而言，就是综合性地分析每个工作岗位对体力、知识、能力和职责的要求，确定不同的工作岗位的等级。如表2-9所示。

表 2-9　岗位工作性质分析定级法

等级	岗位性质	举例
1	很简单的高强度体力活动。	清洁工
2	简单性劳务,可以根据简单明确的指令来完成。这些指令可以在 2~3 周内学会,劳务完成的质量容易检查和管理。	客房服务员
3	任务范围明确,有时包含比较复杂的程序并且要求一定程度的知识。	酒吧服务员、行李员
4	要求全面熟悉某项工作程序的一部分或若干部分,能够自主安排工作并发挥主动性,对任务的完成情况仅需稍加管理。	文员
5	程序化的工作,一定程度上要求处理非程序化的问题,掌握管理一个小组人员的技巧。	出纳员、接待员、仓库保管员
6	要求协调若干较低层次的活动并且掌握管理一个小组人员的技巧,具有较高专业知识且能独立负责某些无法跟踪检查的非程序化工作。	领班、接待主管、房务主管、餐厅经理

（3）评分法。即通过分析各个工作岗位的责任说明书和要求说明书,把不同岗位所要求的共同能力因素抽出来,按照各个岗位对这些共同因素的不同要求来评分,然后,把各个岗位所得总分进行比较,按总分高低来评定不同岗位的等级和等级组,具体方法如下：

① 提取每个岗位所需要的共同能力因素。在酒店中,这些共同能力因素一般包括教育、智力、技能、身体要求、外貌、自觉性、个性、组织能力、创造性、责任性、工作条件等。

② 给每项共同因素设定最高分,如 30 分,根据每个工作岗位对各项能力要求的相对重要性,确定该项得分的高低。不言而喻,对不同的工作岗位来说,每项能力因素具有不同的重要性。例如餐厅迎宾接待员,对外貌就有较高的要求,而厨师就不必对外貌有所要求。又如知识,酒店经理这个岗位对知识这个能力因素的要求最高,应该定为 30 分；而大堂清洁员对知识的要求就要低得多,可以定为 6 分。当每个工作岗位对每项能力因素的得分确定后,每一工作岗位的总得分就明确了。如表 2-10 所示。

表 2-10 两种岗位评分举例

因　素	最　高	两种岗位评价	
		实习服务员	餐厅经理
知识	30	5	18
技能	20	1	20
责任	30	3	24
体能消耗	10	5	4
脑力消耗	20	8	15
社交技能	20	12	18
工作条件	10	5	3
总　计	140	48	102

③ 根据各个岗位总分的高低，把各个岗位分成不同的等级和等级组，如表2-11 所示。

表 2-11 工作岗位等级举例

等　级	总　分	岗位举例
7	121～140	主厨
6	101～120	餐厅经理
5	81～100	接待主管
4	61～80	服务员
3	41～60	文员与实习服务员
2	21～40	大堂清洁员
1	0～20	厨房搬运工

上述这种评分法有以下优点：

a. 这种评分方法适合于大型酒店。在大型酒店中，有许多工作岗位很难直观地去评价其等级高低，例如，客房服务员与餐厅服务员的等级。因此，通过分析职务说明书，运用评分法来评估工作岗位的等级，就比较客观和实际可行。

b. 评分法为评估各工作岗位等级的高低提供科学和公平的依据。

c. 通过评分法，可以准确认识各个工作岗位对不同能力因素的具体要求，为招聘员工提供重要的参考依据。

运用这种方法时要注意两点：一是提取的共同能力因素数量要适中，不要太多，考虑的能力因素越多，评估的难度就会越大；二是这种评估在本质上具有主观性。为了保证公平，所有评估应该一次性由同一组人完成，以避免不同的人在评估时可能产生的主观上的差异。

4. 职务评估的原则

无论采用哪一种方法进行评估,都必须遵守三项最基本的原则:

(1) 对工作范围的规定必须明确,而且要跟得上时代和企业的发展步伐。

(2) 职务评估直接关系到员工的奖励和工资水平,因而必须十分慎重,并尽量做到不偏不倚。

(3) 必须是对事不对人,即所评估的是某一个工种,不是具体的某一个人。

职务评估决定了一个员工的报酬和他在酒店里的地位,如果评估方法不合理,员工们将失去对企业管理层的尊敬与信任,而且会在其本职工作中有所反映,如浪费、对客人态度粗暴等,这将给企业带来严重的损失。

【案例 2.2】 工作分析是否能这样进行?

周晨阳,2006 年 7 月毕业于大连某高校旅游管理专业,刚刚进入翔宇酒店人力资源部工作,上班的第二天中午在大家午休的时候,周晨阳和人力资源部经理被叫到了酒店会议室——总经理与主管人事的黄总临时召见。

黄总:小周,很高兴你的加盟,为了让你有机会展示自己的才能,我和总经理决定由你来系统地做一下酒店每个岗位的工作分析。有什么困难可以提出,我们会尽量提供帮助。

总经理:我们酒店以前做过工作分析,有全面的工作分析资料,你可以先参考一下,会有所启发。

小周:(先沉默了一下,因为感觉事情并不简单)好吧,我先试着去做,有问题随时请求你们的帮助。

这一任务对小周来说,真的有点难度,"我根本就不怎么了解酒店情况啊,而且工作分析说起来简单,要做好恐怕不容易呀。"

酒店背景介绍:

翔宇酒店成立于 1993 年,是当地小有名气的一家民营三星级酒店。酒店员工虽然不到 300 人,但是组织结构安排得井井有条,从生产到销售,酒店都配备了一套良好的人员班子。去年,在当地旅游行业并不十分红火的情况下,翔宇酒店凭着独特的经营特色和强有力的人力资源后盾,依然取得了良好的经济效益,在同类型、同规模酒店中遥遥领先。今年为了迎接更好的机遇和更大的挑战,酒店领导班子决定进行深度改革,同时也引进了一批更专业的人才(小周就是基于此引进的),用总经理的话说:专业的人才,做专业的事。但是,由于组织架构的变动,有些岗位名称变了,有些部门名称变了,也有一些员工的部门隶属关系变了,部门主要职能变了。因此有些员工开始迷茫:"我现在该做什么呀?"总经理就提出让小周做系统的工作分析,明确每个岗位的职责。

酒店原有工作分析介绍：

翻开酒店的人事文件，在《管理责任程序》后的附件二《部门职责说明》之后就是小周最想参考的《工作说明书》了，可是当小周细看过之后，发现这和现在酒店的岗位安排有较大的距离，而且，这里的《工作说明书》好像并不规范。现从中选一例供大家参考。

例：人力资源部经理工作说明书。

人力资源部经理：

1. 负责酒店的劳资管理，并按绩效考评情况实施奖惩；

2. 负责统计、评估酒店人力资源需求情况，制定人员招聘计划并按照计划招聘酒店员工；

3. 按实际情况完善酒店《员工工作绩效考核制度》；

4. 负责向总经理提交人员鉴定、评价的结果；

5. 负责管理人事档案；

6. 负责本部门员工工作绩效考核；

7. 负责执行经审批的培训计划，并进行培训考核，撰写培训总结；

8. 负责按月收集各部门绩效考核表，并按酒店《员工工作绩效考核制度》进行人员绩效考核，按时上报总经理；

9. 负责收集各部门的培训需求，制定培训计划；

10. 负责完成总经理交办的其他任务。

小周看完后仔细思考了一下，虽然不知道这份工作分析是怎么做出来的（据说这是经过深思熟虑，反复推敲后成文的），但是小周觉得这里面存在着许多问题。

新的工作分析这样形成：

为了完成来翔宇酒店后的第一项工作任务，小周不再依赖原有文件，小周开始竭尽所能地收集资料。首先弄清楚新的组织架构图中出现的每一个名词的含义，搞清楚酒店的人员安排，即所谓的定岗、定编。然后利用因特网，查询与每个职位有关的信息，对照自己酒店的情况进行取舍。当然《工作说明书》被无数次的搜索过。为此，购书中心留下了小周的脚印，《The Dictionary of Occupational Titles》(美国《职衔大辞典》)也第一次走进了小周的视线。虽然大学期间，《酒店人力资源管理》被列入重点专业课之一，用了一个学期来学，可是当初好像根本就没学到什么，现在能记起来的更是寥寥无几，况且理论与实践的差距太大了。

经过各种途径的资料搜集，当然也多次向大学时的老师和黄总请教，小周的工作说明书有了雏形，但由于各种原因，在准备做工作分析的过程中，小周并没有去请教各部门经理，也没有做过任何调查问卷，可以说小周的工作说明书是完全凭小周自己的理解做的，并准备向总经理交差。

第3章

深谋远虑：进行酒店人力资源规划

一家新酒店开业,应该用多少人？都设置哪些岗位？每个岗位做什么工作？要解答这些问题,首先要做好人力资源规划,人力资源规划是在酒店图纸设计阶段就应该考虑的问题,比如酒店的客房每层应该设多少间？从人力资源利用方面考虑,每层设 12～14 间房间较为合适,因为每个员工每天做房 12～14 间较为合适,如果房间数设置不合适,就会使工作效率下降,浪费人力资源。规模较小的酒店,可以把能合并的岗位合并在一起,比如总机合并到房务中心,消防监控合并到总台,这些都需要提前做好设计。有了好的设计,就需要在此基础上做好人力资源规划与配置。

3.1 认识酒店人力资源规划

3.1.1 酒店人力资源战略规划的难题

人力资源战略规划对酒店而言大有裨益,然而,其制定和实施并不可能一帆风顺。在为酒店制定合适的人力资源战略规划时,人力资源总监不可避免地会面对各种各样的难题,需要克服种种挑战。在这个过程中,人力资源部门必须处理好以下几种关系：

1. 管理者与员工

人力资源总监在制定人力资源战略规划时,应根据企业发展所处阶段、面对对象的不同而区别对待。

对酒店的管理者们,人力资源总监应以企业文化与经营理念为基础,提高其能力与素质。因为作为酒店的中流砥柱,管理者的能力与素质将会直接影响酒店的未来与发展。而对于处于酒店人员结构金字塔基层的员工,人力资源总监应该把重点定位在关注人员数量以及结构调整上,确保组织架构的稳定。

2. 酒店总部与分支机构

对于酒店连锁企业而言,在制定和实施酒店人力资源战略规划的整个过程中,总部与分支机构分别发挥着不同的作用。总部所承担的任务是根据企业的总体战略方针,对人力资源状况进行全盘的考虑与配置,根据酒店预期的战略目标对酒店的员工数量、质量以及酒店组织结构进行调整和规划。而分支机构则是以总部所做出的人力资源规划作为指南针,制定出相对详尽的执行计划,并在执行人力资源战略规划的过程中及时发现不足,适时进行相应的调整,使人力资源战略规划更完善、更具有可行性。

3. 稳定与变革

随着酒店的不断发展,外部环境以及内部因素也在不断地发生变化。因此,在酒店的不同发展阶段,人力资源战略规划能够起到的作用也是截然不同的。当酒店的发展相对比较稳定时,人力资源战略规划更容易发挥自己的作用,此时,人力资源总监应该把目光放在员工结构的调整、职业技能的提升以及专业培训的增加上。而当酒店处在变革中时,人力资源战略规划的作用就会被削弱,此时,人力资源总监应该侧重于员工通用素质、综合水平的提高。

3.1.2 酒店人力资源规划的相关理论

1. 酒店人力资源规划的概念

酒店人力资源规划的定义有广义和狭义之分。广义的酒店人力资源规划是指根据酒店企业的发展战略、目标以及酒店内外环境的变化,预测未来的酒店任务和环境对酒店的要求,以及为了完成这些任务,满足这些要求而提供人力资源管理的过程。广义的酒店人力资源规划强调人力资源对酒店战略目标的支持,是从战略层面考虑酒店人力资源规划的内容和作用,其作用等同于酒店人力资源管理战略,是酒店竞争战略的重要组成部分。而狭义的酒店人力资源战略规划是指针对酒店可能的人员需求、供给情况作出预测,并据此储备或减少相应的人力资源。狭义的酒店人力资源规划以追求人力资源的平衡为根本目的,其主要关注的是酒店的人力资源供求之间在数量、质量与结构等方面的匹配。

符合企业实际情况的人力资源战略规划,能够为企业实现发展目标提供保障,对于人力资源管理部分而言,人力资源规划是进行人力资源工作的第一项任务,其意义十分重大,可以为企业的人事行动制定行动纲领、提供工作指南。

2. 酒店人力资源规划的内容

酒店人力资源规划主要是研究社会、经济和法律环境的变动可能对酒店人力资源管理产生的影响,对酒店面临的人力资源供求形势进行预测和分析,从而制定出适应酒店发展规模和速度的、适应酒店经营方针的人力资源规划。规划的目的是为了实现员工和酒店的利益,最有效地利用现有人才和稀缺人才,规划的制定目标要随着酒店所处的环境、发展战略和规划、酒店经营结构的变化与员工工作行为表现的变化等而不断变化。酒店人力资源规划的内容主要包括人力资源数量规划、人力资源结构规划与人力资源素质规划三个方面。

(1) 人力资源数量规划

人力资源数量规划是依据未来酒店业务模式、业务流程和企业的组织结构等因素,确定酒店各级组织人力资源编制及各职类、职种人员的配比关系,并在此基础上制定酒店未来人力资源需求计划和供给计划。人力资源需求计划和供给计划需要细化到企业各职类、职种人员的需求和供给上。酒店人力资源数量规划主要是确定酒店目前有多少人,未来需要多少人,并把人力资源数量规划落实到企业编制上。

(2) 人力资源结构规划

人力资源结构规划是依据酒店的行业特点、企业规模、战略重点发展业务以及业务模式,对酒店人力资源进行分层、分类,同时设计和定义酒店的职类、职种、职层功能、职责权限等,从而理顺各职类、职种、职层人员在酒店发展中的地位、作用和相互关系。人力资源结构规划的目的是要打破组织壁垒(如部门)对人力资源管理造成的障碍,为按业务系统要求对相关人员进行人力资源开发和管理提供条件,同时,人力资源结构规划也为建立或修订企业人力资源管理系统(如任职资格体系、素质模型、薪酬体系和培训体系)奠定了基础。

(3) 人力资源素质规划

人力资源素质规划是依据酒店发展战略、业务模式、业务流程和企业对员工行为要求,设计各职类、职种、职层人员的任职资格要求,包括素质模型、行为能力及行为标准等。人力资源素质规划是企业开展选人、用人、育人和留人活动的基础与前提条件。人力资源素质规划有两种表现形式,即任职资格标准和素质模型。任职资格标准要反映酒店发展战略及企业运行方式对各职类、职种、职层人员的任职行为能力要求;素质模型则反映各职类、职种、职层需要何种行为特征的人才能满足人之所需的行为能力要求。

3.1.3 人力资源规划对民营酒店的重要意义

酒店人力资源规划可以保障酒店根据企业发展战略和经营策略的改变、外部环境与社会发展以及技术发展的需要适时为酒店提供适量、适岗的人力资源支持,更好地树立酒店的形象,不断提高经营水平,使酒店在竞争中立于不败之地。

酒店人力资源规划对民营酒店来说,主要有以下几方面的意义:

1. 有利于保持民营酒店正常的人力资源需求

由于各方面的原因,酒店是员工流动率偏高的行业,较高的流动率在为酒店不断带来新生力量的同时,也给人力资源管理带来一系列的问题。在员工流动过程中,一旦有了岗位空缺,需要有相应的人员补充,特别是对于规模较大、等级较高的酒店,员工的工作分工十分细致,对于不同岗位的员工工作的专业化水平要求也比较高,新员工上岗前必须进行一定时间的专业培训,一旦出现空缺,临时从其他岗位抽调也会有困难,员工对工作岗位不熟悉会影响工作效率和酒店的服务质量。因此,对酒店人力资源的供求要通过分析和预测,制定一个整体的规划,使酒店人力资源保持正常的供应,不会出现"临时抱佛脚"的窘境。

2. 有利于减少民营酒店人力资源引进的盲目性

如果酒店对人力资源的引进没有一个很好的规划,就会出现酒店一旦出现员工短缺就临时性决定招聘新的员工,不仅时间上仓促,招聘工作陷入被动,也将导致录用标准的下降。甚至会出现新员工不经过酒店一定时期的专业培训,或者培训时间和内容达不到既定的标准就仓促安排他们上岗,可能会出现这些员工对酒店服务理念、流程或标准不熟悉,不能适应酒店的工作要求和纪律要求,导致酒店服务质量的下降。也有可能出现招进来的年轻员工对工作朝三暮四,见异思迁,为酒店员工的流动率高带来隐患。而制定科学的人力资源规划,根据民营酒店的发展战略和员工的供求状况以及员工的离职率等情况,定期补充、培训新员工,进行人力资源的储备,就可以减少临时招聘带来的各种不足。

3. 有利于提高民营酒店的竞争优势,优化组织结构

人力资源规划能加强民营酒店对环境变化的适应能力,为民营酒店企业的发展提供人力保证。环境的变化决定了酒店的人力资源供求的不断变化,制定酒店人力资源规划,民营酒店就能及时地引进所需要的人才和对现有的人员结构进行调整,利于民营酒店竞争力的增强。

4. 有利于保持酒店经营水平的稳定发展

酒店的经营目标和发展战略随着社会经济的发展、旅游产业的进步以及人民生活水平的提升在不断的调整,酒店人力资源的供给也会随着社会经济的发展和产业竞争的变化而发生变化。酒店对人力资源未来的需求如果缺少正确的判断，必然会影响酒店经营战略的转变和经营水平的提升。酒店制定人力资源规划可以为酒店战略目标和经营策略的不断调整提供战略人力资源的支持，也可以对酒店人力资源未来的需求和供给进行科学的预测，以适应不断变化的外部环境，保证酒店发展中员工的规模、质量不断变化的需要。

3.2 酒店人力资源规划应该怎么做

3.2.1 酒店人力资源预测

人力资源总监在进行人力资源战略规划以前，必须要针对三个层面的问题进行思考：

第一，企业的经营发展是为了实现什么样的目标？为了实现这个发展目标，人力资源应该怎样进行新陈代谢及替换？

第二，目前企业的人力资源状况如何？企业在人力资源方面的需求是怎样的？

第三，企业拥有的员工数量是否能够满足企业的需求？是否充分运用了现有的员工资源？

要回答上述这三个层面的问题，就必须对人力资源供求进行预测。

1. 人力资源供求预测的两个方面

人力资源供求预测是酒店人力资源规划的主要内容，如果能正确地预测人力资源的供求情况，有助于提高规划的准确性。人力资源供求预测主要分为两个方面：

(1) 企业内部人力资源的需求变动

酒店内部人力资源的需求变动主要受以下两个方面因素的驱使，一方面因素来自于企业本身。酒店的发展规模、发展方向、发展战略与目标等方面的变化；酒店经营计划、经营方针，经营管理风格的变化，对员工的素质和数量的要求会发生变化，影响员工的流动性；酒店人力资源现状对酒店经营水平、经营方向的适应程度也会影响酒店员工人力资源需求的变化，比如酒店为了提高等级，要求员工素质达到相应的水平，一些素质不达标的员工可能会产生流动；酒店经营管理者为了扩大经营规模，提高利润，加快资本积累，对员工工资及福利待遇的政策有所变动,会影响人员内部的调剂与进出;随着经济环境的变化,酒店经济规模的变化引起员工的调入与调出等。另一个方面的因素来自于员工本身。员工由于经济、家庭、社会等多方面因素的影响,对于其收入、工作性质、自我追求的目标等发生变化,或对本酒店经营方式、管理方法、福利待遇等方面的不满意,或有其他自己认为更合适自己的工作而产生工作的调动或辞职,也会影响酒店人力资源需求变动。因此,对于人力资源的需求情况要首先预测以上两个方面因素的变化情况,从而预测对人力资源的影响程度,进一步制定相应的对策措施。

(2) 外部劳动力市场的供求变动

酒店作为市场竞争主体,其生存和发展离不开诸如政治、经济和市场竞争环境等外部环境因素的影响,酒店人力资源的供求也需要依靠其外部社会环境来调节,因此,在对酒店企业内部因素预测的同时,还需要对酒店的外部环境予以关注和分析。外部环境的变化包括宏观经济形势和行业经济形势,即国家的大政方针及酒店行业的发展状况;人口和社会发展趋势,劳动力市场的供求情况;政府的管制情况、市场的竞争程度以及行业技术的发展程度等。这些因素都在一定程度上对酒店业的人力资源的供给产生影响。如国家经济发展稳定,政策开放程度高,居民收入水平提高,旅游或外出的人口多,对于酒店的发展会起到直接的推动作用,酒店对于人力资源的需求也会稳定发展;社会闲散劳动力多,对于人力资源的来源及工资水平就有较宽松的调节能力;国家对退休、离职等政策的变化也会影响员工数量的变动等。

从以上两个方面可以看出,酒店人力资源依靠酒店内部的劳动力市场和外部社会劳动力市场提供支持。酒店可以自己培训员工,调节员工在各部门的分配,也要依赖外部劳动力市场满足需求。一般情况下,酒店往往会优先考虑为自己的员工提供晋升、工作调动和其他职业改善的机会,但是如果由于员工自愿辞职、生病、死亡、开除等非正常因素的人力资源减少,或者酒店经营规模扩大或开展经营多元化等原因造成人力需求的增加,也会借助就业服务机构、大学、人才市场等酒店以外的渠道来补充人力供应。

2. 酒店人力资源规划的需求预测方法

人力资源需求预测是根据酒店发展的要求,对将来某个时期内企业所需员工的数量和质量进行预测,进而确定人员补充的计划方案实施教育培训方案。人力资源需求预测是酒店编制人力资源规划的核心和前提条件。人力资源需求预测主要有以下方法:

1) 定性分析法

(1) 经验预测法

根据过去经验将未来活动水平转化为人力需求的主要预测方法,即根据每一个产量增量估算劳动力的相应增量。经验预测法建立在启发式决策的基础上,这种决策的基本假设是人力资源的需求与某些因素的变化之间存在着某种关系。由于这种方法完全靠管理者个人的经验和能力,所以预测结果的准确性不能保证,通常只用于短期预测。

(2) 微观集成法

微观集成法分为"自上而下"和"自下而上"两种方式。所谓"自上而下"是指由酒店的高层管理者先拟定企业的总体用人目标和计划,然后逐级下达到各具体职能部门,开展讨论和进行修改,再将有关建议和意见汇总后反馈到最高决策层,由高层管理者据此对总的预测和计划做出修正后,公布正式的目标和政策。而"自下而上"是由酒店中的各个部门根据本部门的需要预测将来某时期内对各种人员的需求量,然后由人力资源部进行横向和纵向的汇总,最后根据企业经营战略形成总体预测方案。该方法适用于短期预测和酒店的业务比较稳定的情况。

(3) 描述法

人力资源部门对酒店未来的目标和相关因素进行假定性描述、分析,并作出多种备选方案。描述法通常用于环境变化或企业变革时的需求分析。

(4) 工作研究法

工作研究法是根据具体岗位的工作内容和职责范围,在假设岗位工作人员完全适岗的前提下,确定其工作量,最后得出需求人数。工作研究法的关键是首先制定出科学的岗位用人标准,其基础是职位说明书。当酒店的组织结构简单、职责清晰时,该方法容易实施。

(5) 德尔菲法

听取专家对未来发展的分析意见和应采取的措施,并通过多次反复以达到在重大问题上较为一致的看法。通常经过四轮咨询,专家们的意见可以达成一致,而且专家的人数在10~15人之间为宜。德尔菲法分为"背靠背"和"面对面"两种方式。背靠背方式可以避免某一权威专家对其他专家的影响,使每一位专家独立发表看法;面对面方式可以使专家之间相互启发。

2) 定量分析法

(1) 工作量预测法

根据以往从事某项工作所需要的人力情况测算出单位时期内每个人的工作量,再根据未来的工作量计算出所完成总工作量所需要的人力资源情况。

(2) 回归分析法

回归分析法是一种从事物变化的因果关系来进行预测的方法,该方法是通过建立人力资源需求量与其影响因素之间的函数关系,从影响因素的变化推导出人力资源需求变量的一种预测技术。这是一种比较科学和准确的方法,但相对来说,这种预测方法也比较复杂。
$$Y = a_0 + a_1X_1 + a_2X_2 + \cdots + a_nX_n$$

实际工作中往往是多个因素共同决定酒店的人力资源需求量,且这些因素与人力资源需求量呈线性关系,所以多元回归分析在预测企业人力资源需求量方面应用较为广泛。

(3) 趋势外推预测法

趋势外推预测法是根据已知的时间序列,用某种数学模型向外延伸,以得到未来发展趋势。例如,直线延伸法、滑动平均法、指数平滑法。指数平滑数学模型为
$$M_t = M_{t-1} + a(D_t - M_{t-1})$$

式中:M_t——第 t 期的预测值;

M_{t-1}——第 $t-1$ 期的预测值;

D_t——第 $t-1$ 期的实际值;

a——平滑系数($0 \leq a \leq 1$)

趋势外推预测法适用于市场比较稳定,价格弹性较小的商品,特别是短期预测更为适用。

(4) 技能组合法

技能组合法假设员工目前的结构或分布为理想状态,或者以优秀企业的各类员工比例为标杆,只需将技能组合比例直接用于人力资源需求预测即可。

3. 酒店人力资源规划的供给预测方法

酒店人力资源供给预测是为了满足企业对员工的需求,而对将来某个时期内,酒店从内部和外部所能得到的职工的数量和质量进行预测。

酒店人力资源供给预测一般包括以下几个方面内容:

(1) 分析酒店目前的员工状况,如酒店员工的部门分布、技术知识水平、工种、年龄构成等,了解酒店企业员工的现状。

(2) 分析目前酒店员工的流动情况及其原因,预测将来员工流动的态势,以便采取相应的措施避免不必要的员工流动,或及时给予替补。

(3) 掌握酒店员工提拔和内部调动的情况,保证工作和职务的连续性。

(4) 分析工作条件如作息制度、轮班制度等的改变和出勤率的变化对员工供给的影响。

(5) 掌握酒店员工供给来源和渠道。员工可以来源于酒店内部,比如对富余员工的安排、员工潜力的发挥等,也可从酒店外部进行招聘。

对酒店员工供给进行预测,还必须把握影响职工供给的主要因素,从而了解酒店员工供给的基本情况。

酒店人力资源供给预测技术主要有：
(1) 人力资源盘点法

人力资源盘点法就是对酒店内部现有人力资源质量、数量、结构和各职位上的分布状况进行核查，以便确切掌握人力拥有量。在酒店规模不大时，核查是相当容易的。当酒店规模较大，组织结构复杂时，人员核查应建立人力资源的信息系统。这种方法是静态的，不能反映人力拥有量未来的变化，因此多用于短期人力资源拥有量的预测。虽然在中、长期预测中使用该方法也比较普遍，但终究受酒店规模的限制。

(2) 替换单法

替换单法是通过职位空缺来预测人力需求的方法，而职位空缺的产生主要是因离职、辞退、晋升或业务扩大产生的。这种方法最早用于人力资源供给预测，而现在可以用于酒店短期乃至中、长期的人力需求预测。通过替换单，我们可以得到由职位空缺表示的人员需求量，也可以得到由在职者年龄和晋升可能性所将要产生的职位空缺，以便采取录用或提升的方式弥补空缺。

替换单法侧重内部员工的晋升，可以起到鼓舞员工、激励员工的目的，同时降低招聘成本，因为基层员工比较容易招到。

(3) 计算机模拟

目前有许多基于计算机技术的预测模拟，以补充考虑各种变量对未来人员需求供给的影响，解决大规模或人力无法进行的预测问题。运用计算机技术，管理者可以变换人事政策以判断这种变化对未来人员供给的影响，从而获得一系列与各种不同认识政策相对应的人力供给状况。

此外，对于外部人力资源供给的预测则需要掌握和分析本地区人口及劳动力数量及构成情况、劳动力价格、受教育程度与教育结构的变化、外来人口及劳动力情况、经济社会发展情况、本行业劳动力供求情况、酒店工作的吸引力，与酒店有关的大学毕业生的多少等。还有国家有关劳动人事的政策、社会价值观念和公众的兴趣等都会对酒店外部招聘人员的数量和质量产生不同的影响。

一般来说，在酒店内部无合适人选，所需人员属于操作层、酒店业务的发展或开拓新的业务范围，酒店需要通过注入新鲜血液促进其发展活力等情况下，才会向酒店外部招聘人员。

3.2.2 制定人力资源战略

人力资源战略规划是一个环环相扣的系统工程，酒店人力资源战略的制定以人力资源需求预测所获得的信息为基础。因此，在完成人力资源需求预测之后，人力资源总监就要根据预测的结果为酒店制定人力资源战略。

在制定人力资源战略的过程中,人力资源总监必须明确一点:酒店的人力资源体系能否顺利建立,取决于目前制定的人力资源战略是否全面以及战略水平的高低。因此,在制定人力资源战略时,千万不能掉以轻心。

1. 制定人力资源战略必须遵循的原则

酒店在制定人力资源战略时,必须遵循一定的原则:对酒店内部、外部环境进行分析,及时把握环境的动态变化。

酒店的人力资源战略只有适应酒店发展的内部、外部环境变化,才能够及时做出调整,才能实现为企业战略服务的目标。因此,为了能够在这些变化面前游刃有余,适应变化的态势,酒店在制定人力资源战略时,必须对有可能发生的情况或者将会遇到的风险进行预测,最好能够提前制定出应急预案。

(1)明确酒店制定人力资源战略希望解决的问题

酒店之所以要制定人力资源战略,正是为了解决一个对酒店发展至关重要的问题——保障酒店的人力资源。只有酒店拥有充足的人力资源,才能够把大量的时间和精力投入到更深层次的人力资源管理和开发中。

(2)弄清楚人力资源战略的最终目的

制定人力资源战略,希望达到的最终目的是使酒店得到更为长远的发展,使员工利益得到切实保证。因此,在人力资源战略的制定过程中,人力资源部门不但要面向酒店进行规划,更要面向员工,考虑到员工的需求。一个真正适合酒店、能够促进酒店发展的人力资源战略,必定能够让酒店员工利益得到长期保证,也必定能够实现酒店和员工多方面共同发展。

(3)注重酒店内部人员的合作,集众人之力

制定人力资源战略,仅凭人力资源总监一个人的力量和智慧是远远不够的,必须要求酒店企业内部的相关人员参与到制定的过程中来,携手共同完成这项任务。除此之外,还要动员其他各个部门的人员以及高层管理者,让他们多提意见、多想办法,只有这样,最终制定出的人力资源战略才能与酒店企业的实际情况相一致,并更好地落到实处。

2. 建立人力资源战略的三个环节

具体来说,酒店人力资源战略的建立可以通过三个环节来完成,人力资源部门可以参考以下程序:

(1)组织人力资源战略讨论会

若要实现群策群力,就要把更多的人吸收到人力资源战略的制定过程中来,而讨论会就是一个切实可行的形式。

对于一些大型酒店而言,人力资源战略讨论会的成员数量一般维持在10～25

人,参与者应该包括酒店领导班子的成员、各个职能部门的经理以及人力资源部门的相关人员等。如果设有分公司,还应该包括各个分公司的总经理等。

人力资源总监可以把参加讨论会的人员分为多个小组,进行"头脑风暴"。在分组的时候,应该注意每一组成员的合理搭配,保证每组人员中人力资源部门人员和职能部门经理的比例平衡,从而加强人力资源部门和职能部门之间的沟通。这样可以实现信息交换,帮助人力资源部门人员更直观地认识到酒店所面临的竞争挑战,了解酒店高层管理者的意愿以及酒店急需弥补的短板。

(2)明确组织文化,制定员工行为规范

在这个环节,人力资源部门需要针对两个问题进行深入思考:

第一,为了维持并进一步加强酒店的竞争优势,酒店应该形成怎样的组织文化、工作氛围以及工作环境?

第二,为了与酒店的组织文化相配合,酒店内部员工应该表现出怎样的行为?必须遵守怎样的行为规范?

酒店的人力资源战略必须明确这两个问题,只有这样,酒店在进行企业人力资源管理与开发时,才能够事半功倍。

(3)明确酒店的职业化人才队伍需求

只有明确了解酒店的核心竞争力以及价值观,人力资源总监才能对酒店的需要了然于心,才能明白应该建设一支怎样的职业化人才队伍。

人力资源战略作为企业至关重要的职能战略,受到企业战略的支配,并且反作用于企业战略。因此,不同的企业战略对人力资源战略的需求也不尽相同。由此可见,企业的核心价值观不仅影响了企业战略,也对人力资源战略发挥着作用。这时,一个问题摆在了人力资源总监面前:怎样才能从酒店战略导出人力资源战略?众所周知,企业的核心竞争力是企业所拥有的一种竞争对手无法模仿的能力,不同的企业战略会导致企业产生不同的核心竞争力。但是,核心竞争力是由员工来执行的。由此,也就找到了连接企业战略和人力资源战略的枢纽——通过明确企业的核心竞争力以及核心价值观,确保企业的职业化人才队伍,难题也就迎刃而解了。

【案例3.1】 制定酒店人力资源战略

具有多年管理经验的李某不久前刚从一家小型民营酒店跳槽到某一规模较大的外资酒店担任人力资源总监。上任之初,总经理就给他安排了一项紧急任务,要求他在半个月内制定出公司的人力资源战略。虽然李某在人力资源这条战线上已经奋斗了许多年,但他看着桌子上堆积如山的报表和电脑里浩如烟海的文档,仍然愁眉苦脸,不知从何下手。百般无奈之下,李某决定先对酒店的人力资源状况进行调研。他把各个部门的经理和人力资源部门的员工组织到一起,要求大

家畅所欲言,对企业的人力资源现状进行信息共享和分析。通过这次讨论会,李某了解到了以下情况:

第一,这家外资酒店的高层管理人员平均年龄不到40岁,呈现年轻化的趋势。企业拥有一支管理水平较高的管理队伍。

第二,这家位于上海的酒店隶属于某跨国集团。近年来,该集团在中国市场投入了大量的财力、物力,发展十分迅速。

由此,李某认为,从整体上看,酒店的人力资源管理工作正处于一个过渡阶段,即由传统的人事管理体系向现代人力资源管理体系转变。主要表现在:人力资源规划体系已形成基本的模型,并建立了一个完善的统计分析体系。这代表着,建立在统计分析基础上的战略性人力资源规划已经启动了。酒店内部已经形成了一套基本的招聘体系,并且开拓了多种招聘渠道。人力资源培训和开发体系也初步形成规范,绩效考核、职位评价、福利、晋升等制度也已基本建立。在了解了这些情况之后,李某对于如何制定酒店的人力资源战略已经十分清楚,他围绕着企业的总体发展战略目标,制定出了真正符合酒店实际情况、符合未来发展趋势的人力资源战略,向总经理交出了一份满意的答卷,也为自己在这家酒店站稳脚跟奠定了基础。

完成了以上三个环节之后,一个比较完善的企业人力资源战略已经摆在了人力资源管理者的面前。

3.2.3 编制人力资源规划书

在制定了人力资源战略规划之后,人力资源总监应该为酒店设计并建立详细的人力资源报表,对酒店的组织架构、部门设置、职位信息以及人才信息进行详尽的记录和统计,并适时进行更新。完成这些工作之后,就要开始具体的规划工作,编制人力资源规划书。人力资源规划书的具体编制可以遵循以下几个步骤:

第一,编制人员配置计划。在酒店总体发展战略的指导之下,盘点酒店各个业务部门的人力资源需求报告,从而了解酒店人力资源需求的一般情况,掌握酒店总体的人员配置状况,编制出相应的配置计划。

第二,编制职务计划。对酒店的各个职位进行详细的职务分析,然后根据酒店的发展战略,详细描述酒店的组织架构、部门设置、职位安排以及职位任职要求等各方面内容,为酒店描述未来的组织职能规模和模式。

第三,预测各个业务部门的人员需求。完成人员配置计划以及职务计划的编制之后,人力资源总监就可以对各个业务部门的人员需求状况进行比较合理的推断。在这一步骤,人力资源总监要详细列出预测的职位名称、需要的员工数量以及希望入职的时间等各种信息,尽可能做到细化、具体化。

第四,制定人力资源管理政策调整计划。在这个制定计划过程中,人力资源总监一定要讲清楚对人力资源政策进行调整的原因、具体程序以及范围大小等情况。人力资源管理政策调整计划是编制人力资源计划的一个前提条件,只有把相应的人力资源管理政策调整计划制定好,人力资源总监才能更好地进行人力资源调整,实现期望的目标。

第五,编制费用预算。对人力资源费用进行预算包括多方面内容,比如在员工薪酬福利、人才招聘、物质激励以及培训等各个环节都需要进行费用预算。因此,在编制人力资源规划书时,费用预算是不可或缺的。因为只有列出了详细的费用预算,让酒店的最高管理层清楚地知道每一笔资金的去向,人力资源总监才能更容易地申请到相应的费用,更好地进行人力资源管理。

第六,编制培训计划。对酒店内部员工进行适当的培训,已经成为每个人力资源总监都非常重视的一件事情。因此,培训计划在编制人力资源规划书时也必不可少。人力资源管理部门要在培训计划中将培训的具体政策、培训的主要内容、培训方式方法以及培训效果评估考核等内容涵括在内,对每一项内容都要做好详细的文档记录,要安排好时间进度,使其具有可操作性。

【案例3.2】 某酒店人力资源规划书(样板)

酒店简介:(酒店的位置、功能定位和所能提供的服务产品等)

第一部分 组织设计和岗位说明

一、组织结构设置;

二、部门与岗位设计及人员编制拟定;

三、部门职责说明。

第二部分 人员招聘与聘用管理

一、人员招聘与录用;

二、员工聘用管理。

第三部分 培训

一、政策规定;

二、培训计划;

三、培训体系;

四、培训内容;

五、培训实施;

六、培训记录。

第四部分 薪资和福利制度

一、薪资制度;

二、福利制度。
第五部分　考核
总结

3.2.4　酒店人力资源规划的执行

1. 人力资源战略规划的执行者

人力资源工作一般意义上来讲主要应该由人力资源部门来进行,随着现代企业对人力资源部门工作要求和期待的提升,人力资源部门的角色也在发生着变化,人力资源部不再是一个单纯的行政服务部门,而逐步向企业管理的战略合作伙伴关系转变。现代人力资源管理工作不仅仅是人力资源部门的责任,也是各级管理者的责任,也需要全体员工的共同参与,人力资源规划工作也是如此。酒店的人力资源规划的基础是接替晋升计划、热源补充计划、素质提升计划、退休解聘计划等基础层层汇总到人力资源部,再由人力资源管理者依据人力资源战略分析、制定出来的,而非人力资源管理者凭空创造出来的。

人力资源规划应由健全的专职部门来推动,主要有以下几种方式:
（1）由人力资源部门负责办理,其他部门进行配合；
（2）由某个具有人事职能的部门与人力资源部门协同负责；
（3）由各部门选出代表组成跨职能团队负责。

在推行过程中各部门必须通力合作而不是仅仅依靠负责规划的部门推动,人力资源规划同样也是各级管理者的共同责任。

2. 人力资源规划的执行

酒店人力资源规划的执行主要涉及三个层次,即酒店企业层次、跨部门层次和部门层次。

（1）企业层次:在企业层次上的人力资源规划需要酒店的高层决策者亲自参与。尤其是酒店经营战略对人力资源规划的影响,人力资源规划对人力资源管理各个体系的影响及其指导方针、政策,必须由酒店的高层决策。

（2）跨部门层次:跨部门层次上的人力资源规划需要酒店的副总级别的管理者执行,即对各个部门人力资源规划的情况进行协调和监督,并对人力资源规划的实施效果进行评估。

（3）部门层次上的人力资源规划又分为两种情况：
① 人力资源部门。人力资源部门不但要完成本部门的人力资源规划工作,还要担任整个酒店范围内的人力资源规划的制定和指导工作,指导其他部门的人力

资源规划工作顺利进行。人力资源部门要有把其他部门看成自己的客户的意识，为其他部门提供包括人力资源规划在内的系统解决方案，并针对各部门的特点和要求，开发出适合不同部门个性要求的人力资源规划产品。

② 其他部门。人力资源规划工作应该是每个部门经理工作的组成部分。但是在酒店里，许多部门经理是由业务人员提拔上来的，对人力资源管理没有经验，更没有人力资源规划的能力。对于新提拔的经理人员，人力资源部门应给予培训，并把人力资源规划作为经理业务考核的重要内容之一，特别是培养下属和评估下属业绩的能力。部门经理应主动与人力资源部门沟通，共同实现人力资源规划的目标。

3. 人力资源规划执行的原则

执行人力资源规划应该遵循以下几项原则：

（1）战略导向原则。依据酒店的战略目标制定人力资源规划及相关行动计划，避免人力资源规划与企业发展战略相脱节。

（2）螺旋式上升原则。人力资源战略规划并非一劳永逸，酒店每年都需要制定新的人力资源规划，各类人员计划都会随着企业内部、外部环境的变化、企业发展战略的变化而变化，但同时人力资源规划还要有一定的延续性，在原有的基础上要不断进步和提升，要一年比一年执行的效果更好。

（3）制度化原则。人力资源规划一方面强调技术层面，即我们所提到的各种定性、定量分析的技术和方法。另一方面就是制度层面，既要讲人力资源规划制度化，又要制定、调整有关人力资源管理制度的方向、原则，从机制的角度理顺人力资源各个系统的关系，从而保证人力资源管理的顺利进行。

（4）人才梯队原则。从人力资源战略规划实施的过程中建立人才梯队，从而保证工作人员的层层供给。

（5）关键人才优先规划原则。对酒店中的核心人员或骨干人员应首先进行规划，即涉及这类人员的晋升、加薪、替补等通道应畅通，以保证这类人员的充足补给。

4. 人力资源规划的执行是一项系统工程

人力资源规划要与人力资源管理的其他体系，比如招聘、绩效管理、薪酬、培训等人力资源专业智能模块相互配合与互动，人力资源规划的结果通过这些体系得到具体的落实，才能真正体现出人力资源规划的战略性价值。

（1）人力资源规划要与酒店的员工招聘录用工作体系相联系

酒店人力资源规划的实施必然会涉及到招聘问题。酒店的招聘不可以在用人部门感到人手不够了才汇报，使人力资源部门的招聘工作陷入被动，导致酒店员工队伍建设和培养的短期性和应急性，招聘工作必须在人力资源规划的指导下,制定有目标导向和预见性的员工补充计划,根据酒店发展战略的要求及劳动力市场的趋势吸纳人才、储备人才,降低用人成本和招聘成本,形成合理的人才梯队,使酒店能够借势于劳动力市场的波动实现可持续发展。

(2) 人力资源规划要与酒店的员工绩效管理相联系

酒店员工的绩效管理目的不仅仅是保证员工完成工作任务,实现工作目标的手段,更应该反映员工在履行职责和完成工作任务的过程中是否得到提高,能力是否存在缺陷、如何提升和进步等,以保证员工能与企业共同发展。所以,绩效评估的结果不仅要应用到薪酬界定方面,还要应用到人力资源规划上,通过绩效评估显示员工的能力和发展潜力,让员工明确职业发展的前景及方向,提高组织配置人员的适应性及规划的准确性。

(3) 人力资源规划要与酒店的薪酬管理体系相联系

酒店人力资源规划的一个重要内容就是计划酒店的人工成本支出总量。酒店支付员工薪酬的原则也要体现人力资源规划的战略要求,在激励员工创造高绩效、提高自身素质和能力的同时,也要保证更多的薪酬和机会向核心人员倾斜。

(4) 人力资源规划要与培训相关联

酒店人力资源规划涉及员工工作能力需求与现状的差距分析,为员工培训开发提供了目标与方向,使酒店的需要与员工个人的需要有机地结合起来,提高员工培训的针对性与有效性。

人力资源规划是人力资源管理系统的统领,指导着人力资源各个管理模块和整个人力资源专业职能体系的协调运转,提高人力资源的质量和使用效率,是企业成功实现发展战略目标的重要保障。

3.3　关于民营酒店人力资源规划问题的几点思考

3.3.1　民营酒店人力资源规划的危机

当前我国中小型酒店人力资源规划的危机主要体现在规划缺失严重、脱离企业实际、支撑体系不完善以及执行不力等方面。其原因主要是酒店发展战略的多变性与模糊性、对人力资源规划认识不全面、人力资源管理模式存在缺陷、专门的高素质人力资源管理者短缺以及员工素质相对较低等。其治理对策主要是应该明确酒店发展战略,促进酒店人力资源规划与酒店战略融合;健全人力资源管理体系,完善人力资源规划的支撑平台;提高人力资源管理者和员工的整体素质;创建灵活多变、动态有序的适合民营酒店人力资源规划发展的新模式。

改革开放以来,民营酒店在我国得到了迅速发展,并为国家的经济发展做出了巨大贡献,涌现了一大批优秀的大型民营酒店集团,在发展生产力,培植地方财源,扩大劳动就业,创造社会财富等方面发挥了积极作用。但是我国更多的民营酒店只重视资本和技术,关心的重点也在于物质利益,而对人力资本这一软资本投入很少,对人力资源管理也仅局限于简单的物质激励与惩罚,而忽视了科学的管理制度。在酒店成长到一定规模,人的因素成为酒店发展的重要推动力量之后,人力资源管理中的矛盾也就日益突出,人力资本成为制约民营酒店发展的瓶颈。经济全球化带来酒店竞争的全球化,民营酒店不可能再依靠得天独厚的成本优势、规模优势来获得绝对竞争力,酒店竞争将由外部市场竞争演变为内部人才竞争。酒店的核心竞争力,无论是研发能力、制造能力、营销能力、品牌吸引力以及创新能力,无一能脱离人才优势而独立存在,也使得民营酒店又面临新的危机——人才危机。而在民营酒店发展过程中存在着先天不足、业主素质不高等多方面原因,在人力资源管理方面还没有形成一套适合中国国情,适应民营酒店发展的科学合理的人力资源管理信息系统。

3.3.2 民营酒店在人力资源规划制定过程中的几个关键点

1. 实现人才发展与民营酒店发展的双赢

民营酒店的发展与员工的发展是互相依托、互相促进的关系。企业人力资源规划不仅是面向企业的目标,也是面向员工的发展。如果只考虑企业的发展需要,而忽视了员工的发展,则会有损于企业目标的达成。优秀的企业人力资源规划,一定是能够使企业和员工达到长期利益的计划,一定是能够使企业和员工共同发展的计划。民营酒店要有这样一种理念:相信每个员工到企业来就是为了实现自己的梦想,人才的成长就是企业的成长。在人才方面,要树立"以人为本"现代管理思想,强化人才意识和人才危机,提高员工的忠诚度和满意度,并利用民营酒店的自身环境优势,帮助员工认识自己,发展自己,让员工与企业一起成长。

2. 注重对企业文化的整合

企业文化是企业管理的精髓和内涵,也是树立品牌优势的资本。任何一个想成功的企业,都必须充分认识到企业文化的必要性和不可估量的巨大作用,在市场竞争中依靠文化力来带动生产力,从而提高竞争力。而企业文化的核心就是培育企业的价值观,培育一种创新向上,符合实际的企业文化。在民营酒店的企业人力资源规划中必须充分注意与企业文化的融合与渗透,保障企业的经营特色,以及企业的发展战略的实现和组织行为的约束力。只有这样,才能使企业的人力资源具有延续性,具有符合民营酒店的人力资源特色。

3. 民营酒店的老板对于人力资源的发展状况往往起到决定性的作用

由于民营酒店的特殊性质,企业家的个人素质、修养、魅力、胸怀和领导艺术上的不足在很大程度上对人力资源管理方面的缺乏负有直接责任。而民营酒店老板自身素质的提升,也直接有助于人力资源管理的改善。中国历史文化传统中重人情轻法制的观念,国内不健全的法制体系,企业家有限的知识水平和教育背景给中国民营酒店老板的人力资源管理理念带来了负面影响。同时民营酒店老板在人力资源问题认识上存在着一些偏差,对人才培育缺乏信心,即担心人才不能长期为他们服务,这些因素势必影响到企业人力资源规划顺利进行。

4. 制定企业人力资源规划不仅是人力资源部门的事,而且民营酒店管理者和员工都应承担相应的责任

好的企业人力资源规划是企业内部相关人员共同完成的,而绝非人力资源部门单独所能够解决的问题。企业人力资源规划是根据企业发展战略,结合员工素质,整合企业文化制定的,制定、实施和评估企业人力资源规划都离不开管理层的支持和员工的配合,也需要他们能够承担相应的责任。因此,人力资源部在制定企业人力资源规划时,一定要注意充分协调各个部门以及民营酒店高层管理者参与,只有这样的企业人力资源规划才能准确并落到实处。

民营酒店还应实现企业人力资源规划的柔性。员工常常是具有特殊技能的核心群体,因此必须通过战略性的柔性企业人力资源规划来满足员工的职业生涯抱负,以提高企业的竞争优势。因为企业的工作任务、生产和服务方式都是不断变化的,因此对员工技能的要求也应是变化的,民营酒店应该有调整员工技能以适应相关变化的规划,因为酒店的客源和规模在一定程度上是变动的,所以应该具有调整员工数量的能力。可以通过外包、薪金和奖励结构来支持企业人力资源规划的这种柔性。例如某酒店由于洗浴中心相关类型人才的缺乏,把附属的洗浴中心外包后,不仅没有影响到酒店的效益,反而扩大了酒店的积极影响,甚至提高了客房的入住率。

第 4 章

慧眼识珠：酒店员工招聘中的识人艺术

你的酒店装修正在紧锣密鼓地进行,什么时间开始招聘员工合适呢？作者的建议是：你首先要确定好酒店装修的完工时间,装修完工后还要留有一定的调试设备的时间,现实中经常见到这样的情况,由于装修延期和设备调试问题,使得开业时间一拖再拖,招聘来的员工经过培训后无事可做,浪费了大量的人力资源成本。在有了确定的开业时间后,一般情况下提前三个月员工到位较为合适,两个月培训和实习,最后一个月提前进入岗位。本章研究进入人力资源招聘、选拔与录用的实战阶段。阐述了酒店技术岗位类型规划、招聘启事设计及内部招聘与外部招聘决策等内容。同时,介绍了从完善内部选拔机制和加强人才储备两个方面入手,构建民营酒店的人才选拔机制。

4.1 建立有效的招聘制度

4.1.1 酒店招聘的特殊性

1. 酒店招聘员工的特殊性

酒店行业作为服务性行业,其前台诸多岗位,例如：餐厅服务员、前台接待员等,都要求员工具备细心、爱心、"攻击性小"等特征。从性别上看,女性天生具备这样的条件,所以从酒店招聘的人员看,特别是与顾客面对面的人员中,女性居多,这给酒店的人员招聘面带来一定的限制。

2. 酒店招聘岗位的特殊性

酒店岗位是酒店人员制定招聘要求的主要依据之一,岗位的特殊性决定了招聘人员的特殊性。除了上述部分岗位的特殊性造成酒店女性居多的现状外,酒店岗位的特殊性还体现在"以顾客满意为准绳"上。另外,酒店提供的产品具有综合性的特点,这一点决定了顾客对酒店产品的满意来自多方面,如:对于旅行社产品的满意就包括对导游提供服务的满意度、对旅游线路的满意度、对每个旅游点的满意度等,任何一个环节的不满都将影响到顾客对旅游的整体印象。所以酒店在制定岗位职责时,要充分考虑到各个岗位之间的协调沟通,岗位界限应分明且不失灵活性,共同给顾客创造一个良好的形象。这种协调沟通对人员素质也提出了要求:应聘人员必须具备一定的灵活性、协调能力和观察能力等。这些因素在招聘时都要加以重视。

3. 酒店招聘手段的特殊性

现代酒店在招聘员工时习惯采用的手段是目测、笔试和面谈。这些招聘手段在一定意义上可以分辨出应聘人员的知识素养、外部形象等与酒店岗位要求密切相关的要素,但对于酒店要求的其他一些素质如:灵活性、观察力、协调性等,则分辨力不强。所以在酒店招聘人员时,可以采用一些特殊的手段,例如:有些酒店在招聘前台服务员时,为测试其声音的柔和度,采用声音测试的手段,让前来应聘的人朗读、演讲或打电话,根据她们声音的大小、谈话时的风度气质、语言运用能力等来进行测评。这些特殊招聘手段的运用可以弥补常规方式的不足,使酒店更好地挑选到合适的人才。

4.1.2 选择有效的招聘渠道

对于酒店来说,建立一支高水平的人才队伍是十分重要的。而招聘,作为酒店吸收和引进人才的手段,也就成为人力资源部门工作至关重要的一环。人力资源总监要为酒店制定符合酒店实际情况的用人标准,要站在酒店战略的高度,开展有效的招聘工作,为酒店实现战略目标提供人才保证,让酒店站在发展的前沿,保持前进的速度。

什么样的招聘渠道能够为企业带来更多的人才?怎样选择一个好的招聘渠道?这些问题一直困扰着许多人力资源部门。那么,具备什么条件的招聘渠道才算是一个好的招聘渠道?简单来说,一个好的招聘渠道应该拥有以下特征:

第一,目的明确。招聘一定要有明确的目的,在选择招聘渠道时,要看其是否能够实现酒店招聘的目的,是否能够满足酒店的人才需求。然后,根据岗位的需求来选择合适的招聘渠道,做到有的放矢。

第二,成本最低。任何酒店在招聘时都希望能以最小的成本招到最优秀的人才,一个好的招聘渠道必然能够使酒店的招聘成本低于其他渠道。当然,招聘成本的高低不仅与企业所需人才的层次和专业性有着紧密的联系,也与招聘周期的长短密切相关。

第三,切实可行。人力资源总监在选择招聘渠道时要充分考虑酒店的实际情况,好的招聘渠道一定能够满足酒店的需求,符合企业的实际情况。

1. 常见的招聘渠道

酒店人力资源部门在招聘时,可以采用的招聘渠道主要有:

(1) 现场招聘

现场招聘是指企业在一定的场所,设置专门的招聘门面,接收应聘人员的简历,并且进行企业和应聘人员的双向交流,现场完成招聘的初步工作。比较常见的现场招聘方式有招聘会和人才市场招聘两种。

招聘会是由政府或其管辖的人才机构、高等学校毕业生就业指导中心组织的相对正规的招聘方式。招聘会有许多种,常见的有高等学校应届毕业生招聘会、行业人才招聘会(比如旅游类人才专场和酒店类人才专场等)、大型综合招聘会等。

招聘会一般要对学历层次、专业类别以及工作经验等内容进行区分,因此,在人力资源总监安排人员参加招聘会之前,要对招聘会所针对的行业和性质有所了解,然后再选择适合本企业的招聘会。

人才市场与招聘会在招聘方式上大致相同,但与招聘会会期短、集中等特点不同的是,人才市场长期存在,举办的地点也比较固定。所以,当人力资源总监需要进行长期招聘时,可以考虑采用人才市场招聘的方式。

(2) 网络招聘

随着互联网的发展,网络招聘的方式逐渐成为许多人力资源总监选择招聘渠道时优先考虑的方式。网络招聘是指人力资源部门在网络上发布企业的招聘信息,接受简历投递,进行筛选后,通知应聘者进行笔试和面试,最后确定合适人选。

网络招聘主要包括三种方式:

第一,在企业的网站上发布招聘信息,创建一个完善的招聘系统。但这种方式通常要伴随其他的宣传手段,否则受众太小,招聘信息较难被目标人群所知。

第二,在综合性的招聘网站上发布信息,或在这些网站上搜索简历,主动寻找符合企业要求的人才。目前比较大型的综合性招聘网站主要有前程无忧、智联招聘、中华人才网等。这种网站受众广泛、信息量大,其美中不足的是针对性比较弱。

第三,通过行业性的招聘网站进行招聘。比如中国酒店人才网、建筑英才网、世贸人才网、中国卫生人才网等,这些网站针对的是各个行业的应聘者,能够帮助企业找到需要的专业人才。

网络招聘摆脱了传统招聘方式的地域限制,受众数量大,可以快捷地传递信息,时效性强,人力资源总监只要动动鼠标就能够在很短的时间里获得大量应聘者的信息。

但是,人力资源总监也必须认识到网络招聘的不足:在获取的大量信息中掺杂着诸多的虚假、无用信息,信息的真实度比较低。因此,人力资源总监在简历筛选环节要对信息进行仔细辨认。

(3) 校园招聘

相对于具有一定工作经验的应聘者,高等学校应届毕业生具有更大的可塑性,学习能力强、易于创新,而且充满干劲,能够全身心地投入到工作中。正因如此,许多企业都把高等学校看成一个巨大的人才储备库,校园招聘也成为众多人力资源总监喜爱采用的一种招聘方式。

采用校园招聘的方式,不仅能够为企业招募到合适的人才,而且还能够广泛宣传企业品牌,在许多学子心中树立起企业的正面形象,有利于未来招聘工作的开展,更可以为将来的人才争夺战奠定基础,可以说一举多得。

(4) 传统媒体广告

媒体广告是企业经常采用的一种招聘方式,在报纸、杂志、电视、电台等媒体上登载、发布招聘信息,覆盖面广,受众多,容易得到诸多应聘者的关注。同时,从另一个角度来看,刊登媒体招聘广告也能够起到宣传企业的效果。

但是,通过传统媒体广告来进行招聘的方式只适用于招聘普通人才,中高层人才的招聘一般不会采用这种渠道。

(5) 人才介绍机构

随着企业对人才的需求越来越旺盛,人才介绍机构也应运而生,比如:猎头公司。许多人力资源总监也非常愿意与这种机构合作,因为这种方式十分便捷,人力资源总监只需要把企业的招聘需求提交给人才介绍机构,这些机构就会根据搜集到的信息,利用自身拥有的资源来寻找、考核人才,为企业推荐合适的人选。当然,这种方式消耗的费用比较高,招聘成本相对较大。

(6) 内部招聘

内部招聘是指当企业的职位出现空缺之后,人力资源部门向员工公布相关情况,鼓励员工竞争上岗,从内部选择适合的人才来填补空缺。对于企业而言,采用内部招聘的方式有利于避免人才流失,使员工在企业内部进行有效流动。另外,内部员工对企业的情况和业务已经有了详细的了解,因此很快就能够承担新的工作,降低了企业的培训成本。对员工来说,他们可以通过这种方式获得晋升,所以内部招聘也是一种激励手段,可以有效提高员工对企业的忠诚度和满意度。本书下一节中,还会对内部招聘进行详细介绍。

(7) 内部推荐

内部推荐是指企业鼓励员工推荐有才能的人来应聘。通过内部推荐的渠道来进行招聘,介绍人是关键,他既可以把自己了解的应聘者的真实情况向人力资源总监反映,又可以把企业的信息介绍给应聘者,从而使双方掌握的信息达到对称状态。现在许多人力资源总监已经意识到了这种招聘方式的重要性,所以企业都会对推荐者提供一定的奖励,从而激发员工推荐的积极性。

【案例4.1】 宝洁公司校园招聘

宝洁公司是目前中国市场上数一数二的日用消费品公司,它在人力资源管理上的经验也值得众多企业学习、借鉴,其中最令人佩服的就是宝洁公司的校园招聘。

宝洁公司的校园招聘程序十分简洁,而且形成了完整的流程。

在招聘正式开始之前,宝洁公司就进行前期的宣传活动,使宝洁公司的校园招聘广为人知,吸引更多的应届毕业生参与其中。

在进行了充足的宣传活动之后,宝洁公司已经完成了校园的造势,接下来就要在高等学校举办宣讲会。宝洁公司的宣讲会形式多种多样,不仅会播放招聘专题片,而且还会由人力资源负责人来为学生们释疑解难,使应届毕业生能够全面地了解宝洁公司。

宣讲会之后,学生们可以进行网上申请。应届毕业生可以直接访问宝洁公司的招聘网站,根据网站的要求来填写自传式申请表,并回答人力资源部门事先设定的问题,提交后等待审核。

应届毕业生只要通过了网上申请就可以获得参加笔试的资格。

宝洁公司的笔试主要包括三部分的测试:

一是解难能力测试。要求考生在65分钟的时间里答完5部分共50道题。

二是英语测试。英语测试考查的是应届毕业生的英语听、说、理解能力,考试时间为2个小时。

三是专业技能测试。专业技能测试不是每个申请者都需要进行的,这项测试只针对申请了限定专业职位的考生,比如研究开发部、信息技术部和财务部等。专业技能测试考查应聘者是否具有一定的专业技能,是否能够满足宝洁公司的要求。

通过笔试的应届毕业生就可以进入面试环节。面试通常在轻松的氛围中进行,并且有一定的流程:首先,面试双方进行自我介绍,增加彼此的了解,为接下来的面试打好基础。其次,面试官对考生进行提问,主要包括8个核心问题。这8个核心问题是由宝洁公司的人力资源专家经过仔细研究之后设计的,不管考生们是如实回答,还是捏造事实,都能够从某个角度反映出他们的能力,进而考查他们是否具有胜任某项工作的能力。面试官结束提问,下面就会让考生们自由地提问题,面试官给予解答。最后进行面试评价。面试官根据应聘者对问题的回答情况以及面试时的总体表现在面试评估表上打分。

两轮面试都能通过的考生将得到宝洁公司的录用通知书。

在整个校园招聘结束以后,宝洁公司还将对此次招聘进行考核和评估,看看是否按照公司的实际需要招募到了合适的人才;招聘的时间是否符合原先的计划;录用的员工是否符合岗位的标准和需要;招聘成本是否符合预算。然后根据评估的结果对招聘流程进行改进.从而使下一次的校园招聘工作能够更加圆满。

在进行校园招聘时,人力资源总监要随时关注和了解国家关于大学应届毕业生就业的政策和方针,并根据相关政策变化来调整招聘工作。

2. 选择招聘渠道的主要步骤

人力资源总监在选择招聘渠道时可以按照以下步骤进行:

第一步,研究和分析企业的招聘需求。

第二步,明确应聘者任职资格、工作经验、性格品行等各方面的要求。

第三步,确定比较适宜的招聘渠道。按照前两步的分析,结合企业的招聘计划,明确岗位数量和条件要求,对招聘成本进行估算,最后选择最适合企业情况的招聘渠道。

人力资源总监在为酒店选择招聘渠道时,不应该盲目地依赖某一种招聘渠道,而是需要结合酒店的实际情况和具体需求来综合衡量。同时,招聘岗位的部门、类别、层次、资格要求等也应该在考虑范围之内,只有这样,人力资源管理部门才能找到最适合的招聘渠道。

4.1.3 完善招聘流程

酒店员工招聘的两个前提,便是前面几章里提到的酒店人力资源战略规划和工作分析。酒店人力资源战略为酒店人力资源招聘工作提出了纲领性要求,以及对酒店未来一段时间的人力资源需求进行了预测,为招聘工作的实施指明了方向。工作分析对工作性质、工作要求、岗位职责等进行了说明,为人员录用提供了参考依据,成为员工质量评估的一个对照标准。在酒店人员招聘之前必须具备这两个前提条件。部分酒店在没有制定宏观人力资源规划和没有仔细分析岗位的前提下,凭经验盲目招选人员,造成人员质量与酒店工作的极大不匹配,影响到酒店目标的实现,造成人员招聘及后续培训等成本的成倍增加,这一点尤其要引起酒店的注意。

酒店员工招聘流程如图 4-1 所示。

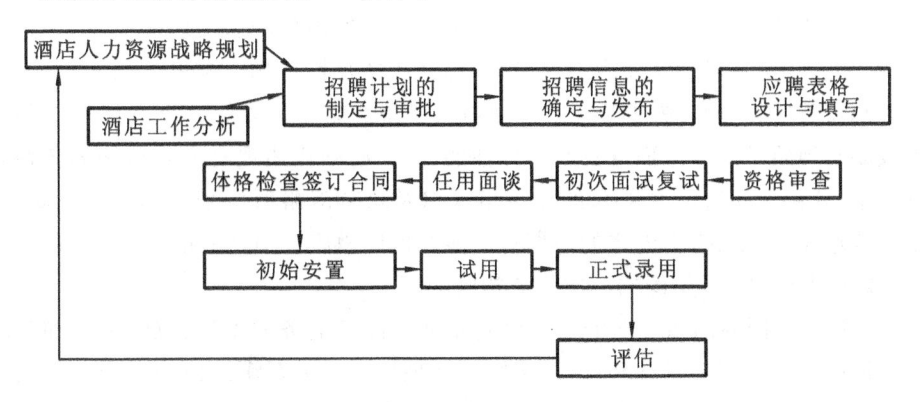

图 4-1 酒店员工招聘流程框图

1. 招募

招募是酒店为吸引人员前来应聘所做的一系列工作,包括招聘计划的制定与审批、招聘信息的确定与发布、应聘表格设计与填写等。

2. 选拔

选拔是酒店从岗位职责要求出发,挑选合适的人员来承担某一职位,主要包括审查应聘者的应聘资格、初次面试、复试、任用面谈、体格检查、签订合同等。

3. 录用

录用这一部分主要涉及员工的初始安置、试用、正式录用几个环节。

4. 评估

评估是对招聘活动的效益与录用人员质量进行的估计,这项工作为下一次人员招聘提供参考。

4.1.4 选择招聘战略

为了吸引更多的优秀人才,使酒店的招聘工作走向正轨,人力资源总监应该为酒店制定招聘战略。招聘战略必须以酒店的发展目标为出发点,尽可能满足酒店的长期需求。人力资源总监通过制定适当的招聘战略,为酒店的核心业务需求提供支持。

酒店的招聘战略要与其总体发展战略保持一致,与人力资源发展战略相匹配,为酒店的长远发展服务。因此,人力资源部门在制定招聘战略时,必须深刻理解酒店的发展战略和人力资源发展战略,并把这两者与招聘的具体实施相联系,从而使得酒店总体发展战略、人力资源发展战略以及招聘战略能够互相配合、互相促进。

人力资源总监要从战略发展的角度来准确把握酒店的人力资源需求,制定出最适合酒店的招聘战略,实现员工、岗位和酒店的良性互动。要做到这一点,人力资源总监就要充分考虑酒店的目标、愿景、竞争战略等因素。一个考虑周全的招聘战略必须给予酒店全面且具有指导性的计划,必须详述现有人才市场的各种影响因素、公司应如何应对未来的竞争市场以及执行战略所应采取的措施。此外,招聘战略还应明确指出怎样的短期行为能够保证酒店达到其战略目的。

【案例4.2】 L集团的一次失败招聘经历

L集团是国内酒店行业的一家民营企业。随着业务的不断拓展,为了加强对生产部门人力资源的管理和开发,集团总经理要求人力资源总监为生产部门招聘一个专门负责人事事务的员工。随后,人力资源总监就开始了一系列的工作,首先是选择招聘渠道,为此,他拟定了两个方案。

方案一:在酒店行业的专业招聘网站上进行招聘,招聘预算为5600元。这种方式的优点是能够降低招聘成本,不足之处是酒店宣传力度较小。

方案二:在受众比较广泛的大众媒体上进行招聘,费用为11500元,这种方式能够扩大企业的影响力和品牌的知名度,但是需要进行大量的筛选工作,提高了招聘的人工成本。

考虑到企业正处于快速发展阶段,不应放过任何一个提高企业知名度的机会,因此人力资源总监决定选择第二种方案。于是,他把撰写招聘广告的工作分配给了人力资源部门的一名员工。

在广告刊登后的几天里,人力资源部先后收到了1000多份简历。人力资源总监首先安排员工对简历进行筛选,最终挑选出了符合条件的7位应聘者。经过面试后,人力资源总监选中了两个目标对象:

A.男,工商管理学士学位,34岁,酒店管理经验丰富,在之前的工作中都表现突出。

B.男,人力资源管理学士学位,31岁,人力资源管理经验充足,且获得了人力资源管理师的认证。

A和B的学识和工作经验基本相当,很难取舍。于是,人力资源总监把他们的资料交给了集团人力资源部主管,让他判断哪个应聘者更适合部门的实际需求。经过讨论之后,最后决定录用A。

然而,问题随之产生了。A来到公司工作了一段时间后,不但不能保质保量地完成工作,还经常拖到最后才能交工,有时甚至表现出与职位不相符的行为。人力资源部主管对此十分不满。与此同时,A也感到十分不满,入职之后,他发现酒店的实际工作环境与招聘广告中的描述并不相符。尤其是原来已经讲好的薪酬待遇被削减,让他很不满意。

双方都充满了不满,那么,问题到底出在了哪里呢?

其实,这次招聘之所以失败,主要是因为人力资源部门在招聘时流程意识不足并且缺乏招聘战略,从而导致了种种失误。由此可见,人力资源总监在招聘之前,应该进行缜密的招聘战略部署,使招聘工作能够有条不紊地进行。

1. 招聘战略的类型

不同的企业在发展的不同阶段,对于人才的需求是大相径庭的,招聘战略也各不相同。但通常而言,企业的招聘战略主要分为两种:吸引战略和投资战略。

(1) 吸引战略

吸引战略是指用具有竞争力的薪酬待遇、优厚的福利、良好的发展机会等手段和策略来吸引行业内具有一定实力或者经验丰富的成熟人才,使其加入企业的一种招聘战略。联想从戴尔挖走大量的优秀员工就运用了吸引战略。处于变革期或者快速发展阶段的企业比较适合采用这样的战略。

吸引战略具有十分鲜明的特点。

首先,吸引战略用具有吸引力的薪酬福利、激励手段、利润分享计划、股权分红等策略来赢得人才,能够在企业中形成一支比较稳定而又高素质的团队。在这样的团队中,每个队员都拥有丰富的经验,形成的合力十分巨大,可以充分满足企业的业务需求。

其次,吸引战略适用的对象是那些经验丰富、能力较强的人才,这些人才入职以后基本不需要进行培训,为企业节省了培训成本,减少了企业的负担。

但是,吸引战略单纯以利益来吸引员工,难以培养出员工的忠诚度,如果员工受到更高利益的诱惑,就会离开企业投奔他方,给企业造成损失。

(2) 投资战略

投资战略是指把人才的招聘当做一项长期投资,通过不断对人才进行战略投资和培养,为企业赢得充足的人才储备和稳定的投资回报。一些发展已经步入成熟期的企业经常采用这种人才战略,比如 IBM、惠普、华为、爱立信等。这些企业每年都会招聘大量的应届毕业生,对他们进行培养,将其塑造成为符合企业需求、认同公司企业文化的人才,满足企业的人才需求。但我国的许多民营酒店业很少采取这种方式,多采用吸引型的战略。

投资战略选中的是那些具备一定的能力,但经验有所欠缺的人才。对于这些人才,企业只需要付出较低的招聘成本就可以获得,而且数量比较多,企业能够形成较丰富的人才储备。但是,对于这些"半成熟"人才的培养却需要支出较高的开发成本,通过培训、再教育等方法将其塑造成企业需要的人才,并通过这些手段建立起良好的员工关系。

人力资源总监在制定招聘战略时,要根据酒店的实际情况灵活选择,要做到因地制宜、善于应用。

2. 企业在不同阶段的招聘策略

企业发展可以分为三个阶段:创业期、成长期、稳定期,由于各个发展阶段具有不同的特点,因此企业在招聘策略上也要有所差异。

(1) 创业期

在创业期,企业的力量是十分薄弱的,尚未形成完善的规章制度,企业文化更无从谈起。这时的企业没有得到市场的肯定,规模小、员工少,各方面均不成熟,但是却具有很强的灵活性。在这一时期,企业的发展战略目标是在市场竞争中生存下去,在人才方面表现出来的特征是:中高层管理者由创业精神进行维系,往往比较稳定;而一般员工由于企业不成熟,保障体系欠缺以及薪酬收入低等原因而流动率比较高。

人力资源部门在创业期可以采用的招聘策略主要为:

第一,对人才提出高要求,希望他们拥有丰富的工作经验和良好的工作业绩,最好能够同时兼任多项职务。

第二,招聘时要侧重于那些认同企业的发展方向和发展目标的年轻人。

第三,创业期企业资金比较匮乏,招聘成本应尽可能降低,应以朋友介绍、网络招聘和招聘会等低成本的招聘渠道为主。

第四,主要通过三种手段——良好的职业发展机遇、职业挑战性以及企业领导人的个人魅力,吸引人才加盟。

第五,提供的薪酬比较低,但可以用宽松的工作环境、弹性的工作方式来弥补,给予员工较大的发展空间,也可以采用股票期权的激励方式来留住人才。

(2) 成长期

经过了创业期的努力,企业逐步走向成长期,企业的各项工作逐渐趋于正规化,规章制度不断建立健全,企业文化也初具雏形,市场占有率不断增长并实现了快速扩张。因此,企业需要的人才越来越多,人力资源需要不断增加。在这一时期,企业遇到的主要问题是如何实现组织的良性成长和跨部门的沟通与协同。

此时,人力资源总监可以采用的招聘策略为:

第一,招聘多种类型的员工,包括高层、中层、基层等各个层级,并且扩大对技术人才和管理精英的需求。

第二,增加招聘费用,开始扩展外部招聘渠道,可以采用以招聘会为主、网络招聘为辅的招聘方式,在专业人才的招聘上借助猎头公司的力量。

第三,通过巨大的晋升空间、良好的职业前景以及比行业平均水平略高的薪酬吸引人才。

（3）稳定期

稳定期是企业发展的黄金时期，在这一时期，企业走进了成熟阶段，企业规模扩展到了一定水平，文化制度和组织结构得到了完善，并获得了市场的肯定与认可。此时，怎样延续企业的繁荣局面并使其迅速进入到一个新的增长期，成为人力资源总监制定企业发展战略的重点。

在企业的稳定期，人员的流动率相对比较低，在人员规模上达到了一种平衡。人力资源总监在招聘时应注意：

第一，对于外部人才的需要开始降低，只有当企业需要开拓新业务、开辟新市场时才会出现大量的外部人才需求。

第二，招聘时对员工的要求提高，希望他们具有较强的综合能力，特别需要具备强烈的创新意识以及果决的执行力。

第三，凭借企业的实力、良好的形象以及领先于同行业平均水平的工资收入吸引人才。

第四，主要通过内部推荐、网络招聘、专场招聘会、校园招聘、媒体广告等多种招聘方式进行人才招聘。

在酒店的每个发展阶段，人力资源部门都要根据企业发展的不同特点来制定相应的招聘战略，对症下药，帮助酒店招聘到最为合适的人才。

4.2 构建人才选拔体系

4.2.1 完善内部选拔机制

由于外部招聘的风险越来越大，消耗的招聘成本也与日俱增，因此，内部选拔已经成为人力资源总监越来超重视的一种人才选拔方法。

为了实现内部员工的合理配置和良性流动，充分利用酒店内部的人力资源，酒店人力资源部门应该在酒店管理中构建一个完善的内部选拔机制。

1. 内部选拔的作用

内部选拔是一件一举多得的好事：能够鼓舞员工的士气，使他们提高自己的工作积极性；并且，由于员工已经对酒店的企业文化、环境以及业务范围有了深入的了解，客观上也提高了招聘工作的针对性和有效性；同时还能够为酒店节省培训成本,这一方式已成为目前我国酒店业人员补充的重要途径。

(1) 激发员工的工作积极性

内部选拔能够在酒店中培养和选拔拥有潜在发展能力的员工,为员工提供一条晋升的道路。这样可以让员工知道,只有勤奋努力工作才能够得到酒店的认可,自身的职业发展道路与酒店密切相关。这样可以激发他们的工作积极性,使其更乐于为酒店奉献自己的聪明才智,为酒店创造更大的价值。

不仅如此,得到提拔的员工大多在酒店工作了相当长的时间,已经对酒店的运作流程和酒店企业文化有一定的了解与认同,对酒店形成了一定的忠诚度。这样的员工,一旦被赋予重要的职责,就会全力以赴为企业贡献自己的力量,在面对外界诱惑时,也不会轻易选择跳槽。

(2) 员工具有丰富的经验,操作能力更强

从酒店内部提拔的员工,大部分都是从基层员工开始一步一步晋升的。在这个过程中,他们经受住了考验,锻炼了能力,拥有丰富的工作经验,熟悉本酒店的产品性能和服务质量;对所在行业的运行之道、管理模式、操作流程都已经十分了解,能够更全面地理解和把握企业经营的战略意图;并且操作能力强,能够更好地胜任工作。

(3) 招聘成本低

通过外部招聘的方式来引进人才,往往需要耗费大量成本,而内部提拔,则可以为企业节省一笔昂贵的招聘费用。并且,酒店原先对员工进行的培训此时也得到了回报。

(4) 增加酒店凝聚力

从内部提拔人才,能够十分清楚地向全体员工传递正面积极的信息,使员工感到自己在酒店中能够有前途;能够在酒店里形成团结、和谐的文化氛围,使员工对酒店产生强烈的向心力与归属感,提高了酒店的凝聚力。

2. 内部选拔的主要方式

从酒店生存发展的生命周期来说,对于那些正处于成熟期,并且外部环境变化比较缓慢的酒店,比较适合采用内部培养、内部选拔的方式。这不仅有利于酒店的长远发展,而且还能帮助酒店培养出更多适合酒店企业文化及业务发展需要的人才队伍。

人力资源总监在内部选拔人才时,可以采用以下几种方式:

(1) 人员晋升

当酒店出现空缺岗位时,人力资源总监可以先对酒店的人力资源配置状况进行核查,选择适合这个岗位的员工,给予他们升职的机会,使他们获得晋升。这实际上也是激励员工的一种手段。

(2) 工作轮换

工作轮换也是内部提拔的方法之一。工作轮换一般时间较短,有一定的时间界限,到期后会再次轮换。工作轮换可以使企业内部的管理者或者普通员工有机会了解不同的工作,给那些有能力的员工提供晋升的机会,让他们发挥自身的实力,同时也可以减少部分员工由于长期从事一项工作而带来的厌倦感。

(3) 工作调换

工作调换又称为"平调",把员工从原来的岗位调换到另一个更适合其发展的平级岗位,充分发挥员工的才能,也是在酒店内部进行人力资源调配的一种基本方法。工作调换不仅能够填补空缺的岗位,还能发挥其他的作用。比如,能够使内部员工深入了解其他部门的工作,与酒店更多的工作人员进行接触,为员工以后的提拔和晋升打下基础。工作调换和工作轮换类似,但又不完全相同,工作轮换是短期轮换工作,而工作调换则是长期调换工作岗位,二者在时间上有所不同。

(4) 人员重聘

一些酒店由于各种各样的原因会产生一批闲置员工,这些闲置员工中有的人素质较好,之前由于客观原因不能在酒店继续任职。对这些人员进行重聘可以使他们有再为酒店尽力的机会。另外,酒店聘用这些人员可以使他们尽快上岗,这些人员能够较好地适应工作岗位要求,减少了酒店培训方面的费用。

内部选拔的做法一般是人力资源总监在酒店内部公开空缺岗位,让那些有能力、可以胜任该岗位的员工来竞争上岗。这使得员工能够产生一种公平合理、公开竞争的感觉,可以使员工更加努力奋斗,为自身的职业发展增加积极因素。在客观上,也实现了人力资源开发与管理的目标。

【案例 4.3】 人职匹配的重要性

某酒店总经理李某从国内某知名高校聘用了高材生小王担任其秘书,由于这个年轻小伙子亲和力强、反应敏捷、口齿伶俐,且文字功底好,文秘工作做得十分出色,深得李某喜爱。两年后,李某认为该给小王一个发展的机会,于是把他任命为酒店人力资源部经理,属下有 10 余位员工。谁知在半年内,先后有三个下属离职,部门工作一片混乱,业务部门对人力资源部也抱怨颇多。原来小王从学校直接到酒店担任高管秘书,并不熟悉基层业务,从未从事过管理工作的他与同级、下属的沟通方式很不到位,决策理想化,让下属都觉得非常难受;同时,他个人认为工作只需向总经理汇报,推行人力资源政策时没有必要征求业务部门的意见,于是,开展的一系列 HR 工作只会徒增业务部门的工作负担却收效甚微。在各种内部压力下,小王也引咎递交了辞职信。

案例分析:

由上述案例可见,总经理任用小王担任人力资源部经理前缺乏全面、客观的评估,其决策的基础是建立在对小王的个人感情而非岗位要求上,这是风险极高的事情。酒店在开展内部招聘活动时,不能念及私情,坚持"人职匹配"是最重要的原则。如果让员工就职于一个与其才能不相适宜的岗位,不仅让其身心疲惫,抑制其才能的发挥,而且还会影响其职业生涯的发展。

总结上述案例的教训,内部招聘的首要原则应是以业务需求为主,而不能使"轮岗"过于放任自流。比如酒店可以根据战略与业务发展需要进行指令性的员工内部调配等。但是如上述案例中所述,不考虑业务需要,只考虑员工需求,大范围开展内部岗位轮换,是肯定要出问题的。所以,内部招聘要仔细权衡,全盘考虑,树立正确的理念,建立和完善相关的制度和机制,堵住一切可能导致内部招聘失败的源头。

但是,人力资源总监需要特别注意,在内部选拔的过程中,有些高层管理者为了培植亲信,有可能会提拔那些能力不足但与自己关系良好的员工,而不是从公正、公平的角度去选拔、考核应聘者。这样,最终选出的人选并不是适合岗位需求的人才,这也会对那些真正有能力的员工造成打击。

除此之外,长期的内部选拔,如同近亲繁殖一样,可能会给企业带来种种问题。比如:内部员工知识老化,接受新事物、新知识的能力越来越差,使企业的整体文化氛围趋于保守,跟不上市场的变化脚步。在这种情况下,从企业外部、行业外部招收人才,就成为企业生存的必要条件之一。

4.2.2 加强人才储备

现代社会,随着市场竞争的愈演愈烈,人才储备在酒店的人力资源管理中起到的作用也越来越大。人才储备是根据企业的发展战略,通过多种途径,比如招聘、培训和岗位培养锻炼,使得企业的人才数量和员工结构能够满足企业不断扩张的需求。人才储备能够为企业的总体发展战略提供支持,是为企业的长远发展而服务的。

人力资源总监应该把人才储备作为企业人才发展的战略问题来对待,从企业未来的发展目标出发,对企业人才的现实情况进行深刻的剖析,明确企业人才的层次、数量、结构及其与内部、外部环境的关系。储备人才,可以使企业在激烈的竞争中获得优秀人才,从而带动企业发展,获得竞争优势。

许多知名企业都十分看重企业的人才储备。华为公司每年都会招聘许多应届毕业生,那些在招聘中落选或者暂时达不到任职要求的应聘者会自动进入华为的后备人才库;等到下次需要增补员工时,人力资源管理者就可以从人才库中筛选,看看是否具有符合条件的应聘者。这为华为节省了大量的招聘成本。

人才储备并不是简单的人才资料的储存,而是要对进入人才库的每个人都进行仔细评估与分析,甚至进行模拟测试,从而判断其是否具有足够的工作能力和承压能力,考察其在面对以后有可能会出现的各种管理难题之时将会做出何种反应。人力资源总监还可以根据这些人的反应来打分,这样,在以后进行人才招募时,只需要按照分数的高低来进行面试、录用即可。

1. 人才储备的特点

具体来说,人才储备通常具有以下特点:

(1) 兼容并蓄

企业的人才储备要做到兼容并蓄,吸纳企业发展所需要的各种人才。不管是计算机方面的精英,还是销售方面的高手,或者是管理方面的人才,企业都应该将其资料储备在自己的人才储备库中。在征得应聘者同意的情况下,人力资源总监还可以在人才库中详细记录应聘者的各种资料,比如履历、个人职业生涯规划、业绩情况,甚至性格特征等,以备不时之需。

(2) 瞄准高素质的管理人才

管理人才在一定程度上可以说是企业经营成败的关键,拥有优秀的管理人才是企业的竞争优势之一。人力资源总监在进行人才储备时,通常会把目光投放到那些业务能力强、经验丰富的管理人才身上,因为他们往往能够为企业创造巨大的价值。

(3) 帮助企业摆脱对猎头公司的依赖

许多企业为了找到合适的中高级人才,通常会与猎头公司合作,由猎头公司来为自己提供候选人。但是这个过程往往是十分漫长的,而且耗费的成本较高,最终得到的人才也未必能够满足企业的需要,未必可以体现人才自身的价值。所以,人才储备可以避免企业对猎头公司产生过度依赖,可以为企业以较低的成本寻找到更加适合的优秀人才。

2. 人才储备的途径

酒店要想实现人才储备这一战略目标,可以通过以下几个途径:

(1) 培育企业内部人才

在进行人才储备过程中,许多人力资源总监往往习惯发掘外部人才,忽视了企业内部的人才。其实,对企业内部人才进行培育是人才储备的一个非常重要的途径。人力资源总监要善于通过培训、提拔、晋升等方式来加强企业内部人力资源的开发,把企业现有人力资源的潜能充分挖掘出来,并进行开发利用。

(2) 在招聘中丰富人才储备

人力资源总监在招聘时,重点是为企业挑选适合的人才,弥补岗位空缺;与此同时,还可以兼顾人才储备工作。在人才招聘过程中,人力资源总监要利用收集到的应聘者信息和资料，有规划地建立起一个人才数据库，丰富企业的人才储备。这样，等到企业的人力资源再度出现短缺时，就可以从人才数据库中甄选人才，向用人部门推荐。

人力资源总监要安排员工专门负责人才数据库中资料的整理与更新，从而保证人才信息的准确性和有效性。除此之外，人力资源总监还要通过电话、电子邮件等方式不定期地与这些人才进行联系，关心他们的工作、生活近况，了解其工作意向，以体现公司对他们的关怀，在他们心目中建立起公司以人为本的形象。

3. 建立储备人才管理体系

要使企业的人才储备发挥应有的作用，人力资源总监还需要在企业内部建立起一个完善的储备人才管理体系，对人才储备进行有效管理，从而为企业人才梯队建设提供支持，为人力资源管理工作提供助力。

储备人才管理体系的内容多种多样，总体来说，可以分为以下四个方面：

（1）储备人才管理政策

储备人才管理政策是储备人才管理体系的核心与重点，这项工作主要是设定和明确企业中需要进行人才储备的岗位信息、需要储备的人才数量以及如何为人才规划自身发展路径等政策性内容。

（2）储备人才培养计划

储备人才培养计划是指要为储备人才进行目标明确、针对性强的中长期培养，培养的手段除了培训、学习以外，还可以给予储备人才更多的机会，进行授权以及职位轮换调动等工作。

（3）储备人才任职能力评估

储备人才任职能力评估主要是对储备人才所具备的任职资格条件进行相应的评价。主要是通过一系列的对比和分析，明确储备人才可以胜任的岗位。这能够帮助人力资源总监做出关于储备人才任用以及调动的准确决策。

（4）储备人才薪酬管理

进行储备人才薪酬管理，其目的是留住储备人才。在进行薪酬管理时，人力资源总监应该对储备人才进行特殊薪酬扶持政策，要判断哪些储备岗位更重要，对处于这些岗位的员工给予更高的工资报酬。

【案例4.4】 雇员流动造成的损失

据某酒店总经理于某估计，酒店每年因雇员流动造成的经济损失高达十几万元人民币。这对于一个民营酒店来说已经是巨额损失了。其中每一员工流动造成的损失平均为800元，而该酒店的雇员流动率为70～75％。除去经济方面的损失外，雇员流动问题也给酒店服务质量带来不可估量的损失。其主要损失为：流动员工离店后给非流动员工增加了工作量，从而使服务质量下降；新雇员工的培训;以及顾客因其所熟悉的员工离店而另顾其他酒店,等等。

案例分析:

我国酒店雇员流动情况大致可以分为两类,第一类是雇员在酒店业内的横向流动,第二类是雇员向薪水高、待遇好的旅游业以外的大公司流动。这两种流动均给酒店业带来巨大的经济损失和服务质量方面的问题。

目前,还有许多老旧、保守的观念认为服务性行业是那些没有任何技能,找不到任何固定工作的人才会涉足的行业。作为新一代的人,我们应该明确,服务性行业才是未来的发展趋势,服务业有着无可限量的未来。我们应该用科学的眼光,科学的方法来管理、发展服务性行业。

服务性行业最根本的核心是人,需要让人满意,更需要人的服务。如何管理好人员就是一门学问。

酒店,以目前来看,是服务性行业的主干之一。如何解决酒店人员流失需要加强人力资源管理。但是还有许多酒店未意识到人力资源的战略性地位和重要性。酒店的人力资源是酒店生存和发展的保证,是酒店竞争制胜的关键因素。对服务业来说,其服务产品的质量高低直接与员工的工作相关联,或者说,员工的工作过程就是产品的生产与提供过程。在现代民营酒店,决策层对人力资源开发的重视程度不够,对如何开发认识不足,人力资源开发的手段方法落后,尤其是培训作为开发的重要手段没有发挥应有的效果。因循守旧,创新意识较弱,未体现现代化人力资源管理,对员工的管理未从落后的人事管理向人力资源管理转变,这使员工得不到合理提升,必然选择流动来达到目的。民营酒店人力资源队伍稳定性较弱,流动出现了两个极端。其一是对操作服务层员工而言,下层操作服务型员工流动过于频繁,研究统计分析,员工年流动率一般超过了39%～55%;一线操作服务层员工流动最为频繁,由于这部分员工目前缺口很大,待遇较低,劳动强度很高,导致熟练员工流动频繁。其二是中高层管理和技术人才不正常流动的问题,这是由于酒店中高层管理人才竞争意识不足,不能充分发挥个性和创造力。

总而言之,人力资源部门必须意识到,企业的人才储备不是单独存在的,其解决方案也是一个系统化、程序化的过程,这不仅需要进行周密的人力资源规划,更需要一个完善的人力资源体系的支持。人力资源总监只有尽早在企业中进行人力资源规划,构建人力资源体系,才能确保人才储备工作的顺利进行。

4.3 建设高层次人才队伍

4.3.1 了解高级人才的特点

在各类企业中,人才是最宝贵的资源。麦肯锡公司曾经预言:全球将会陷入一场激烈的"人才争夺战"。高级人才又是人才中的佼佼者,对企业有着不可替代的作用,是企业制胜的有力武器。人力资源部门要想在企业中建立起一支高素质、高水平的人才队伍,了解高级人才的特点是第一步。

1. 什么是高级人才

随着酒店行业的不断发展以及职业结构的更新,当今社会对高级人才的能力要求越来越高。现在酒店行业所需要的高级人才,不是单纯的技术骨干,也不仅是精通领导艺术的专家,而是专业技术和管理能力兼具的复合型人才。

简单来说,高级人才应该具有如图 4-2 所示的几种能力。

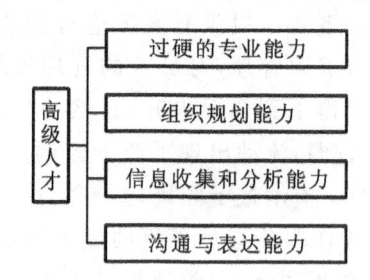

图 4-2 高级人才应具备的能力框图

（1）过硬的专业能力

高级人才必须是某一方面的专家,具有过硬的技术或者业务能力,能够及时发现并妥善解决实际工作中遇到的各种问题。没有过硬的专业技能或者只会纸上谈兵的人很快就会被激烈的市场淘汰。

（2）组织规划能力

真正的人才,还要能够从宏观大局出发,站在企业战略的高度制定酒店的政策方针、开拓市场、分配任务、协调各级关系、设置工作流程等,这都需要高标准的组织规划能力。

（3）信息收集与分析能力

高级人才要时刻关注市场和客户动向,善于从那些毫不起眼的信息中发现价值,并对搜集到的信息进行分析和处理,把有价值的信息转化为生产力。

（4）沟通与表达

要懂得如何高效地传递信息、表达自己的思想,能够与上、下级进行有效的交流和沟通。

2. 了解高级人才的需要

高级人才对于酒店的重要性是不言而喻的,但是人力资源总监还必须考虑一个问题:在现在的人才市场上,高级人才在求职中最看重什么？只有了解高级人才的需要,才能投其所好,给予高级人才具有吸引力的待遇,把更多的人才收入麾下,为酒店效力。

一般来说,高级人才由于能力超群,能够为酒店创造巨大的价值,在人才市场上通常供不应求。因此,他们并不担心工作机会,关注点也不只在于优厚的薪酬待遇,而是侧重更广阔的发展平台、更人性化的工作环境、更具挑战的机会以及更充分的自主权。当然,还有一些高级人才会关注自身的兴趣,希望从事自己热爱的事业等。

3. 明确酒店对高级人才的需求

除了了解高级人才的需要,人力资源部门还要对酒店现状进行分析,明确酒店对高级人才的需求状况。

首先,人力资源部门应该明确酒店短期的发展目标和酒店关键岗位的任职要求,据此来决定需要具有什么素质和能力的高级人才。

其次,在引进高级人才之前,人力资源部门还应衡量酒店是否能够为高级人才提供有利于他们发挥才能的平台,能否把他们留住。如果酒店拥有新颖而具有吸引力的理念或者具有未来职业拓展空间,吸引高级人才加入的机会就更大。

最后,还要考虑酒店的承受能力。这主要是指酒店能否承受为招揽高级人才所付出的高成本,以及一旦失败有可能会带来的高风险。为了应对这种潜在的风险,人力资源部门要建立一个风险防范系统,避免由于高级人才的流失而给酒店带来的打击和损失。

知己知彼,百战不殆。只有充分了解高级人才的特点,明确酒店对高级人才的需求,人力资源总监才能制定出更好的高级人才筹划战略,才能吸引更多的高级人才加入到企业中来。

4.3.2 有效甄选人才

由于高级人才所表现出来的特点,比如任职意向不明显、主动性不强、对职业

发展规划谨慎、职业转换需求隐形化等,人力资源总监在甄选高级人才时往往会遇到以下难题:

对高级人才而言,复合性、深层次能力是其应具备的主要能力。而在短暂的甄选过程中,人力资源总监很难找到适当的切入点对这些能力进行考察。

高级人才通常经验比较丰富,已经形成成熟的工作风格,具有较强的主导性。因此,人力资源总监在甄选时有可能被高级人才所引导,难以掌控局面。高级人才素质比较高,能够站在一定的高度看问题,这对人力资源总监的经验与视野是一种挑战。

其实,酒店对高级人才的甄选是一个相互匹配的过程,人力资源部门应该把重点放在匹配度的考察上,从与酒店的匹配度、与岗位的匹配度和与团队的匹配度三个方面进行考察。

1. 与酒店的匹配度

酒店是所有员工的基本活动场所。高级人才是否认可、适应并融入酒店环境是十分重要的。因此,人力资源总监在考察高级人才时,要特别了解他们的价值观是否能够与酒店的企业文化相适应。如果两者之间存在矛盾,即使高级人才的才能再出众也不可录用。

人力资源部门还要考虑酒店目前提供的平台能否支持高级人才的个人发展需要。如果高级人才希望获得充分的决策权,而酒店的现实状况却无法满足其要求,这样也不能实现人才与酒店的良好匹配。

此外,在不同的发展阶段,酒店所需要的人才类型也有所差异。酒店处于创业初期时,需要的是具有开拓力、成就动机强的高级人才;而当酒店进入稳定发展阶段时,则需要那些思维缜密、创新能力强的高级人才。人力资源总监应该根据酒店不同发展阶段的特点对高级人才进行选择。

2. 与岗位的匹配度

高级人才与岗位的匹配程度,是人力资源总监在甄选时要考察的一个重要方面。除了通过笔试、面试等方式来考察高级人才的技能素质、工作经验是否能够满足岗位需求外,高级人才的职业倾向与岗位之间的匹配程度也是一个十分重要的因素。

职业锚是判断人才与岗位匹配度的一种有效工具。所谓职业锚,简单来说就是人们在进行职业选择时所围绕的重心,是指当一个人在必须做出选择时,无论如何都不会放弃的职业中的关键点或价值观。如图4-3所示,从职业锚的角度看,高级人才的职业倾向主要分为以下几种类型:

(1) 管理型

对于管理型的高级人才来说,具体的技术工作只是走向管理层的一条途径。

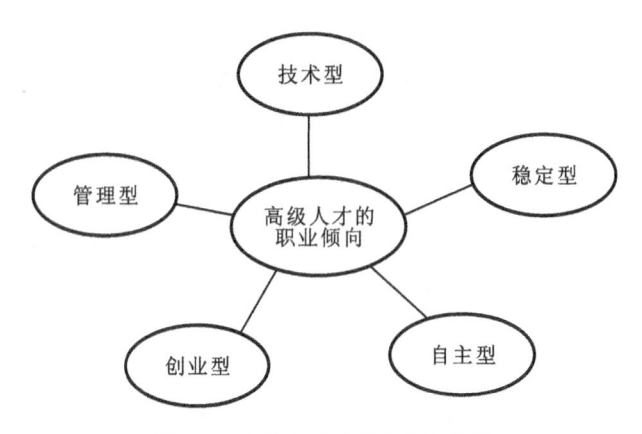

图4-3 高级人才的职业倾向框图

这类人才对管理有着浓厚兴趣,愿意承担管理责任,他们可以独当一面,也拥有跨部门整合团队的力量,能够从酒店整体战略的高度来考虑问题,把酒店的经营成败视为己任。

(2) 技术型

技术型的高级人才,尤为重视自身技能的不断提升,希望得到应用技能的机会。他们对自身能力的认可来自于其技术水平,为了获得专业领域的进步,它们通常不喜欢把精力放到其他事情上。对于这样的高级人才,人力资源部门可以将其吸收为企业的技术专家,而不是要求他们从事管理工作。

(3) 稳定型

稳定型人才更为看重的是工作中的安全感。他们不喜欢面对挑战,希望有一个明朗而简单的职业发展前景。与发展机遇相比较,他们更关心的是丰厚的薪酬收入,因为这能带给他们稳定的生活。稳定型人才具有极高的忠诚度,能够高效完成自己的任务,但往往不会有创新的表现。

(4) 自主型

自主型人才坚持自己的工作习惯,追求比较自由的工作方式,不喜欢组织的制约与限制,希望能够获得充分发挥个人能力的工作机会。对于这种类型的人才而言,自由与独立是最为重要的。人力资源总监要想让这样的人才为酒店所用,就要为他们创造宽松的工作环境。

(5) 创业型

创业型人才拥有强烈的创业热情,敢于面对各种挑战与风险。然而对于创业型的高级人才来说,加入别人的公司进行工作只是一个跳板,是他们学习并积蓄力量的过程,等到时机成熟,他们会毫不犹豫地跳出公司去开创自己的事业。人力资源总监可以在开拓性的岗位任用这种类型的人才,但要时刻注意其发展动向,尽量避免因为他们的离职而给酒店带来损失。

除了职业倾向之外,人力资源总监还需要考虑性格因素。不同的岗位需要不同性格的人去承担,比如质检工作不适合粗心的人,而销售岗位则要拒绝畏畏缩缩缺乏开拓精神的人。人力资源总监在甄选人才时要分析某个岗位需要的性格特质,然后考察候选人的性格是否匹配。

人力资源总监通过对职业倾向与个人性格进行分析、判断,充分了解高级人才的技能、兴趣以及价值观,把他们安排到合适的工作岗位上去,从而实现酒店和个人发展的双赢。

3. 与团队的匹配度

高级人才通常是团队的中坚力量,因此,他们与团队的匹配度尤为重要。如果说与岗位的匹配度是人才进入酒店的前提条件,那么与团队的兼容度就决定了人才是否能够持续为酒店服务。人力资源总监在甄选人才时,不仅要重视高级人才与岗位的匹配度,还要考虑高级人才与团队的契合度。

企业文化都非常重视团队合作。一个人无论技能有多高,都要通过与他人配合来发挥自己的作用,只有相互配合才能获得良好的绩效,带领整个团队不断提升。

4.3.3 制定高级人才引进策略

优秀的人才都到哪里去了?这是困扰许多企业的问题。为了获得更多的高级人才,人力资源总监绞尽脑汁,用各种可能的手段来吸引人才。其实,一个完善的人才引进策略会使人力资源工作事半功倍。

1. 寻找合适的招聘渠道

人力资源部门可以采用的招聘渠道是多种多样的,比如网络招聘、专场招聘会、校园招聘、媒体广告等,然而并不是每种招聘方式都能为企业招揽到合适的人才。在高级人才的引进过程中,人力资源部门不能盲目选择那些当前比较热门或企业普遍采用的招聘方式,而应该根据高级人才的信息获取途径以及社交特点来选择适当的招聘渠道。

人力资源部门可以通过以下方式寻找人才:

第一,从酒店以及酒店建立的内部人才信息库中寻找。

第二,到专业人才网站简历库中搜寻。

第三,到高级人才聚集地定点搜索。

第四,通过朋友、供应商以及内部员工推荐等方式来获取高级人才信息。

第五,在专业性比较强的中高端刊物上发布高级人才招聘的广告。

第六,委托猎头公司为企业猎取合适的人才。

2. 高级人才招聘策略

由于招聘渠道的差异以及紧缺程度的不同,对于高级人才的招聘,企业应特别注意以下几点:

(1) 进行必要的背景调查

在引进高级人才时,背景调查是至关重要的一个环节。高级人才所处的岗位涉及企业的运营战,如果这部分人员产生动荡,会给整个企业带来非常大的负面效应。但是由于出现风险的概率比较低以及招聘成本的限制,许多人力资源总监没有意识到背景调查的重要性,在招聘时往往忽略了这一关键步骤。

首先,要注意背景调查的时机。一般来说,面试结束后与上岗前的这段时间是比较适宜进行背景调查的时机。这个时候,不合格的人员已经遭到淘汰,只剩下那些比较出色、符合岗位需要的人选,这样,背景调查的工作量和费用都可以降到最低。而且经过了面试环节,人力资源总监对这些高级人才已经有了初步的了解,在调查时可以有的放矢。

其次,要注意背景调查的内容。背景调查主要包括三方面内容:身份背景调查、学历背景调查和工作背景调查。其中最为重要、难度系数最大的是工作背景调查。

招聘时人力资源部门应当要求应聘者提交身份证复印件或其他有效证件的复印件作为备份。人力资源总监也可以安排应聘者到专门网站(比如全国公民身份证号码查询服务中心)查询或核实身份证信息。

人才招聘工作中学历造假是目前频繁发生的问题。人力资源总监在进行学历背景调查时,要对毕业证、学位证原件进行审核;同时,还要配合其他验证方式,比如到国家教育部学历验证中心网站上进行查询,更直接的方式是打电话或通过其他途径到应聘者所在院校的学籍管理部门进行查询。这样得到的结果更加可靠,但是人工成本较高。对于那些应聘重要职位的高级人才,可以考虑采用这种方式,以免产生风险。

在背景调查中,工作背景调查的难度最大,但也最为关键。工作背景调查能够帮助企业了解应聘者在之前工作中表现出来的能力素质、职业操守,为雇佣关系的建立提供可靠的参考,帮助人力资源总监做出正确的招聘决策。

人力资源总监可以向应聘者原来的公司了解情况,但还需要识别对方提供的信息,不可轻信。企业也可以委托第三方调查机构展开调查,这样只要提出需要调查的项目和时限要求即可,可以为企业节省时间成本。第三方调查机构可以有效避免企业与被调查的企业之间的排异现象,充分利用自身的优势资源,迅速获取被调查者的背景信息,提交一份比较客观、可信度高的背景调查报告。但人力资源总监必须了解背景调查的相关事宜,以便对第三方调查机构进行监督。

（2）提升招聘团队的技能

招聘团队的成员包括用工部门管理者、上级领导和人力资源部门。招聘者的能力素质在一定程度上也是高级人才是否会选择一家企业的重要因素。如果招聘负责人本身不是人才,那么他肯定也无法招聘到真正的人才。因此,在招聘之前,人力资源总监需要对招聘团队进行适当的培训,提升招聘团队的总体水平,更有效地选拔合适的人才。

（3）制定薪酬谈判策略

在确定高级人才能够达到企业要求以后,人力资源总监应该尽快表明录用意向,与高级人才进行薪酬谈判等后续事项。薪酬谈判是高级人才引进过程中比较难啃的一块骨头,一定要谨慎,如果处理不好就有可能前功尽弃。

薪酬谈判是企业与高级人才之间的一场心理博弈,人力资源总监应该讲究策略。如果是猎头顾问推荐的人选,那么前期的薪酬探路工作最好由猎头顾问来完成,因为如果企业直接参与谈判,一旦双方出现分歧就会陷入绝路,没有回转的余地。如果是企业独立谈判,那么人力资源总监一定要进行充分的准备,要清楚地了解候选人以前的薪酬水准、薪酬结构、业绩考核方式、福利待遇等情况,尽可能做到知己知彼,才能在谈判中掌握主动权。

人力资源总监在薪酬谈判的过程中要尽可能达到两个目的:吸引高级人才加入到企业中来,保证企业内部员工待遇的公平性。

为此,在进行薪酬谈判过程中,人力资源总监应做到:

首先,根据同行业的平均薪酬水平来确定薪酬。人力资源总监制定的薪酬标准应略高于同行业平均水平,如果给出的薪酬标准低于市场平均水平,必然无法起到吸引高级人才的作用,如果薪酬标准远远高于市场平均水平,则会增加企业的薪酬成本。两者皆不可取。

其次,薪酬要充分体现高级人才的市场价值。如果应聘者的能力强、经验充足并具有出色的业绩表现,可以适当提高薪酬水平。但是,值得注意的是,薪酬标准一定要与企业的总体薪酬体系相一致,避免不公平的薪酬待遇对现有员工心理造成影响。

最后,人力资源总监应该在薪酬谈判的过程中尽量将企业的优势传达给候选人,增强他们对企业的信心,提升企业的总体吸引力。这种吸引点越多,企业进行薪酬谈判的筹码就越多,也能够促使候选人做出决策。

高级人才在市场上会受到许多关注,拥有许多机会,因此,在其入职之前,人力资源总监要安排人员对他们的动态进行追踪,并及时与他们进行交流、沟通。这样可以加强高级人才对企业的了解,逐渐培养起他们对企业的认同感。总之,只要高级人才没有真正入职并通过试用期,引进工作就没有真正结束。

4.3.4 加强猎头合作

在当今人才竞争日益激烈的社会,常规的招聘渠道和方法已经不能满足大多数企业的需求,因此,开辟猎头合作这种直接邀请人才进行交流的方式成为许多人力资源总监的选择。

1. 正确选择猎头公司

大大小小的猎头公司如雨后春笋般层出不穷,服务能力和水平也参差不齐。正确选择猎头公司,是人力资源总监进行猎头合作的首要工作。

评估一家猎头公司的优劣,不能只从规模、顾问数量和知名度等表面因素去考虑,而是应该侧重那些对企业影响更为深远的因素,如猎头公司的竞争策略、核心优势以及顾问水平等。具体而言,人力资源总监在选择猎头公司时,需要进行的准备工作有:

(1) 了解猎头公司的操作流程

人力资源总监在选择猎头公司之前,要尽可能了解猎头公司的操作流程是否规范、完善,以避免出现不必要的麻烦。一家正规的猎头公司,在进行人才猎取工作时必须遵循严格的程序:

第一,进行客户访谈,了解并分析企业需求。

第二,进行职位分析,进行需求界定。

第三,按照职位需求制定搜寻策略,开始寻访甄选。

第四,对候选人进行综合测评并筛选出适合人选。

第五,向企业推荐候选人。

第六,安排候选人进行面试,并协助面试工作。

第七,进行背景调查。

第八,开展薪酬谈判、协调工作。

第九,进行结算以及后继服务。

在上述过程中,每一步都是环环相扣的。任何一个环节的缺失,都有可能为猎头工作埋下隐患,对企业造成影响。

(2) 了解猎头公司的核心优势

一般而言,猎头公司都有比较擅长的行业,市场上一般有通信业猎头、物流猎头、快速消费品猎头、房地产猎头等各式各样的猎头公司,他们对自己所专注行业的知名企业、运作流程、业务模式、业内薪酬水平以及关键职位的工作要求等都有全面而又详尽的了解,更能够有的放矢地为企业猎取到合适的人才。因此,人力资源总监需要了解哪些猎头公司在本行业具有竞争优势,从而选择合适的猎头公司。

(3) 了解猎头公司的顾问水平

在猎头行业里,什么才是最为关键的?答案就是:猎头顾问。猎头公司是十分典型的依靠人才获胜的企业,因此,猎头公司是否拥有优秀的猎头顾问也是人力资源总监必须权衡的一个重要因素。

优秀的猎头顾问应该具备以下基本素质:

首先,具有良好的职业操守。职业操守对于从事任何一个行业的人都是必须具备的基本素质,对于猎头行业更是如此。一个猎头顾问最重要的职业操守就是诚信:对企业一方,不刻意包装候选人,不向企业提供虚假信息;对候选人一方,答应为候选人保密的内容一定不能对外透露;此外,还包括不恶意挖其他企业的墙脚等。

其次,对行业的深刻了解。只有对企业所处的行业有着深刻的了解,持有比较成熟的看法,猎头顾问才更容易了解客户的需求,能够为客户找到更符合要求的候选人。一是要有丰富的人脉资源。丰富的人脉是猎头顾问最重要的资源,这些资源是他们在多年的工作经验中积累起来的。猎头顾问掌握的人脉资源越多,猎取到合适人选的可能性就越大。二是要有良好的沟通能力。良好的沟通能力是猎头顾问必须具备的能力之一。猎头顾问只有具有良好的沟通谈判能力,才能用最短的时间发现人才并进行信息的传递,才能说服候选人接受客户的职位,才能与客户进行及时的交流和沟通。

(4) 了解猎头公司的成功案例

一家猎头公司的成功率往往能够直观地说明猎头公司的实力。人力资源总监要对猎头公司的成功案例进行分析,这样才可以对这家公司的规范程度、行事风格、竞争优势以及服务质量有更深入的了解。

除此之外,人力资源总监还可以向曾与猎头公司合作的企业进行咨询,以获得更加真实可靠的信息。一般来说,品牌企业在与猎头公司合作时都会设定比较严格的标准。那些能够与众多品牌企业保持长期合作关系的猎头公司,所提供的服务也相对可靠。

(5) 了解猎头公司的评估体系

对于猎头行业来说,一个完善而科学的评估体系是为企业找到合适候选人的前提。评估体系包括以下几个方面:

第一,对客户的评估。

第二,对职位需求的评估。

第三,对候选人职业能力和素质的评估。

第四,对候选人任职状况和适用效果的评估。

在寻访以及甄选人才的整个过程中,猎头公司的评估系统发挥着重要作用。人力资源总监在选择猎头公司时,要优先选择那些具有严谨而科学的评估体系的公司。

(6) 了解猎头公司的合作条款

企业与猎头公司之间的合作条款应该遵循公平与公正原则,同时保护双方的合法利益。企业选择适合自身的猎头公司和猎头顾问,建立起完善的高级人才招聘合作模式,与猎头公司保持长期的合作伙伴关系,是双方合作的开端。走好了第一步,接下来的路才能够更加顺畅。

2. 采取合适的合作策略

在与猎头公司合作的不同阶段,人力资源总监需要采取不同的策略。

(1) 第一阶段:对猎头顾问进行培训

在合作之初,人力资源总监首先应该对猎头顾问进行适当的培训,使他们对企业的文化、发展历程、人才标准以及招聘职位的工作职责等内容进行充分的了解,从而使猎头顾问能够找到最适合企业的人才,提高猎取人才的成功率。人力资源总监应尽可能为猎头顾问争取到在企业进行实地考察的机会,使猎头顾问能够直接接触到相关职位的管理者,从而更准确地了解企业的人才需求。对猎头顾问的培训还能够增加企业与猎头公司之间的认同感与融合度,为双方以后的合作打下良好的基础。

(2) 第二阶段:建立对接,明确需求

在对猎头顾问进行培训之后,双方就进入了初期合作阶段。在这一阶段,人力资源总监和猎头顾问需要建立对接。人力资源总监要向猎头公司明确提出企业的要求以及期望,猎头顾问则开始进行需求界定以及招聘职位分析,制定搜寻策略并开始寻访甄选,对候选人进行初试、综合测评等一系列工作。

在第二阶段,有可能会出现招聘停滞的状况,这可能是两个原因导致的:其一是猎头顾问在寻访候选人的过程中遇到了拦路虎,工作无法进行下去;其二是企业的人才需求出现了变化,需要进行相应的调整。为了应对这种状况,人力资源总监需要加强与猎头顾问的沟通,给予猎头顾问相应的支持并和他一起寻找解决的方法。

在人力资源总监与猎头顾问进行合作的过程中,若人力资源总监对猎头顾问推荐的人才质量不满意,可以要求猎头顾问对候选人进行更为严格的筛选和把关之后再进行推荐;如果人力资源总监对猎头顾问进行人才推荐的效率不满意,那么,可以要求猎头顾问加快人才推荐的速度,并对此进行跟踪反馈。

(3) 第三阶段:互相配合,进行薪酬谈判

纵观招聘的过程,薪酬谈判阶段尤为重要,这是关系企业利益的一个重要阶

段。在这一阶段,人力资源总监和猎头顾问应该互相配合,确定一个使企业和候选人双方都满意的薪酬标准。

若人力资源总监不方便与候选人直接进行薪酬谈判,则需要借助猎头公司来进行信息传递,使猎头顾问站在第三方的位置上来推动谈判进程,帮助企业以最低的成本猎取到最合适的人才。尤其是当企业所能提供的待遇与候选人的要求出现分歧时,猎头顾问应该做好"圆场人",策略性地与候选人进行沟通,从而实现企业的期望。

(4) 第四阶段:顺利度过服务保证期

在候选人被录用并办理入职手续之后,一般有3~6个月的服务保证期,即试用期。在这一阶段,人力资源总监应该与猎头公司进行配合,帮助候选人更快更好地融入企业环境,适应工作岗位,确保候选人顺利地度过服务保证期。

在企业与猎头公司的合作中,只有采取正确的合作策略,才能使人力资源总监与猎头公司成为战略伙伴,从而建立起长期而稳定的合作关系,使企业的高级人才招聘工作步入正轨。

第 5 章

操练兵马：有效的员工培训和职业生涯规划

员工是酒店的财富，真正理解这句话的管理者的确能够把员工变成财富，但是不理解这句话的管理者不仅不能把员工变成财富，反而和员工对立，做不好工作。本章内容的学习，帮助我们了解员工培训的概念、特点及意义；掌握酒店各种员工培训类型的特点、内容和方法；掌握酒店员工培训的执行程序；理解酒店员工的职业生涯开发与规划的重要性。

5.1 构建员工培训体系

5.1.1 分析员工培训需求

培训是企业为了培养人才队伍而进行的一种投资，培训是否能够达到预期的效果，一定程度上取决于企业是否进行了周密的培训需求分析。人力资源总监在企业内部开展员工培训之前，需要对培训需求进行科学分析。

在整个培训流程中，培训需求分析作为第一个环节，这项工作既是人力资源总监确定培训目标、制定培训规划的前提条件，也是设计培训内容、对培训效果进行评估的基础。因此，培训需求分析的有效性对整个培训起着十分关键的作用。准确的培训需求分析不但能够为企业培训体系的建设提供依据，而且也有利于推动酒店员工的职业发展。相反，如果人力资源部门事先不进行员工培训需求分析，就会导致企业培训目标模糊，甚至会导致人力资本投资失败，使酒店造成大量的资源浪费。

1. 培训需求分析的参与者

酒店之所以会产生培训需求,有三方面的原因:一是各个层次的员工随着工作难度的增加逐渐产生了提高自身技能与素质的需要;二是酒店中各个特定职能部门随着业务的发展也产生了培训的需要;三是酒店作为一个组织整体,为了获得更大的竞争优势,在市场上立于不败之地,也需要进行培训。

这就决定了企业培训内容和形式的多样化,并且各自具有不同的特点。也正因如此,培训需求分析的参与者也各不相同。

(1) 员工

酒店开展培训工作,培训对象就是每一位员工。因此,在进行培训需求分析时,人力资源总监首先要号召每个员工参与其中,要了解他们希望提升自己哪方面的能力,要清楚他们在实际工作中遇到的难题,等等,这样能够使培训有的放矢,同时人力资源总监也能与员工进行交流、沟通,使培训工作得到员工的支持,受到员工的欢迎。

(2) 人力资源部门

人力资源总监带领人力资源部门的员工开展培训需求分析工作,因此,人力资源部门也是培训需求分析的参与者之一。人力资源部门对企业的人力资源使用、配置情况了如指掌,掌握了许多与本企业员工能力素质、知识水平、工作技能以及工作要求相关的信息和资料,同时人力资源部门对于每个岗位需求的变化也最为了解,在分析培训需求时,这些信息能够发挥很大的作用。

(3) 管理者

管理者在长期的管理工作中,能够清楚地了解员工的优、缺点,所以他们能够帮助人力资源部门制定培训目标、明确培训内容。

(4) 有关方面的专家

人力资源部门在分析培训需求时,不妨邀请一些相关方面的专家,让他们参与到培训需求分析的过程中,用他们特有的专业知识以及丰富的行业经验来对培训需求进行深入的分析。这将会使培训需求分析工作事半功倍。

(5) 客户

酒店所服务的对象就是客户,客户作为酒店外的人员,能够从旁观者的角度客观地看待酒店中存在的问题,分析酒店有何欠缺之处,这有利于培训项目的设计。

【案例 5.1】 从服务员品尝菜肴中看出的培训

豪华的中餐厅里,灯火辉煌,大大小小的餐桌摆台就绪。迎宾小姐伫立在餐厅口,恭候客人。

情景一：两位客人在一只小方桌前坐下。服务员递上菜谱，客人开始点菜："先来冷盘。这'家乡咸鸡'是什么鸡做的？是农民喂养的土鸡，还是饲养场买来的肉用鸡？""不知道，我没吃过。"服务员老老实实地回答。

情景二："'佛跳墙'是什么菜？怎么这么贵？"客人指着菜谱问道。"好的东西都放在瓦罐里煲，很鲜的。"服务员总算比较含糊地回答了问题。"那海鲜'佛跳墙'与'迷你佛跳墙'有什么区别？"客人要有所选择。服务员噎嚅了。客人不悦地对服务员说："算了，算了，你讲不清楚，我们也怕白花冤枉钱，那就点别的菜吧。"

情景三："再来两碗小刀切面，不要汤水，有什么调料可以用？"服务员借机推销："我店新推出的 X.O 酱，味道很好。""X.O 不是酒吗？怎么变成了酱？"客人感到新奇。"这是新产品，您试试，开开眼界。"服务员对客人循循善诱。客人还是打破沙锅问到底："X.O 酱是什么玩意儿？""当然是用 X.O 酒配制成的喏！"服务员胡诌一气。待酱端上来，客人一看，有红油有辣子，不吃了。他训斥服务员："根本没 X.O 酒，我不吃辣的，退掉。"服务员态度还算好，颇有几分冤屈："我从来也没吃过，自然不知道是什么味。"

情景四：最后客人还要上些水果，菜牌上有新奇士橙和新会橙两种，但价格差别很大。客人又提出疑问。服务员答道："'新奇士'是进口的，新会橙是国产的。""进口的？哪国进口的？进口也不该那么贵！"显然，服务员简单的回答并没有说服客人。"哪还是吃西瓜吧。西瓜总不会进口的，免得被宰。"由于不放心，客人改变了主意。

从上述可见，餐厅服务员对菜肴的知识十分贫乏，不是一问三不知，就是错误百出。问题出在培训上。许多酒店上岗培训结束后，没有再搞与工作实践紧密结合的业务培训。没有业务知识，就没有服务质量，客人不会满意，酒店好的产品卖不出去，也就产生不了好的效益。

培训是酒店培养高素质员工的重要途径，是提升酒店核心竞争力的重要手段。员工培训是酒店人力资源管理的一项重要工作内容，任何酒店都应该重视员工培训工作。美国《管理新闻简报》中发表的一项调查指出：68％的管理者认为由于培训不够而导致的低水平技能正在破坏酒店的竞争力，53％的管理者认为通过培训明显降低了酒店的支出。随着酒店行业的竞争日趋激烈，我国酒店逐步加大了在培训上的投资。但是，从我国酒店培训的现状来看还存在许多问题。由于大多数酒店缺乏对培训的理性认识和战略眼光，导致出现酒店员工流失严重、服务质量下降、客源流失、替换与培训成本加大等问题。

下面我们模拟以上情景，进行品尝培训。

酒店可以请餐饮部经理、厨师长和优秀服务员经常给服务员上课，必要时，让他们聚在一起品尝。在品尝的同时，又给他们讲授知识，这种现场品尝式的培训效果特别好。

服务员们围坐一桌,厨师长、餐饮部经理和特级服务师先后进行讲解。

"这种'家乡咸鸡'用的鸡,都是从农民家中收购来的三斤左右一只的公鸡,味道鲜。腌制的配方是丁师傅自己研究出来的,口感咸中透出清香。现在做咸鸡的酒店、餐厅很少,我们不自卖自夸,你们有机会可以到别处去品尝一下。

"'佛跳墙'由许多珍贵的原料烹炖而成。因为其香味诱人,以致和尚也忍不住跳过墙去偷吃。近年来,海鲜盛行,我们在原来鱼翅、海参、干贝、香菇等主料的基础上,又增加了新鲜的鱼、虾、贝、蚌等,内容更丰富,共有18种原料组成。价钱当然也就贵喏,要卖到138元一盅。有时候,客人消费水平不太高,或是有些大型会议要人人尝一口,于是我们推出了较为大众化的'迷你佛跳墙',原料在品种和数量上有所减少,但用的汤还是原汁炖出来的。卖价只有78元一盅。这样讲'佛跳墙',客人就明白了,容易推销了。"

"这是X.O酱。小心辣。辣度是根据客人要求调制的。今天故意做得辣一点,给大家印象深一点。"厨师长幽默地介绍着,"X.O酱与X.O酒毫无关系。它是用日本瑶柱、金华火腿、高汤和香辣酱放在一起妙制而成,其香无比,拌煎食品,可以令人胃口大开。"

"'新奇士'是英文Sunkist的译名,它是世界上最有名的橙子,产于美国加利福尼亚州。由于加州四季阳光明媚,日照充裕,土壤肥沃,尤其是具有适于柑桔生长的养份,因此得天独厚,那儿的橙桔果大味浓,质量最好。你们看,每个橙个头一样大小,上面盖有Sunkist的印章。这种'世界第一'的橙子当然卖得贵喏。新会橙是我国广东省新会市的产品,在国内是'名牌产品',并有出口。其味甜、浓、醇,是我国橙桔类上品。如求实惠,倒是选新会橙好。若是讲究派头,讲究名牌,那就选'新奇士'。这就要求服务员察颜观色,恰如其分地推销了。"

厨师长讲完,指着餐桌中央的橙子说:"好,饭后每人一个'新奇士',一个新会橙,尝好滋味后谈感想。"全体服务员欢声笑语,热烈鼓掌。

从以上案例可以看出,酒店人员培训是酒店成功的必由之路,培训也是酒店发展的后劲之所在,没有培训就没有服务质量,没有理由不培训。培训也是管理,是按照一定的目的,有计划、有组织、有布置地向员工灌输正确的思想观念,传授工作技巧,管理知识和技能的活动,有助于酒店经营目标的实现。酒店作为职业培训的受益者,应通过转变观念,充分认识到培训将带给酒店的益处,从而增加培训投入。

2. 培训需求分析的步骤

分析培训需求其实并不难,人力资源总监只要遵循如图5-1所示的三个步骤就可以将这个工作顺利完成。

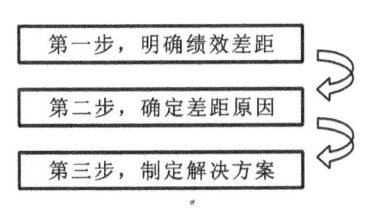

```
第一步，明确绩效差距
       ↓
第二步，确定差距原因
       ↓
第三步，制定解决方案
```

图 5-1　培训需求分析的步骤框图

(1) 明确绩效差距

人力资源总监之所以需要对员工进行培训，是因为企业的员工与同行业中其他企业的员工相比较存在差距，或者企业内员工之间存在着明显的绩效差距。这种绩效差距会导致企业的工作效率越来越低，竞争力日益下降，甚至逐渐落后于竞争对手。因此，分析培训需求，第一步就是寻找绩效差距，明确问题所在，从而了解企业需要进行改进的目标，进而确定是否可以通过培训的方式来消除这种差距。

绩效差距的查找与明确可以通过三个环节来完成：第一，对企业各个岗位或部门要求员工具备的工作技能、知识水平、能力素质进行分析，即明确最适合的知识技能标准或模式。第二，对员工在实际工作中所欠缺的知识、能力、素质进行分析。第三，找出当前员工在工作技能、知识水平、能力素质，以及理想状态下应具备的能力、知识之间的差距，并进行分析。

上述这三个环节环环相扣，但在进行分析时应该保持每个环节的独立性，从而确保分析结果的合理性。

人力资源总监可以通过以下两种途径来获取有关绩效差距的信息：

途径一：部门经理。

部门经理直接负责业务部门的管理，对部门员工的情况十分了解，也最容易看到本部门员工在绩效方面存在的问题。人力资源总监只要为部门经理提供一定的工具，就能使他们从日常管理工作中提取出有关绩效差距的信息。

人力资源总监可以为部门经理提供绩效差距提问表，先分发给各个部门经理一份培训候选人的名单，将需要进行了解的信息一一列出，然后由部门经理进行填写。这样可以帮助部门经理和人力资源部门及时发现存在绩效差距的人员，了解绩效问题的根源、性质以及严重程度等信息。

途径二：员工。

员工是最直接的信息来源。对于工作中存在的问题和阻力，每个员工自身最清楚。因此，通过员工来了解绩效情况能够获得最真实的信息，这些信息对于绩效差距的界定有着十分重要的意义。具体方法：人力资源总监可以通过部门经理向每个员工发放培训申请表，由员工根据自己在工作中的实际情况进行填写，然后交给部门经理;部门经理对员工填写的信息进行初步审核,并补充其他的相关信息,最后提交到人力资源部门。

在进行绩效差距的查找过程中,人力资源总监要一直与员工、部门经理等参与者保持沟通,要善于从大量的信息中提取出最有价值、可以利用的信息。

(2) 确定差距原因

明确绩效差距,是培训需求分析的一个开端。接下来人力资源总监要做的工作就是分析出现绩效差距的原因,为制定解决方案提供依据。

绩效差距出现的原因是多种多样的,有的绩效差距是由于企业的工作环境而导致,有的绩效差距则由于技术设备存在一定的缺陷而导致,还有的绩效差距是因为企业内部缺乏激励机制而导致。人力资源总监要清楚,只凭培训的方式不可能消除所有的绩效差距,那些并非由于员工自身的性格或能力不足而导致的绩效差距,往往难以通过培训的方式改变。

因此,在这一步中,人力资源总监需要对搜集来的绩效差距信息进行认真的思考和剖析,判断出现差距的真实原因,最后根据实际情况决定是否需要进行培训。

(3) 制定解决方案

确定了绩效差距的原因以后,人力资源总监可以对培训需求有一个充分的掌握,然后就需要找出消除这种差距的方法。大部分绩效差距都能够通过培训或非培训的方式来进行弥补。绩效差距产生的原因不同,解决的方案也会有所区别。

人力资源部门之所以要对员工培训需求进行分析,主要目的是对员工进行更有针对性的培训,提高酒店的绩效。一个好的培训需求分析能够使人力资源总监从中获得一系列的分析成果,确立培训内容,制定出最有效的培训战略,安排最科学的培训课程。值得注意的是,在正式培训开始之前,人力资源部门应该建立起一个通用的标准,然后用这个标准来对培训项目的有效性进行评估。

5.1.2 制定并实施培训计划

培训需求分析是培训过程的第一步,培训需求分析的结果是制定培训计划的依据。

培训计划就是对一定时期内(年、季、月、周)将要进行的培训工作事先进行的安排。在进行员工培训时,一个完整而又合理的培训计划能够为培训工作提供可靠的依据。因此,制定和实施培训计划是人力资源管理工作中不可或缺的一个环节。

培训计划是指以企业的人力资源战略规划为指导,充分考虑企业的发展目标以及内部文化氛围,根据企业人力资源的实际情况,对年度、季度以及月度的培训工作进行详细而科学的规划,明确培训时间、培训地点、培训的实施者与参与者,并对培训经费进行初步预算的过程。

培训计划的制定和实施建立在员工培训需求分析的基础之上,人力资源总监需要对员工的实际需求以及培训经费的预算进行充分地考虑与权衡,对各种培训方案进行比较与选择,从而制定出最适合本企业的培训计划,以满足企业经营管理的需求,促进企业的发展。

1. 培训计划的类型

按时间分类通常可以分为长期培训计划和短期培训计划,两种培训计划各有利弊。

(1) 长期培训计划

长期培训计划的时间跨度较长,通常以3~5年为期限。长期培训计划的重要性在于可以确定培训的方向性,明确目标与现实之间的差距,了解资源的配置,这三项是影响培训最终结果的关键性因素,人力资源总监应对其特别关注。

人力资源总监在制定长期培训计划时,应该明确的主要事项如表5-1所示。

表5-1 长期培训计划需明确的事项

序 号	事 项 内 容
1	企业的长远目标
2	员工个人的长远目标
3	企业外部环境的发展趋势
4	目标与现实的差距
5	人力资源开发策略
6	培训策略
7	培训资源配置
8	培训资源的需求
9	培训内容整合
10	培训行动步骤
11	培训效益预测
12	培训效果预测

人力资源部门可以按照以下程序制定酒店的长期培训计划:

第一,确立培训目标。

人力资源总监首先在企业中对员工的培训需求进行调查,通过需求分析将企业培训的一般需求转化为培训的总体目标,比如通过员工培训的需求,了解各项生产经营目标以及企业管理水平的提升程度。

第二,研究企业的发展动态与趋势。

人力资源总监要与相关部门的负责人一起对企业的生产、销售计划进行研究,了解企业的发展动态与趋势,从而判断应该如何通过培训来完成企业的生产经营指标。一项生产经营目标是否能够达成,主要取决于承担这个工作的员工,该员工是否能够正确而有效地完成任务,关系着目标是否能够达成。而员工能否胜任自己的工作,又受到自身的知识、素质与技能的影响。通过这一步,人力资源总监就可以对企业预期达到的各项业务目标进行检查,从而明确员工培训的内容。

除此之外,人力资源总监还要通过研究企业的发展动态与趋势,找到企业在业务方面存在的不足,了解需要进行整改的内容,明确修补缺陷应采取的培训方式。

第三,根据培训的目标对培训内容进行分类。

由于培训目标不同,人力资源总监在设定培训的内容上也会有所差异。比如,要进行与企业生产经营目标相关的培训工作,人力资源总监在制定培训内容时就应该侧重业务方面的指导;要开展以提高企业管理水平为目的的培训工作,就应该以丰富管理知识作为培训内容。由此可见,根据培训的目标对培训内容进行分类,能够对各项培训活动的设计提供有效帮助。

第四,设计培训课程。

人力资源总监可以依据培训目标、培训内容,进行培训课程的设计。在培训计划中,要对各类培训活动的课程进行安排,将培训活动的细节列成清单,比如列出培训科目、培训时间、培训地点、培训方法等。

在设计培训课程时,人力资源总监要控制培训范围,避免项目培训课程发生重复,造成资源的浪费。

第五,进行培训成本的初步预算。

培训预算是人力资源总监在制定培训计划时,对各项培训方案以及管理培训方案的总费用进行的初步估算。这个预算可以根据培训计划中各项培训活动所耗费的经费、器材和设备的成本、教材、教具、外出活动以及专业活动的费用来进行预测,在培训过程中对成本进行有效的控制。

(2)短期培训计划

相对于长期培训计划来说,短期培训计划的时间跨度比较短,一般控制在一年以内,短期培训计划是针对不同部门和内容的培训活动以及课程的具体计划。人力资源总监在制定短期培训计划时需要衡量两个要素:一是可操作性,二是培训效果。再完美的培训计划,如果没有得到贯彻与落实,也只能是空中楼阁。

在短期培训计划中,人力资源总监需要明确的主要事项如表 5-2 所示:

表 5-2 短期培训计划需明确的事项

序　号	事项内容
1	培训时间
2	培训地点
3	培训目标
4	培训对象
5	培训人员
6	培训内容
7	培训方式
8	培训组织工作的分工和标准
9	培训资源的具体使用
10	培训效果的评价

制定短期培训计划可以遵循以下步骤:

第一,确立培训目的——即培训计划实施以后,能够在企业中发挥的作用。

第二,设计培训计划的大纲以及时间安排——为短期培训计划框定基本结构,进行详细的时间安排。

第三,拟定训练课程表——明确培训课程、培训方式等,使员工可以事先进行学习准备。

第四,制定控制措施——人力资源总监可以运用各种各样的控制方式,比如利用登记、例会汇报、流动检查等方式,来监督培训计划的进展。

第五,对培训进行评估——根据培训员工的工作表现以及命题作业、书面测验、培训报告等各方面来综合评价培训效果。

在短期培训计划中,最为常见的是年度培训计划。人力资源部门在年底对这一年的培训工作进行分析、总结,然后根据企业当前的经营情况和未来的发展趋势,制定出下一年度的培训计划,为培训工作的开展提供参考标准,并在实践过程中不断对培训计划进行细化、修改以及完善,从而提升培训效果。

2. 培训计划的内容

培训计划是酒店培训工作的实施依据。完善的培训计划有助于培训工作的顺利开展,有助于培训涉及的各部门和人员更清晰地掌握培训的要求。

(1) 培训项目名称

培训项目名称是对将要开展的培训工作性质的高度概括,培训项目名称能让大家对于培训的主题有一个直观的认识。比如,××酒店新员工培训方案等。

(2) 培训目的

培训目的是培训工作的努力方向,也是检验培训效果的考核标准。

(3) 培训需求

培训需求应明确为什么要开展相关的培训,让参与培训的人员在思想上能重视培训工作。

(4) 培训对象及要求

培训对象及要求是指参加相关培训项目的人员构成,包括部门、岗位、学历以及参加培训活动的纪律、服装、装备等要求。

(5) 培训内容

培训内容这是培训计划的核心,是培训部门解决相关问题的工具。

(6) 培训方法

培训方法需列明培训的作息时间、课时的安排、地点、教材、训练的方法及教具等内容。

(7) 培训师资

培训师资应明确培训计划中每个培训项目的培训教师由谁来担任,是外聘教师还是内部人员。

(8) 培训考评方式

培训考评方式方式规定每个培训项目实施后,酒店对受训人员采取的考评方式。

3. 制定培训计划的步骤

饭店培训计划的制定过程一般可以划分为三个阶段:

(1) 需求分析阶段。

(2) 要素确定阶段。

比如,培训目标、指导思想、培训对象、培训项目、培训方式、经费预算、培训管理等要素。

(3) 汇总成文阶段。

4. 培训计划的实施

通过培训需求分析得到的材料,据此制定培训计划、培训方案和培训大纲,然后进入培训准备和培训计划实施阶段。

不管是哪种培训计划,其实施过程都包括以下几个基本要素:

(1) 培训目标的设立

制定培训计划时,首先要确定培训目标。培训目标就是通过实施某项培训项目,要达到的目的。如开展英语培训,就是为了提高受训人员的听、说能力。这个目标就太笼统,培训的效果不明显,无法检验,因此在制定培训计划时目标越具体,培训效果越明显。

（2）培训形式的确立

酒店内培训形式很多,如实地培训、函授课程、高校培养、内部培训和员工自学等,合理科学地选择培训形式才能达到培训目的。

（3）培训方法的选择

选择不同的培训方法,是为了帮助实现教学目标。教师要根据不同的培训对象、培训内容等选择不同的培训方法和技巧,以达到预期的培训效果。成功的培训应该选择最合适的培训方法。

（4）培训设备和地点

根据培训的内容及形式选用培训设备。培训设备选择包括培训房间的选择、座位的布置、培训教具的选择等。在培训方案中要详细地写明准确的培训地址,以便受训者能方便地找到培训的所在地。

（5）后勤安排

在培训通知上应清楚地告知受训者所能提供的设施情况。如住宿、交通、课题资料以及膳食供应,同时培训的开支和经费也需注明。

（6）培训时间

培训何时开始,需要多长时间完成,何时结束,以及报到、离开的期限都应在计划中清楚地说明,以避免发生迟到等其他不守时的现象。

（7）教师的选择

师资优劣是决定培训工作成败的重要因素,每次培训的师资必须谨慎选择,培训教师应是业内相关学科的专家。本酒店不能解决的师资,应向外界聘请。

（8）受训人员的选择

选择什么样的人员来参加培训,是管理层的人员参训还是操作层的人员参训,都要明确界定。

（9）培训经费预算

培训经费包括:场地费、交通费、课时费、餐饮费、住宿费、教材费、茶水费、设施费、文具用品费、服务费等。

5.1.3 确定酒店培训内容和培训方法

虽然企业的每个员工都需要培训,而且大多数接受培训的员工都能够从中获益,但是由于企业在人力资源方面的预算以及投资是有限度的,不可能提供大量的人力、资金以及时间来进行长期的培训。因此,在培训时,人力资源总监应该进行妥善的安排,要有目的地确定人才培训计划,根据企业的实际需求来挑选接受培训的员工。

一般来说，在企业中，需要进行培训的员工主要有三种：

第一种，需要对目前的工作进行改进的员工。培训能够使这些员工更加了解自己的工作，提升自身的技术。

第二种，具有一定的工作能力，并且企业要求迅速掌握另一门技能的员工。培训可以使这些员工能够更好地完成接下来要面对的复杂工作。

第三种，拥有潜力的员工。培训能够挖掘这些员工的潜力，为他们进入更高的职位奠定基础。

1. 确定酒店培训内容

不论是一般服务员，还是酒店管理人员，以下几项是必不可少的培训内容，也可以称之为酒店的基础培训。

（1）文化知识培训

为了服务好客人，使客人产生宾至如归的感觉，文化知识的培训对员工素质的提高起着至关重要的作用，特别是有关旅游和酒店的基本知识更进一步地影响着酒店服务质量的提高。一名合格的酒店员工必须掌握丰富的文化知识，包括政治知识、经济知识、历史知识、地理知识、国际知识、语言知识、法律知识等方面。从而可以使酒店员工在面对不同的客人时能够塑造出与客人背景相应的服务角色，与客人进行良好的沟通。

（2）岗位职责培训

岗位职责培训是员工培训的主要内容，这项培训直接关系到各项服务工作能否依照标准完成，并保证顾客满意。其内容包括：

① 本岗位的职能、重要性及其在酒店中所处的位置。

② 本岗位的工作对象、具体任务、工作标准、效率要求、质量要求、服务态度及其应当承担的责任、职责范围。

③ 本岗位的工作流程、工作规定、奖惩措施、安全及国家行政机关对相应行业的管理规定。

④ 本岗位工作任务所涉及的酒店相关的硬件设施、设备工具的操作、管理，机电等设备、工具的使用，应当知原理、知性能、知用途，即通常所说的"三知"；另外还应当会使用、会简单维修、会日常保养，即"三会"。

⑤ 掌握酒店软管理措施，如相关票据、账单、表格的填写方法、填写要求和填写规定。

（3）服务态度和职业道德培训

树立正确的服务态度和职业道德观对于酒店员工来说是非常重要的，这一举措不仅能有效地防止酒店员工在工作中的消极行为，而且有助于使酒店员工的工作变得更有针对性和更有意义。例如,有的员工认为酒店是专门给人赔笑脸的行业,地位低下,工作起来没干劲,这是一种非常消极的从业态度。酒店员工确实应当对客人笑脸相迎,这是酒店的服务业性质所决定的,也是人与人之间起码的表达尊重的方式。但对客人笑脸相迎并不意味着酒店员工就低人一等,而是让客人在酒店有一种宾至如归的感觉,让客人感觉到酒店对他的欢迎,态度的友好与热忱。

(4) 礼貌礼节培训

第一印象对人际交往的建立和维持是非常重要的,给人记忆最深的常常是第一次接触所留下的印象。而仪表、仪态的优美,真诚的微笑,无微不至的礼貌则是给客人留下美好第一印象的关键。

【案例 5.2】 希尔顿对礼貌的重视

希尔顿酒店集团每年在员工培训上要花费数十万美元,这说明他们特别重视员工的资产价值,他们的广告主题是:每两个客人有两个希尔顿服务员。根据希尔顿酒店的培训计划,酒店管理的成就,93%是礼貌,7%是知识和技能。总经理每天都应去各个部门查看,以表示对员工、对工作的关心,起到鼓励员工的作用。希尔顿酒店的培训计划认为,礼貌不是经理要求出来的,都出自内心。换言之,总经理应以身作则,成为礼貌的表率。

希尔顿的每家酒店都设立了一个礼貌委员会,由总经理、副总经理和人事部部长等成员组成。在部门会议上常以旅客关系进行讨论,示范说明如何处理,并放映相关电影。如告诉员工如何有效地使用电话,如何通过个人行为体现公司形象,以及如何同心协力做好本部门工作,加强部门之间的合作。酒店要求员工机智灵活,如有时要主动询问旅客需要,有时应完全按客人要求去做,使他们得到最大满足。

2. 选择酒店培训方法

一名优秀的培训从业人员能够利用不同的教学方法来教学,而且能根据不同课程的特点,不断调整其教学方式,以满足不同课程的要求。为了找到适合在酒店培训的最佳方法,需要解决以下几个问题:到底有哪些方法?为什么要选择这些方法?它们的优点和缺点是什么?如何科学地进行选择?培训的最主要目的就是改变受训员工的行为,包括工作态度、专业知识与业务技能三个方面。而为达到这个目的,最重要的就在于培训方法的选择。这里简要介绍与酒店培训密切相关的一些方法。如表 5-3、表 5-4 所示。

(1) 课堂讲授法

课堂讲授是指教员向学生就某一专门问题进行正式谈论,是以"讲"为主的一种教学方式,也就是教员向学生单向灌输。

课堂讲授法是传统模式的培训方法。酒店培训中,经常开设的专题讲座形式就是采用课堂讲授法进行培训,适用于向大群学员介绍或传授某单课题内容。培训场地可以选用教室、餐厅或会场。教学资料可以事先提供给学生,在讲课时采用一些适宜的直观教具让学员的视觉也活动起来。在教具选择上,可以用图画、广告、模型、物品、标本、图表、幻灯片、磁带、电影等多媒体来说明所讲授的内容。酒店培训,采用这种方法,特别要考虑如何使受训员工自始至终保持学习兴趣,以致全神贯注。这就要求授课者对课题有深刻的研究,并对学员的知识、兴趣及经历有所了解。这种培训方法的重要技巧是要保留适当时间进行培训员与受训员工之间的沟通,用问答形式获取学员对讲授内容的反馈。其次,授课者表达能力的发挥、视听设备的使用也是有效的辅助手段。

酒店培训采用课堂讲授法较为普遍,其优点是不受学员数量的限制,比较省时,可以根据学员学习程度适当调节讲授内容,并随时调节教学气氛。其缺点是学员处于被动的位置,受训员工不能主动参与培训,员工只能从讲授者的演讲中,做被动、有限度的思考与吸收,不能保证每个学员都能听懂所讲授的内容。这种方法适宜于对酒店一种新政策或制度的介绍与演讲、引入新设备或技术的普及讲座等理论内容的培训。

(2) 分组讨论法

分组讨论法是对某一专题进行深入探讨和分析的培训方法,其目的是为了解决某些复杂的问题或通过讨论的形式使众多受训员工就某个主题进行意见的沟通,达到观念看法的一致。例如,酒店对"如何处理客人投诉"这个专题的技术培训就可以用分组讨论法进行。

采用分组讨论法培训,必须由一名或数名指导训练的教师担任讨论会的主持人,对讨论会的全过程实施策划与控制。参加讨论培训的学员人数不宜超过25人,也可以分为若干小组进行讨论。分组讨论法培训的效果,取决于培训员的经验与技巧。讨论会的主席,要善于激发学员踊跃发言,例如不时地用语言来提醒大家,"我们讨论到哪了?""我们已经讨论多少内容了?"以及"我们已经找到答案了吗?"通过问题来引导学员的想像力自由发挥,增加群体培训的参与性,还要控制好讨论会的学员对讨论结果有较统一的认识。

分组讨论法培训的优点是可以让每位受训人员都参与讨论并得到锻炼和提高,学员能够积极主动思考问题,能产生许多有创造性的想法,学员能培养出尊重别人观点的良好习惯。其缺点是参与人员数量不能过多,比较浪费时间,讨论过程难以控制,讨论后学员所掌握的知识培训员无法得知。

(3) 案例分析法

案例分析是指对某一典型性的事例进行分析和解答,是一种类似于集体讨论方式进行培训的方法。案例分析的教学方式实质上就是通过学员自己的分析和有效的小组讨论来引导学员的思路,以达到正确分析问题、解决问题的一种技术。案例分析法的特点在于:研讨不仅是为了解决问题,还侧重于培养受训员工对实际问题的分析判断力及解决能力。案例讨论可按以下步骤开展:发生什么问题→问题是因何引起的→如何解决问题→今后采取什么对策。

案例分析适用对象是酒店的中层以上管理人员,目的是训练他们良好的决策能力,帮助他们学习如何在紧急状况下处理事件,在酒店日常经营中,突发性事件屡有发生,经营与管理人员如何处置应变,直接关系到酒店的服务质量和信誉,案例分析培训法不失为模拟训练的一种方法。

(4) 角色扮演法

角色扮演法又称职位扮演法,是一种非正式的表演,不用彩排,也是一种模拟训练方法。该方法通过学员自发地参与各种与人们工作有关的问题,扮演多种角色。通过这种方式去体验客人的感受,通过别人的眼睛去看问题,或体验别人在特定的环境里会有什么样的反应和行为。这种培训方法多用于改善人际关系的训练中,人际关系上的感受常因所担任的职位不同而异,如主管与属员间,销售人员、服务人员与客人间,领班与服务人员间,由于所任的职位不同,感受与态度也常不同,如主管总觉得属员工作不够勤奋,属员总感觉主管管制太严;销售与服务人员总觉得客人过分挑剔,客人会感到服务人员不够礼貌或缺乏耐心;领班常感到服务员想偷懒,服务人员会觉得领班不够人情味,等等。为了增加对对方的情况了解,职位扮演法训练中,常由服务员扮演客人的角色,进入模拟的工作环境中,让服务人员亲自体验作客人的感受,以客人身份评论服务人员的工作表现,获得对客人需要的理解,进而改善与客人之间的关系,达到提高服务质量的培训目的。

采用扮演法培训时,扮演角色的受训员工人数有限,其他受训员工则要求在一边仔细观察,对角色扮演者的表现用"观察记录表"方式,对其姿势、手势、语言等项目进行评估,以达到参与培训效果。观察者与扮演者轮流互换,使受训者都有机会参加模拟训练。

(5) 操作演示法

操作演示培训法是在酒店的岗前培训中被广泛采用的一种方法,适用于较机械的工作,例如餐厅、酒吧服务员的摆台,上菜调酒或客房服务中铺床、清扫等事务操作训练。培训可以在模拟餐厅、酒吧或客房中进行,也可以在酒店的工作实地开展。这种部门专业技能训练的通用方法,一般由部门经理管理员主持,由技术能手担任培训员,在现场向受训员工简单地讲授操作理论与技术规范,然后进行标准化的操作示范表演,学员则反复模仿实习,经过阶段时间的训练,使操作逐渐熟练直至符合规范程序与要求,达到运用自如的程度,培训员在现场作指导,随时纠正错误表现。这种训练方法有时显得简单而枯燥,培训员可以结合其他培训方法与之交替进行,以增强培训效果。

(6) 管理游戏法

管理游戏法这种培训方法因其参与性较强,培训的气氛较好,得到成人学员的普遍认可,一般用来培训员工的团队精神、创新精神和方法、发现问题和解决问题的能力、开发学员潜能等方面。采用管理游戏法进行培训,对象是酒店较高层次的管理人员,是当前从国外引入的一种较先进的高级训练方法,与案例研讨法相比较,管理游戏法具有更加生动、具体的特征。案例研讨的结果,受训员工会在人为设计的理想化条件下,较轻松地完成决策,而管理游戏法则因游戏的设计使学员在决策过程中会面临更多切合实际的管理矛盾,决策成功或失败的可能性都同时存在,需要受训人员积极地参与训练,运用有关的管理理论、原则、决策与判断力对所设置的种种遭遇进行分析研究,采取必要的有效办法解决问题,争取游戏的胜利。

管理游戏法的优点是学员的参与性强,游戏的趣味性吸引学员的积极参与,寓教与乐的同时可以激发学员的创新精神和潜在能力。其不足是开发游戏的时间较长,难度较大,占用学员的时间较多,游戏过程要及时控制,否则就流于形式,要求培训教师具有较高的分析讲解能力和现场教学的能力。

在理论和实践中,有关培训方法还有很多。培训者应该认识到,没有合适的方法,人才培训就找不到途径和工具,也就达不到预期的目标。但是任何方法都不是万能的,培训者的态度和责任应该是:认真学习、慎重选择、灵活使用、创新开发。在实际应用中,要广泛学习和了解各种培训方法的特点和效果,根据具体目标合理选择与之相适应的培训方法,在培训效果相似时要选择简单、易行的方法,在原有的基础上要善于改造创新,开发新的培训方法。

表5-3 培训的主要方法

序号	方法	特点
1	课堂讲授	一人演讲,众人听讲,讲座形式
2	分组讨论	确定主题,集思广益,代表发言
3	案例分析	个人分析,集体研讨,导师点评
4	操作示范	现场讲解,现场示范,现场演练
5	角色扮演	模拟情景,扮演角色,动态感悟
6	管理游戏	选好主题,控制过程,讨论归纳
7	问卷方法	据题设卷,自照镜子,调整自我

续表

序号	方法	特点
8	视听教学	运用媒体,电化教学,直观形象
9	模拟训练	模拟现实,反复操练,解决知行
10	参观考察	学习借鉴,取长补短,比较提高
11	现场培训	导师指导,实际学习,掌握运用
12	工作轮换	轮换岗位,考察优弱,多维培养
13	集体参与	共同努力,协作完成,解决问题
14	经营演习	电脑仿真,模拟对手,经营竞争
15	拓展训练	调整心态,培养进取,增强自信

表 5-4 培训内容与培训方法对照表

序号	培训课程内容	适合培训方法
1	领导艺术	研讨式、范例式等
2	战略决策	案例式、研讨式、课堂讲授等
3	饭店管理	课堂讲授等
4	产品知识	课堂讲授、实验式等
5	饭店营销	课堂讲授、案例式等
6	财会知识	课堂讲授、实践式等
7	餐饮管理	课堂讲授、实践式、案例式等
8	资本运作	课堂讲授、案例式等
9	礼节礼貌	课堂讲授、操作训练等
10	品牌管理	课堂讲授、案例式等
11	管理技能	角色扮演等
12	销售技能	角色扮演、范例式等
13	服务技能	角色扮演、范例式、操作训练等
14	人际沟通技能	角色扮演、范例式等
15	创新技能	启发式、研讨式等
16	商务谈判技能	角色扮演、研讨式等
17	团队精神	游戏活动等
18	服务心态	游戏活动等

5.1.4 评估培训效果

在对受训者进行培训结束后,要对其进行评估,评估是两方面的:对受训者的评估和对受训本身的评估,二者缺一不可。

1. 培训评估的内容

(1) 培训效果反应评价

主要通过学员的情绪、注意力、赞成或不满等对培训效果作出评价。效果反应的评估主要通过收集学员对培训内容、培训教师、教学方法、教材、设施、培训管理等的反应情况,进行综合评价。

(2) 学习效果评价

主要检查通过培训学员学到了什么知识,掌握知识的程度,培训内容方法是否合适、有效,培训是否达到了目标要求等。

(3) 行为影响效果评价

主要是衡量培训是否给受训者的行为带来了新的改变。比如安全教育培训的目的是使受训者树立安全意识,改变不安全行为,提高安全技能,因此,评价培训的效果应看受训者在接受培训后其工作行为发生了哪些良性的、可以观察到的变化,这种变化越大,说明培训效果越好。

(4) 绩效影响效果评价

工作行为的改变将带来工作绩效的变化,例如,受训者安全意识和安全技能提高后,以及不安全行为改变后,相应的工作绩效方面的体现就是违章减少、安全事故降低、事故损失减少等。

2. 培训评估的流程

(1) 评估的准备

① 培训需求分析,是培训工作的开始,由人力资源部门采用各种科学有效的方法和技术,对企业成员的工作目标、知识、技能、技巧、方法、态度、理念等方面进行调查、沟通、鉴别和分析,从而确定培训的内容。培训需求分析是确定培训目标、制定培训计划的前提,也是培训评估的基础。

② 确定培训评估的目的,即在培训实施前,人力资源部门必须把培训的评估目的明确出来,并结合在培训实施过程中的信息反馈,进行调整或修订,同时要注意培训评估的目的将影响数据收集的方法和所收集数据的类型。

③ 收集培训评估的数据,培训效果的评估分为定性和定量两个方面,因此,数据的收集也是从这两个方面进行收集,定量数据包括设备运转率、产品合格率等,定性数据包括员工满意度、工作氛围等。一般地,企业在培训评估中,定量数据应

用更广泛些,而且极具有说服力。

(2) 评估的实施

① 确定评估的层次,培训评估应本着实用、效率、效益、客观、科学的原则进行,企业应根据自己的实际条件,对各项评估工作进行有针对性的评估,一般采用的方法为:一是对全部培训都进行第一层评估;二是对要求受训员工掌握的知识或技能的培训进行第二层评估;三是对周期较长(20个工作日以上),企业投入较大,旨在解决企业内部关键问题的培训进行第三层评估;四是企业决策层比较重视或关注的,培训效果对企业发展很关键的培训项目进行第四层评估。

② 确定评估的方法

培训评估按时间可以分为即时评估、中期评估和长期评估。即时评估是在培训结束后立即进行评估;而中期、长期评估则是受训员工返回工作岗位一段时间后,而进行的培训评估。对不同层级的评估可以采用不同的评估方法,对第一层的评估可以采用问卷、调查表、试卷等方法;对第二层的评估可以采用抽样、关键人物、试卷、技能操作、方法运用等方法;对第三层的评估可以采用业绩考核法,即测量参加培训人员与未参加培训人员之间的差别或参加培训人员参加培训前后的差别等;对第四层的评估可以采用效益(效果)评价法,计算出培训为企业带来的经济效益(成果),还可以通过考察产品合格率、设备运转率等指标来进行衡量。

③ 收集并分析评估所需原始资料

原始资料的收集、分析是培训评估的重要环节,一般来讲,第一层的评估收集为培训评估问卷、调查表等,第二层评估收集为笔试试卷、技能或方法操作考核等,第三层和第四层的评估收集为员工满意度、产品合格率、财务收益等。数据收集后,要进行数据对比,进行科学、客观的分析,从而得出评估结论。

5.2 全面推进培训工作

5.2.1 建设酒店内部培训师队伍

随着现代酒店的发展,员工培训在人力资源开发与管理中起到的作用与日俱增,也越来越受到酒店决策者的重视。但是,即使能够从外部聘请到专业知识丰富的培训师来对员工进行培训,也难以做到"量体裁衣",最终的培训效果往往会大打折扣。因此,人力资源部门会逐渐意识到在酒店内部建设一支经验丰富的培训师队伍的重要性，并将其作为酒店培训体系中至关重要的一个环节。

酒店内部培训师是指人力资源部门按照一定的选拔标准，从酒店内部的管理团队中挑选出的资历深、具有丰富工作经验、专业知识和业务素质过硬的资深技术专家或管理人员。与外部聘请的培训师相比较，内部培训师对酒店内部的运行管理和外部经营环境有更深入的了解和把握，对酒店生产要素和管理元素有更全面、客观的认识和理解。内部培训师的教学针对性强、学习效果好、及时、便捷、成本低，并且好管理，能够切实满足酒店的培训需求，并且能够使员工培训从"先天不足"的困境中走出来，发挥其应有的作用。

1. 酒店内部培训师队伍的构建

民营酒店要想在企业内部构建培训师队伍，可以通过建立一套科学而合理的"挑选、培训、管理、评估"制度来实施。

（1）挑选能够胜任培训师的人才

构建内部培训师队伍的第一个环节就是从酒店众多管理者甚至员工中挑选出能够胜任培训工作的人才。在这一环节，人力资源部门要能够慧眼识材，主要可以从两方面入手。

首先，对那些一直奋斗在基层、拥有较高学历、业务素质好、工作能力强而且富有责任心的业务骨干，人力资源部门要善于发现和挖掘。人力资源部门要对这些骨干进行有计划、有目标的培养，请他们在完成本职工作之余兼任内部培训师，为他们自身创造更多锻炼、提升的机会。

其次，人力资源部门要让那些拥有丰富管理经验，负责酒店经营或者财务管理等的中层干部，承担他们所属专业的培训任务；让这些中层干部针对各自的专业特点以及员工的培训需求，策划本专业培训项目，制定活动方案，设计培训课程，并进行授课；把这些中层干部在工作中总结出来的管理经验转化为理论，撰写成结合企业实际、有说服力、有价值的培训教材。

（2）对内部培训师进行培训

从酒店内部挑选出来的、担任培训师角色的人才，虽然工作经验丰富或业务能力较强，但由于没有直接从事过培训工作，往往在培训的专业技巧上有所欠缺。因此，对于内部培训师，人力资源部门需要对其进行培训，规范、强化他们的培训技能。

人力资源部门对内部培训师进行培训时，应侧重于培养他们对于培训活动的策划、组织能力，使其掌握培训流程，具备一些培训基本技能、沟通技巧、课堂组织技巧，从而在培训时能够胸有成竹。

《企业培训师国家职业标准》经国家劳动和社会保障部批准施行，根据企业的战略发展需要，人力资源部门可以让这些内部培训师参加资格鉴定。这些专业的培训和考核能够决定内部培训师在企业中的重要地位,可以提高企业内部培训、资源开发的水平,促进培训师队伍整体素质的提升。

【知识链接】

《企业培训师国家职业标准》(2007年修订)中关于企业培训师的定义:能够结合经济、技术发展和就业要求,研究开发针对新职业(工种)的培训项目,以及根据企业生产、经营需要,掌握并运用现代培训理念和手段,策划、开发培训项目,制定、实施培训计划,并从事培训咨询和教学活动的人员。

(3) 建立酒店内部培训师的管理体系

除了对内部培训师进行培训之外,人力资源部门还要建立一个统一的管理体系,对内部培训师进行有效的管理,为培训工作的顺利进行提供有力保障。

人力资源部门可以在酒店内建立一个完善的内部培训师聘任制度,根据培训需要,明确培训师的任职资格,然后按照这个标准来开展内部培训师的聘任工作。在聘任之前,培训师还要进行试讲,以便人力资源部门判断其是否能够胜任培训师工作。人力资源部门要对内部培训师进行动态管理,一旦发现有人不能胜任这项工作,就要及时解聘。除此之外,人力资源部门还应设立一定的评估指标,选择合理的评估方法,按照科学的评估程序,对内部培训师进行评估;并且建立培训师的业务档案,记录他们的授课时数、授课水平和培训效果,为续聘或者解聘提供依据。

【案例5.3】 西门子的内部培训师体系

在西门子公司,有一个完善的内部培训师体系,这个体系要解决两个问题,一是决定由谁担任内部培训师,二是怎样使内部培训师发挥作用。

西门子的内部培训师体系是这样运作的:

首先,选择合适的人才。在此之前,人力资源部门在公司内部发布一个有关培训师管理的规章制度,对内部培训师的任职资格、工作职责、选拔范围、甄选标准、录用流程以及管理办法都进行了详细的说明,那些有意承担这项工作的员工可以根据这些说明来判断自己是否适合这个职位,并且让各部门经理在推荐人选时有章可依。

之后,人力资源部门根据申报人选的性格、特点、专业等开设相应的课程,让他们试讲。一方面,试讲可以考察他们是否能够胜任培训师职位;另一方面,也可以在讲课的过程中发现他们的优势和不足,以帮助他们进行调整。

此外,西门子公司还会从外部聘请一些专家对这些培训师进行专业培训和辅导,提高他们的表达能力、课程设计水平以及对学员心理的了解与把握,从而提高内部培训师的培训水平。专业的培训师技能培训和实践经验,充分保证了内部培训师的培训质量。

除了对培训师进行技能培训以外,人力资源部门还为培训师建立了一个工作坊,定期举办各种各样的活动,比如主题讨论或问题揭示等。工作坊可以为内部培训师们提供一个互相交流、互相学习的平台。工作坊经常请一些内部培训师来进行公开的课程汇报,由其他的培训师来对这个课程进行点评;或者请专职讲师来为他们进行示范培训,让大家通过"读、看、说"来找出路,想办法。

当然,内部培训师修完所有的课程后,人力资源部门还会对他们进行考核,以判断他们是否已经具备培训师资格。考核小组由公司领导人、各部门管理者以及从业的培训师组成。在授课时,考核小组的成员会拿到一张考评表,对内部培训师的表现进行打分。合格的内部培训师将会获得公司上下一致认可的资格证;那些没有通过考核的内部培训师,则要再次进行培训和考核。

内部培训师的选拔,给酒店的每一个员工都提供了机会,每个员工都有可能成为一名优秀的培训师,这能够最大程度调动起员工的工作积极性和主动性。而对酒店而言,以最小的成本聘请到了最了解企业情况、能够发挥最大作用的培训师,可以说是一举多得。

2. 建立培训师激励机制

培训工作不仅能够提高酒店的工作效率,还可以促进酒店的良性运转,在酒店中发挥着十分关键的作用,而这离不开内部培训师的努力。因此,人力资源部门要认可内部培训师的工作并给予充分的肯定,让他们能够时时刻刻感受到酒店对他们的重视与尊重。人力资源部门可以在酒店中建立一个培训师激励机制,对内部培训师实行评级制度,在晋升和待遇上给予激励,调动他们的积极性,使他们在竞争中不断丰富自己、完善自己。

建立合理的酒店内部培训师激励机制,可以从以下四个方面入手:

第一,在酒店中设置激励层级制度。根据培训师的表现和贡献,对他们进行物质以及精神上的激励。

第二,对培训师实行薪酬和绩效相互挂钩的动态薪酬机制。通过绩效考核,对培训师进行评级,然后设置不同层级的薪酬标准,级别越高,领取的薪酬越多,得到的奖励也越多;或者在培训师领取固定薪酬的基础上,实行奖励津贴制度,根据考核结果予以奖励,促使培训师不断提高工作质量。

第三,为内部培训师创造各种条件,比如为他们提供参加国内外各类培训的机会,使他们不断提升自身素质,使培训工作达到更好的效果。

第四,为每一位内部培训师都设计一个完善的职业发展阶梯(如"培训师—高级培训师—资深培训师—首席培训师"级别职业阶梯)。实现其个人职业生涯发展,并与个人职位晋升和待遇提高挂钩,促使他们在竞争中不断完善自己,寻求更好的发展。

5.2.2 开发管理人员

是否拥有高水平的管理人才对于一个酒店而言十分重要,甚至直接决定了酒店能否在竞争中取胜,能否在市场上站稳脚跟。长期以来,对管理人才的甄选、培养以及开发,一直是许多酒店面临的一个不容忽视的挑战。因此,开发管理人员作为酒店的一种长期需求,已经成为酒店战略发展与人力资源战略规划的一个重要组成部分。

管理人员的开发是指通过知识培训、管理观念的更新、管理技能的提高来开发管理人员的潜能,使他们具备更高的管理水平,不断提高管理效果,促进酒店生产效率的提高。值得注意的是,这种开发活动不仅是为了满足管理人员当前的工作要求,更重要的一点在于,这一活动面向未来,为管理人员未来有可能要承担的管理任务做好准备。

人力资源部门可以从以下两个方面来理解管理人员的开发:

首先,对管理人员进行开发,希望达到帮助管理者更加高效地完成自己所承担的本职工作的目的,提高他们的管理绩效。在当前飞速发展的商业环境下,如果酒店管理人员的知识、技能与素质没有得到及时、有效的开发与提升,那么,酒店的管理水平也就会落后于竞争对手,甚至有可能直接导致企业的失败。因此,管理人员的开发实际上是提高企业竞争力的一种有效途径。

其次,管理人员的开发还要为其所承担的工作职责以及职位晋升提供充分的准备,这是开展这项工作所希望达到的另一个重要目的。

并不是每个管理人员都具备与岗位相匹配的能力与素质,管理人员的开发恰好能够避免人岗不匹配这种情况的出现。

1. 管理人员开发计划

为了更好地实现管理人员的开发,人力资源部门可以制定一个详细的开发计划,为培训与开发工作提供依据。管理人员的开发计划面向整个酒店,所有的管理人员都应该纳入这个计划的考虑范围之内。

管理人员的开发主要有两项基本任务:人员(管理人员)规划与预测,管理人员需求分析与开发。

通常来说,管理人员开发计划的制定步骤如下:

首先,对在职管理人员的基本状况进行了解,可以安排人力资源部门对酒店的管理人才库进行盘点,主要搜集管理人员的教育背景、工作经历、职业兴趣、工作绩效评价等信息。

其次,与酒店中各个层级的管理人员进行面谈,了解其在职业发展方面的需求,发现他们的优势与不足,结合酒店的业务情况对管理人员的发展进行分析。

再次,初步进行管理人员的安置,可以用图表的形式列出每个管理职位的候选人以及每个候选人的开发需求,以判断开发时可以采用的方式及方法。

最后,因人而异地制定和实施开发计划。

2. 管理人员开发技术

对管理人员进行开发的方法和技术是多种多样的,下面介绍几种较为常见的管理人员开发方法。

(1) 初级董事会法

初级董事会是指让来自酒店各个部门的管理人员组成一个模拟的董事会,引导他们从董事会的角度来思考酒店面临的问题,比如酒店战略、组织结构、薪酬设计以及部门关系等,并向酒店的高层管理者提出切实可行的建议。初级董事会能够为具有一定潜力的管理人员提供从大局出发,分析酒店大政方针的机会,从而开拓他们的眼界,丰富他们的经验。

初级董事会法适合那些已经具有一定管理经验的中层管理者。这种方式可以给这些有经验的管理人员提供互相接触的机会,能够让他们熟悉整个酒店的事务,了解各个部门之间的关系,了解这些部门在衔接过程中有可能遇到的各种问题。这些都有利于他们从更宏观的角度去看待企业问题,对于培养中、高层管理人员有着很好的效果。

(2) 行动学习法

行动学习是指让受训的管理人员组成一个团队或项目小组,让他们在完成本职工作之余,分析和解决某个特殊项目。在完成这个项目的过程中,他们的管理技能也得到了开发,为未来的工作任务做好准备。

在行动学习法中,管理人员开展项目工作所遇到的都是发生概率极大的实际问题,在受训期间他们要定期开会进行交流,每个团队或项目小组在讨论会上都要汇报他们的研究结果,并说明进展程度,然后对其进行讨论。除此之外,受训的管理人员还要写出具体的书面报告,这有利于上级管理者对他们的培训效果进行反馈。

行动学习法对于管理人员的开发十分有效,而且极具创造性,该方法能够使管理人员把学习和培训的成果最大限度地转化到实际工作中去。

然而,行动学习法也存在着许多缺陷,比如把管理人员安排到其他部门或其他机构从事项目工作,必然会影响他的本职工作,会降低其工作效率和效果。另外,管理的复杂性也因此增加,有的项目需要经过漫长的时间才能完成,使得管理人员有可能会长期脱离自己原来的岗位,造成工作脱节。

(3) 脱产培训法

脱产培训是指让管理人员参加一些专业的培训课程,系统化地提高他们的专业知识和管理技能。这些培训课程可以由酒店内部的培训师来设计和授课,也可以是酒店外部的咨询公司或大学提供的短期培训班、研修班。

酒店内部提供培训课程的方法非常多样化,许多酒店也成立了内部开发中心来专门承担管理人员的开发工作。内部开发中心通常举办一些长期的培训课程,提供一些业内权威人士的讲座;有时,他们还将课堂教学、企业管理游戏、实战模型以及与客户见面的技术等内容相结合,以帮助开发管理人员真实体验。这些培训课程由于符合酒店的实际情况,更加具有针对性,更适合管理人员的发展情况,因此能够取得更好的实践效果。

除了酒店内部培训,还有许多机构为管理人员提供专门的培训课程,比如培训公司、高等院校等,他们提供的培训主要是研修班和相关会议,比如酒店人力资源管理培训班或者某地区企业家会议等。这类培训主要在一些高等院校开展,主要包括两种管理开发活动:一是领导管理方面的继续教育计划,利用案例或讲座的方式为管理人员提供最新的管理技能,组织他们分析复杂的管理问题等;二是一些学位计划,例如 MBA 以及 EMBA 等,这类学位都需要积累一定的管理工作经验,比较适合提高中层以上管理人员的管理水平。

(4) 案例研究和商业游戏

案例研究和商业游戏是指在管理人员开发培训过程中,设计一些场景或案例让管理人员进行分析和讨论。这两种方法都能够有效地提高管理人员解决问题的能力。

管理人员的开发应是一个持续的过程,不应求快。企业一定要对管理人员进行持续的刺激,使其不断深化自我承诺,能够自觉地在实际工作中运用所学到的新知识和新技能,这样培训才会有效果。

5.3 酒店员工的职业生涯规划

职业生涯规划就其主体而言,可以分为个人职业生涯规划和组织职业生涯规划两种,这两种规划互相促进,共同担负实现企业和员工目标的责任。

个人职业生涯规划是指个人根据自身的主观因素和客观环境的分析,确定自己的职业生涯发展目标,选择实现这一目标的职业,以及制定相应的工作、培训和教育计划,并按照一定的时间安排,采取必要的行动实施职业生涯目标的过程。

组织职业生涯规划主要从现代管理学的角度,从组织层面上来考虑职业生涯规划问题。组织职业生涯规划把组织目标和员工个人目标有效地综合起来,通过员工的工作及职业发展的设计,协调员工个人需求和组织需求,实现员工和组织的共同成长和发展。组织职业生涯规划的目的是帮助员工真正的了解自己,在进一步衡量内在条件和外在环境的优势、限制的基础上,为员工设计出合理可行的职业生涯发展目标,在协助员工达到和实现个人目标的同时也实现组织目标。

5.3.1 影响酒店员工职业选择的因素

1. 发展空间的限制导致员工大量流失

目前,酒店人员流失率相当高,而且外语好、学历高、能力强且处于管理或专业技术岗位的人才流动越来越快。员工的高流动率对酒店经营管理造成了严重的影响:扰乱了酒店日常管理工作,加大了酒店的人力成本投资,造成了商业机密的流失,损害了酒店的经营效益。造成员工流失的真正原因是什么?有一项对数万名员工的调查显示,有2/3的流动人员不只是因为工资待遇而离开酒店,而求得个人的发展空间是他们选择离职的主要原因。

2. 人-职不匹配的招聘为员工稳定埋下隐患

根据帕森斯的人-职匹配论,酒店在进行人员招聘前应详细分析职业对人的要求(职务分析),并向求职者真实地提供有关职业和岗位的信息;同时还要对求职者进行素质测评,使得岗位所需的专业技术和专业知识与求职者所掌握的技能知识相匹配。

但酒店招聘的实际情况是:招聘条件不合理,过分强调身高、相貌、学历、经验、户口所在地等,几乎不考虑员工的价值观和职业能力倾向;招聘程序过于简单,忽略了对员工性格、表现、志趣和能力的测试;缺乏结合酒店的总体战略和市场情况的人才引进计划。诸多问题导致人-职不匹配、人-岗不匹配,为员工队伍稳定埋下隐患。

3. 忽视员工职业发展需求的培训收效甚微

许多酒店不间断地进行培训工作,但大多数培训未能激发和挖掘员工的潜能,为其职业发展奠定基础。培训仅使员工获得应付现职岗位上的服务技能,而没有考虑到他们未来职业发展的需要,这在很大程度上局限了员工的知识扩充和能力提升,限制了员工主观能动性的发挥,抑制了员工的工作积极性。由于酒店的培训工作不能促进员工的职业发展,最终导致他们寻求外部更好的发展空间和机会。

4. 职业生涯管理滞后造成高素质人才缺乏

我国酒店人力资源管理花费较大精力在引进人员和人事管理上,而非员工的能力培养与潜能开发。不少酒店只重视酒店的发展,而忽视员工的个人发展;酒店决策层对人力资源开发的不重视,多采用拿来主义,从别的酒店"挖"人才,而对内部人才的培养不重视,最终导致酒店高素质人才缺乏。

5.3.2 酒店员工个人职业生涯规划

职业生涯规划的目的是帮助员工真正了解自己,并且在进一步详细衡量内在条件与外在环境的优势、限制的基础上,为员工设计出合理且可行的职业生涯发展目标,在协助员工达到和实现个人目标的同时实现组织目标。职业生涯是一个逐步展开的过程,能够促使员工去学习新的知识、掌握新的技能、养成良好的工作态度和工作行为。

员工的职业生涯规划通常有横向发展、纵向发展两种模式,这种规划为不同类型的员工设计职业发展道路,让员工在酒店中能够找到自己的发展空间。

1. 横向发展模式

横向发展是指在同一个管理层次或同一个技术、技能等级上不同岗位或不同工种之间的变动,通过多岗位锻炼使员工成为一专多能的人。这种横向的发展可以发现员工的最佳发挥点,有助于员工准确确定职业锚,扩大视野,积累多种经验,缓解晋升压力。横向发展还包括扩大现有工作内容,亦即现有工作中增加更多的挑战或更多的责任。

横向发展模式要重点解决:在哪些岗位、职务或工种之间转换,多长时间或什么时候转换,在转换前酒店和个人应做好哪些知识、技能与能力准备。

2. 纵向发展模式

纵向发展是指员工在管理等级、技术等级、技能等级或薪酬等级上的上下变动。纵向发展不仅包括传统晋升模式,即行政级别的晋升;还包括技术通道上的纵向发展。从理论上讲,纵向变动有两种情况,即向下和向上。但一般情况下,纵向发展只是分析向上的变动。

3. 酒店组织职业生涯规划内容

(1) 对员工进行分析与定位

① 员工个人评估

职业生涯规划的过程是从员工对自己的能力、兴趣、职业生涯需要及其目标的评估开始的。个人评估的重点是分析自己的条件,特别是个人的性格、兴趣、特长与需求等,至少应考虑性格与职业的匹配、兴趣与职业的匹配以及特长与职业的匹配。个人评估是职业生涯规划的基础,直接关系到员工职业成功与否。个人评估可以采取多种方法,同时也可以应用相关的计算机软件。

② 组织对员工进行评估

企业对员工的评估是为了确定员工的职业生涯目标是否现实。企业可以通过获取员工的基本信息，利用当前的工作情况，包括绩效评估结果、晋升记录以及参加各种培训情况等，利用个人评估的结果等渠道对员工的能力和潜力进行评估。目前，许多国际著名的公司都建立或使用评估中心来直接测评员工将来从事某种职业的潜力。

③ 环境分析

人是社会的人，任何一个人都不可能离群独居，必须生活在一定的环境中。环境为每个人提供了活动的空间、发展的条件、成功的机遇。环境分析主要是通过对组织环境、社会环境、经济环境等有关问题的分析与探讨，弄清环境对个人职业发展的作用、影响及要求，以便更好地进行职业选择与职业目标规划。

(2) 帮助员工确定职业生涯目标

① 职业的选择是事业的起点，职业选择正确与否直接关系到事业的成败。

② 职业生涯发展路线是一个人选定职业后，从什么方向实现自己的职业目标。

(3) 帮助员工制定职业生涯策略

① 职业生涯策略是为了争取实现职业目标而积极采取的各种行动和措施。

② 在积极实施员工职业生涯规划的同时，根据员工的不同情况采取不同的职业生涯策略。

(4) 职业生涯规划的评估与修订

由于种种原因，最初组织为员工制定的职业生涯目标往往比较抽象甚至是错误的。经过一段时间的检验后，组织还有必要对员工职业生涯规划进行评估和修订。

4. 酒店员工职业目标与计划

"你的职业目标是什么？"如果你的职业目标是最终能成为一名总经理，那么你的职业道路会不同于那些想要成为房务部经理领导房务部的人。明确职业目标后，你必须思考怎样才能最好地发展自己的事业，发展事业的最好方法是尽可能预先确定职业发展道路。以短期举例，大堂副经理往往从优秀的前台员工发展而来(具备总台1~2年的工作经历，较好的外语口语，良好的应变能力)，如果你此时仅是一名行李员，那么你首先需要成为一名接待员，然后才会有机会。而基层领班则需要具备培训、督导技巧、过硬的业务水平、良好的人际关系等各方面条件，你可以思考自己具备了多少方面，从而加以改进。

在确定目标以后，应坐下来制定一个职业发展计划，你希望看见自己在职业发展道路上1年、3年和5年时能够处于什么样的位置，也许很多人非常满意自己当前所处的位置并且只做这些事情就很开心。

年度计划应该反映你想要处于什么位置并且怎样到达这个位置,同时是对你最近工作评价的真实反映。年度计划应集中于主管人员感到有必要加以改进的那些领域。当把年度计划作为一项"行动计划"提出来并加以实施时,这种年度计划最有效。

3年计划事实上应是描绘员工所期望获得的下一个职位的蓝图,一马当先地投身于艰难处境能为自己赢得良好的声誉。一直支持管理者和团队其他成员的人可以被定格为视团队利益为自己唯一利益的人。你会发现3年以来始终如一地坚持自己的理想和追求,最终将使你获得所期望的下一个职位。

5年计划比其他任何计划都粗略,5年计划具有许多概要性的说明。如果选择连锁酒店工作,你的机会也许会更多些,当你想要得到快速的晋升,而事业又停滞不前时,适当的调整一下工作环境也是一个不错的选择。

5. 机遇的把握

国外酒店行业曾作过这样的统计,酒店经理人往往从事过7种以上的酒店岗位,管理者每隔3～4年就会轮换新的岗位,丰富的经验,良好的业务知识为酒店人的发展打好坚实的基础。交叉培训、部门轮岗都是酒店为雇员提供的发展机遇,你需要尽可能学习更多的知识,成为一专多能的人才。

如何学会把握机遇呢?首先你需要对整个酒店业动态有充分的了解,2006年世界休闲博览会在中国杭州萧山召开,萧山区有大量高星级酒店开始建造营业(如索菲特、第一世界、开元名都、众安假日),这也为从事酒店行业者提供了工作机会,大量基层管理岗位出现空缺,而萧山酒店人才资源相比杭州往往没有那么竞争激烈。2008年奥运会、2010上海世博会都将再次为杭州酒店业带来大量的机遇。掌握行业信息是把握机遇的一个很好的方法,那么如何掌握酒店行业信息呢?建议你经常有意识地去了解酒店业的网站、杂志,以下作一些小小的推荐:最佳东方酒店人才网 www.veryeast.cn(国内的酒店门户网站)、中国旅游饭店网 www.ctha.com.cn(中国旅游饭店业协会主办),《中国旅游饭店》、《饭店世界》等月刊杂志。

不一定要选择最好的酒店,在国外28岁的三星级酒店老总很多,但5星级酒店的总经理罕有45周岁以下的,这也间接说明高星级酒店内人才集中,机会很难把握,选择一家普通的四星级酒店也许会带给你更多的机遇。往往许多旅游管理(酒店管理)专业的学生毕业后留在杭州,通常都只能担任酒店基层工作,而部分选择二线城市酒店的学生在取得成绩上要比杭州地区的同学发展上快很多,因为那些地方人才竞争不太激烈,可以为你提供更好的发挥空间。在学会以上方法后,最后你还需要学会如何成功的表现自己,即良好的面试技巧。

第6章

突破瓶颈：酒店绩效管理体系建设

这些年来，如何进行酒店绩效管理成了酒店管理者的热门话题，其原因有两方面：一方面是酒店人力资源供给发生了很大变化，现在的80后、90后年轻人已经不满足于以往的固定工资，希望有多劳多得的绩效考核体系，另一方面，酒店业主普遍希望有对于员工的奖励机制，提高酒店的经济效益。下面我们就来研究酒店绩效管理的概念与系统构成，熟悉酒店绩效管理指标体系的设计与绩效考核的方法，了解酒店绩效考核的问题与修正方案。

6.1 民营酒店绩效管理的困境

绩效考核作为人力资源管理的工具和方法，其对于民营酒店管理的重要性已为广大民营酒店管理者所认同，相当一批民营酒店在这方面投入了较大的精力。但遗憾的是，通过绩效考核达到预期目的的酒店却不多，不少民营酒店最后不是中途夭折，就是流于形式，其原因何在？根据作者多年在从业实践中的观察，发现我国民营酒店在绩效考核方面存在一些问题。

6.1.1 民营酒店绩效管理存在的问题

1. 重视员工技能培训，忽略员工文化培训、态度培训

民营酒店会根据员工绩效考核的实际情况，组织员工进行培训，但是，民营酒店只重视员工技能的培训。大多数民营酒店管理者认为技能能够解决酒店实际存在的问题，能够给酒店带来经济效益，能提高酒店绩效，降低生产成本。这种观念上的误区必然会对提升酒店的绩效带来一定的影响。诚然，工作业绩受技能影响,技能是有效工作的基础,但技能在转化工作业绩时受员工工作态度和价值观的制约。

2. 绩效管理注重结果,缺乏沟通与反馈机制

由于民营酒店自身的特点,以及历史的原因和现实的原因,大多数民营酒店还处在经验管理时期,没有真正进入科学管理阶段。高层观念不一致,对绩效管理的实施目的不明确,不清楚要通过这个管理工具得到什么,经常表现出"为管理而管理",为与国际接轨而接轨;中层经理执行中又没有将其任务合理地分解,中层缺乏压力也就直接导致对下属的宽容放纵,使考评流于形式。提到绩效管理,不少人首先想到的是每年一度的例行公事。即由人力资源部设计通用的考核表格,在规定的时间发给经理填写,经理只要在上面打个分,然后再按规定分出等级,就算完成绩效管理,这是许多民营酒店经理人员已经习惯了的绩效管理方式,也正是这种方式使得民营酒店经理人员固执地认为绩效管理就是人力资源部给他们安排的工作任务,他们给员工打分则完全是为了应付人力资源部的"差事",而且这种方式也比较能节省他们的时间,一年就一次,既不用为员工制定绩效目标,也不用为员工建立业绩档案,更不用对员工进行反馈。

3. 绩效考核定位模糊,仅限于薪酬发放

在现实应用中,许多民营酒店考核定位存在的问题,主要表现在绩效管理体系中考核定位模糊、缺乏明确的目的或对考核目的定位过于狭窄,或者为了考核而考核,使考核流于形式;或者只是为了奖金分配而进行,考核制度甚至等同于奖金分配制度,非常明确地规定某项工作未完成扣多少钱等惩罚性措施,罚多奖少,使得员工的注意力都集中在如何避免"规"被罚,而不是如何努力提高工作绩效上。目前,我国酒店特别是民营酒店纷纷花巨资设计制定薪酬策略。采用"三高"策略,即高工资、高福利、高待遇,旨在吸引人才、合理使用人才、留住人才。酒店中绩效考评的功能也仅限于薪酬发放上,而忽视其他绩效管理功能。民营酒店管理者认为薪酬越高、越多,待遇越好就越能吸引人,稳定人,就越能增加酒店利润。

当然,绩效成绩与薪酬两者关系极为密切,薪酬以绩效考评为依据,是绩效成绩应用中最普遍的也是最重要的领域。但是,薪酬策略不是万能的,它不可能解决企业所面临的所有问题。比如"人才流动"、员工"跳槽"。这表明,重薪酬在引人、留人方面的魔力并非想象中那样大。根据马斯洛的需要层次理论,酒店更不能认为给员工高工资、高福利、高待遇,员工就会死心踏地、尽职尽责地为企业服务、效力。因为,这也许只解决了不同层次需要的员工的目前困境,尤其是当员工低层次的物质需要获得满足后,员工有对良好工作环境的需要、工作能力正确评价的其他需要。

6.1.2 酒店人力资源绩效管理的特殊性

首先要指出的是,这里提到的酒店人力资源绩效管理是指酒店人力资源系统中的酒店员工工作绩效管理,与整个酒店经营业绩的管理有所不同。研究酒店人力资源系统中绩效管理的含义必须从理解酒店绩效管理区别于普通酒店员工绩效管理的特殊性入手,找寻酒店人力资源绩效管理的独特内涵。酒店员工绩效管理的特殊性主要体现在以下几方面:

1. 酒店战略目标的特殊性

美国哈佛大学商学院服务管理专家 Haskett 等学者在 1994 年建立了如图 6-1 所示的服务利润链模型。

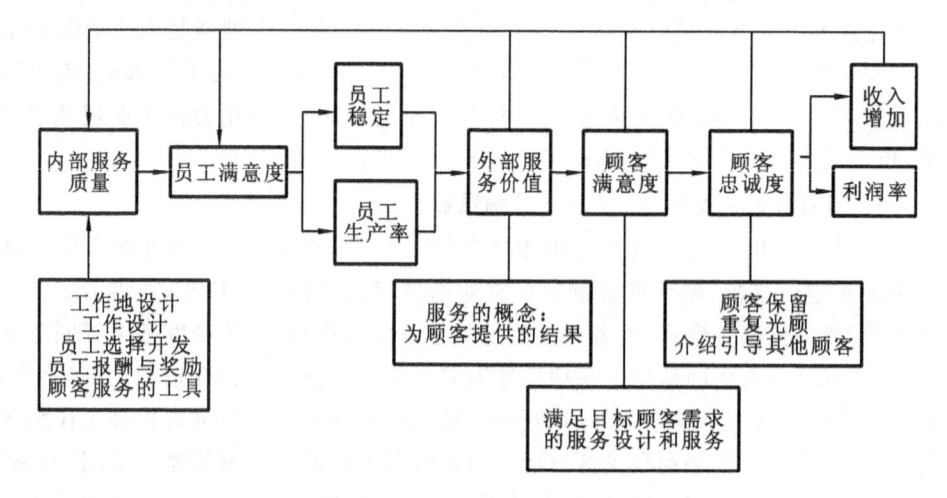

图 6-1 服务利润链模型

服务利润链模型为服务业如何确定自己的战略目标,如何利用自己的资源,如何通过过程再造来实现酒店成长提供了一个有效模式。这条服务利润链的核心路径是员工满意—顾客满意—酒店利润。一方面,该模型指明人力资源在酒店经营中的重要地位,人力资源管理应该上升到酒店的战略位置上来;另一方面,该模型指出服务酒店的利润率和收入增长来源于忠诚顾客,而顾客忠诚的前提是满意的服务。服务酒店的战略目标不再是追求市场占有率(有些市场根本不具备利润),而是追求顾客资产的份额(即所有顾客终身价值折现值的总和),追求忠诚顾客的份额。

酒店属于服务性行业,服务利润链的基本理论同样适合于酒店,其战略目标的选取也应以占有顾客资产、培育忠诚顾客为导向,以顾客需求为关注点,追求可持续发展。

分析战略目标的特殊性对酒店员工绩效计划的制定有重要影响。酒店绩效计划的重要任务之一是战略目标分解与工作业绩设定,酒店绩效计划是员工绩效考核指标确定的主要依据,可以形成酒店关键业绩指标(Key Performance Indicators, KPI)。酒店以占有顾客资产、培育忠诚顾客为目标,势必要求酒店在考核指标设计方面将顾客感知作为重要的考核依据,将顾客纳入酒店员工绩效考核的重要地位上。

2. 酒店岗位职责的特殊性

酒店行业是人与人密切接触性行业。在酒店住宿过程中,顾客要与服务员密切接触(目前出现的"无人自助型酒店"只是少数)。加上旅游产品的无形性,旅游者对酒店的满意程度不仅取决于其"显性利益"的获得程度,还取决于其"隐性利益"的满足程度。员工的服务态度、主动服务意识、灵活性、及时反应能力等是决定顾客"隐性利益"满足程度的关键因素。了解顾客满意因素中的关键因素,有助于对酒店战略目标的进一步分解,对于确定与顾客有着密切接触机会的岗位职责设计以及员工绩效考评有着重要意义。

服务的密切接触性和酒店战略目标的特殊性决定了酒店员工特别是直接面对顾客的员工的岗位职责的特殊性,具体表现为:服务意识在岗位职责中具备十分重要的地位;服务授权可以给予员工更多服务机会;人际沟通能力十分重要。

对一个职位的任职者进行绩效管理应该设定哪些关键绩效指标,往往是由他的关键职责决定的。深刻理解酒店岗位职责的特殊性对酒店绩效管理有着重要意义。

6.1.3 对现代绩效管理与绩效考核概念的区分

现代理论界许多学者没有将绩效考核与绩效管理区分开来,在人力资源系统研究中将绩效考核当做绩效管理进行论述的比比皆是,事实上,现代绩效管理与绩效考核有很大区别。

(1)从时间概念上来看,绩效考核是一个时间点概念,考核是在某一个特定时间点进行的;而绩效管理是一个循环的周期性过程,包含绩效计划、绩效进展监控、绩效考核、绩效反馈沟通、绩效结果应用五个环节,是周而复始循环进行的,是一个连续的时间段的概念。

(2)从对象来看,绩效管理是对结果的考核,是对员工已完成的工作情况的考察,绩效考核不考虑其完成工作的过程;绩效管理则相反,绩效管理的五个环节是一环紧扣一环的,员工绩效的完成情况与完成过程中的许多影响因素相关,及时排除绩效进展过程中的困难将有利于绩效的顺利完成。

(3) 绩效考核与绩效管理两者的人性观不同。绩效考核的出发点是把人当做实现酒店目标的一种手段,考核是鞭策、促使员工达到绩效要求的手段;现代绩效管理的人性观是"以人为本"的人性理念,是把人当做人,而不是任何形式的工具,认为人是世间最高的价值,人本身就是目的。

(4) 绩效考核与绩效管理两者的目的也不同。绩效考核的作用主要是通过对个人工作绩效的考评,掌握每个员工的工作情况,以便于做出某些人力资源管理决策,如确定绩效工资、晋升资格等;而绩效管理直接服务于酒店战略目标,其管理的有效性程度是酒店战略执行程度的表现,绩效管理更深层的目的是为了有效地推动个人的行为表现,引导酒店全体员工从个人开始,以至各个部门或事业部,共同朝着酒店整体战略目标迈进。

了解绩效管理与绩效考核的区别有利于更好地理解酒店员工绩效管理研究的必要性。

6.2 酒店人力资源绩效考核指标体系设计

6.2.1 酒店人力资源绩效考核指标的内涵

1. 酒店人力资源绩效考核指标及指标体系

(1) 酒店人力资源绩效考核指标

一般来说,指标来自价值客体。价值客体是与价值主体相对应的,在事与人构成的价值关系中,人是这个价值关系的主体,用来满足人的需要的事物就是价值客体。指标是以价值客体的固有属性与特征为根据的,是对价值客体属性的表征。酒店人力资源绩效考核指标描述的是员工工作成果的具体方面,主要有以下特点:

① 可以定量化或行为化。酒店人力资源绩效考核指标是用于评估和管理被评估者绩效的定量化或行为化的标准体系。这个标准体系必须是可以定量化或行为化的,如果这两个特征都无法满足,就不能成其为一个有效的绩效考核指标。

② 员工工作成果的具体体现。员工工作成果是酒店战略目标的具体体现,绩效考核的目的是为了实现酒店与员工的双赢,而绩效考核指标是连接员工绩效和酒店绩效的桥梁,绩效指标只有与员工工作成果相挂钩,才能有效地起到桥梁的

作用。

③ 绩效监控的基石。绩效指标是员工与管理者之间就绩效目标达成的一致意见,依靠这块基石,员工与管理人员就可以对工作期望、工作表现和未来发展等方面进行监控。

(2) 酒店人力资源绩效考核指标体系

酒店人力资源绩效考核指标体系是由一系列指标构成的。这一指标体系是建立绩效考评体系的基础。完整的酒店员工绩效考核指标体系至少包含以下要素:

① 考核的具体项目(一级指标)。

② 对应性的绩效指标(二级指标)。

③ 相应的绩效考核标准。

④ 成果及指标的权重值。

酒店管理者在进行员工绩效考核中为了坚持标准,保证考评质量和激励的公平性、准确性,必须建立先进、合理且科学、实用的量化考核指标体系。这套体系应基本包含以上四个方面。

需要强调的是,为了便于操作,考核指标层次不宜过多,一般分为两级,一级考核指标应包括工作业绩、工作能力、技术水平、工作态度等项要素,在此基础上按照岗位性质和职责分解制定相应的二级考核指标。指标的设计和权重的确定可以结合不同情况选用德尔菲法或层次分析法(AHF)。考核指标体系必须健全和完善,它规定了考评的方向、形式、内容及标准,是考评的一把尺子,如果这把尺子不合适、不准确,测评工作就从根本上出了问题。因此,根据不同的考评需要,科学建立量化考评指标体系是考核工作的重要前提和关键环节。

2. 酒店人力资源绩效指标确定的原则

酒店为每个员工设置绩效考核指标时,要遵循以下原则:

① 绩效指标必须与酒店战略目标相符合,并能够促进酒店财务业绩和运作效率;

② 绩效指标必须具有明确的业务计划及目标;

③ 绩效指标必须能够影响被考核者,同时能够测量和具有明确的评价标准;

④ 设置绩效指标时必须充分考虑其结果如何与个人收益挂钩。

酒店管理者对每个员工可以从多个角度进行评价,即可以设置多种业绩指标并找出其中关键的业绩指标(KPI)。

另外,有学者将确定指标时必须遵守的原则概括为 SMART 原则。S 代表 specific,意思是"具体的";M 代表 measurable,意思是"可度量的";A 代表 attainable,意思是"可实现的";R 代表 realistic,意思是"现实的";T 代表 time-bound,意思是"有时限的"。

6.2.2 酒店人力资源绩效考核指标的分类

1. 按照指标层次分

考核指标可以分为一级指标、二级指标、三级指标等,或分为宏观指标、中观指标、微观指标。例如,员工素质是考核的一级指标,其二级指标可以细化为思想素质和业务素质,业务素质又可以细化为学识水平与业务能力这个三级指标。

2. 按照指标内容分

考核指标可以分为基础指标和具体指标。

(1) 酒店员工考核的基础指标:德、能、勤、绩。

"德"的范围包括思想素质、心理素质、职业道德等方面。例如,酒店服务员是否遵守酒店制定的规章制度,是否能坚守岗位、认真履行服务员角色应承担的职责,是否关心顾客、应他人之所急等。

"能"是指一个人分析问题和解决问题的能力以及独立工作的能力,包括学识水平(知识水平、学历)、工作能力(特殊技术、管理能力等)和身体能力(年龄和健康状况)。

"勤"是指人的工作态度,主要包括事业心、出勤率、服务态度等多个方面。这里的"勤"包括形式(通常是指出勤率)和内涵(通过出勤率反映出的内在的事业心、工作态度等)两方面,考核过程中要将两者结合起来。

"绩"是指人的工作实绩或实际贡献。员工的绩,常常用工作的数量与质量来度量,如用产量、消耗、合格率等硬指标来判断;管理者的绩,则运用多种指标进行综合分析,既可以用工作成果的实际数量和质量进行直接评价,也可以用影响工作成果的潜在因素进行间接分析(如人际关系改善、领导者威望提高等)。

酒店人力资源考核基础指标涵盖面广,是一组基础性一级指标,是现代酒店进行人力资源考核时最常用的指标。在酒店实践过程中,不少酒店将上述四个指标进行了合并简化,将"德、能、勤"归并为素质类指标,"绩"单列为业绩类指标,或者将这组指标具体分解为业绩类、能力类、工作态度类、潜力类、适应性类五大类,还有的将其归类为员工特征、员工行为、工作结果。无论哪种划分方式,都没有脱离德、能、勤、绩这组基础指标。

(2) 酒店人力资源考核的具体指标。

具体指标是结合酒店具体岗位来确定的。其确定的方法称为"工作产出法",具体做法是将员工工作产出的供给对象当做员工的客户,包括内部客户和外部客户,找出客户关系。例如餐厅服务员的服务对象和其工作产出包括:对顾客的工作产出主要有引座、点菜、上菜、分餐、应需服务;对前台的工作产出主要是送客结账；对传菜员的工作产出主要是接盘、送盘、送菜单；对领班的工作产出主要是摆台、对客服务和收拾桌面。这些工作产出就是餐厅服务员的岗位职责，也是其考核的具体指标。

通过确定员工为哪些内、外客户提供工作产出，以及对每个客户提供的工作产出分别是什么，以这些客户对员工工作产出的满意标准作为衡量员工绩效程度的标准。通过客户关系法找出的工作产出指标就是员工绩效考核的具体指标。

3. 按照指标性质分类

考核指标可以分为过程性指标和结果性指标。与绩效的过程性与结果性相对应，绩效指标也可以相应分为过程性指标与结果性指标。过程性指标是考察员工工作产出过程的指标，例如服务态度、服务潜力等；结果性指标是考察员工工作产出结果的指标，例如产量、销售额、利润、成本、顾客满意度等。过程性指标相对主观性强，难以客观衡量，但可以增强考核的全面公正性；结果性指标有利于增强绩效考核的客观性。

4. 按照指标的重要程度分类

考核指标可以分为普通指标和关键绩效指标（KPI）。KPI 是员工绩效指标中的关键指标，是衡量员工绩效实施效果的主要依据。

6.2.3 酒店人力资源 KPI 体系及其设立

1. KPI 体系存在的原理——"二八原理"

"二八原理"是一个重要的管理原理。其含义是在一个酒店的价值创造过程中，存在着"20/80"的规律，即 20%的骨干人员创造酒店 80%的价值；而且在每一位员工身上"二八原理"同样适用，即 80%的工作任务是由 20%的关键行为完成的。因此，必须抓住 20%的关键行为，对其进行分析和衡量，这样就能抓住业绩评价的重心。

2. 平衡计分卡与 KPI 体系设计

（1）平衡计分卡的含义

平衡计分卡（balanced score card）是一套绩效考核的方法，其核心思想是通过财务（financial）、客户（customers）、内部经营过程（intenal business progress）、学习与成长（learning and growth）四个方面指标之间相互驱动的因果关系（casual relationship）展现酒店的战略轨迹，实现绩效考核到绩效改进以及战略实施到战略修正的目标。

平衡计分卡的含义如下：

① 平衡计分卡中每一项指标都是一系列因果关系中的一环，通过它们把相关部门的目标同酒店的战略联系在一起。

②"驱动关系"一方面是指平衡计分卡的各方面指标必须代表业绩结果与业绩驱动因素双重含义,另一方面平衡计分卡本身必须是包含业绩结果与业绩驱动因素双重指标的绩效考核系统。

③这种方法通过财务与非财务考核手段之间的相互补充、"平衡",使绩效考核的地位上升到酒店的战略层次,使之成为酒店战略的实施工具,同时在定量评价与定性评价之间、客观评价与主观评价之间、指标的前馈指导与后馈控制之间、酒店的短期增长与长期发展之间、酒店的各个利益相关者的期望之间寻求"平衡"的基础上,完成绩效考核与战略实施过程。

(2) 基于平衡计分卡的 KPI 体系设计

KPI 体系是实施绩效考核的一种有效的工具。在建立 KPI 时,通常要先由酒店高层对酒店未来成功的关键达成共识;在确定酒店未来发展战略之后,通过"鱼骨图"对每个成功的关键业务重点及相关的业绩标准及所占比重进行分析;最后根据该职位的任职资格要求对与其相应的业绩标准进行再分解,确定对应于该职位的 KPI。由于 KPI 指向了酒店成功的关键要点,对于绩效考核来说是一种有效的方法。

但是由于指标之间没有明确的内在联系,考核还是过多地针对部门及其内部个体绩效的结果,而忽视了部门绩效之间的内在逻辑与酒店战略实施之间的关系,因此这种考核还没能跨越职能障碍,在让员工了解并利用内在的多重相互关系、发挥员工推动酒店战略实施的整体优势,使战略贯彻于员工的绩效考核与行为改进方面,KPI 体系还不能发挥优势。

应用平衡计分卡原理设计 KPI 可以将酒店战略目标与员工绩效有效结合起来,达到酒店绩效整合的目的。如图 6-2、图 6-3 所示。

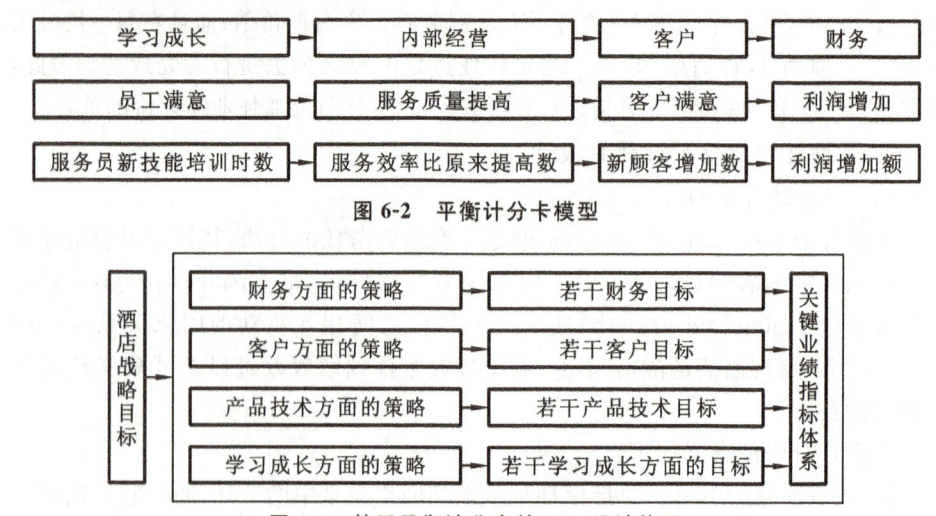

学习成长	内部经营	客户	财务
员工满意	服务质量提高	客户满意	利润增加
服务员新技能培训时数	服务效率比原来提高数	新顾客增加数	利润增加额

图 6-2 平衡计分卡模型

图 6-3 基于平衡计分卡的 KPI 设计体系

6.3 酒店人力资源绩效考核的方法

酒店人力资源考核的方法是指在酒店员工绩效考核过程中使用的技术手段。绩效考核不是一项孤立的职能活动,这项工作与绩效管理的其他环节相互作用,互相提供服务,绩效考核提供的数据往往是其他决策的依据。不同考核目的对考核方法的要求有所不同,对考核数据的精确性要求也不同,例如若考核的目的是为了发现员工培训的需要,则需要对员工的相关工作行为进行深入考核,行为锚定法(BARS)就会大有用处。所以在探讨酒店人力资源绩效考核方法之前,有必要先看看现代酒店进行员工绩效考核的目的都有哪些。

6.3.1 现代酒店员工绩效考核的主要目的

不同酒店的员工绩效考核的目的不同,但主要集中在四个方面:报酬决策、员工目标、培训需要和提升晋级。绩效考核从本质上来说,具有对员工表现进行反馈的功能,只要采用的绩效考核指标体系有效、选用的考核主体可靠和考核方法科学,酒店员工绩效考核的目的都能有效得到实现。如表 6-1 所示。

表 6-1 员工绩效考核评估方法的应用

目的\类型	酒店/旅馆	餐馆	俱乐部
报酬决策	86.4%	90.7%	72.2%
员工目标	78.1%	82.6%	77.6%
培训需要	73.3%	80.2%	60.5%
提升晋级	65%	77.9%	47.8%

6.3.2 现代酒店员工绩效考核的主要方法

现代酒店使用的员工绩效考核方法很多,其中,国外酒店使用的方法主要有以下几种:

1. 图表尺度评价法

图表尺度评价法与我们通常提到的等级评定法原理是一样的,唯一的区别是前者的等级选项以图表尺度的形式表现,而后者表现形式相对灵活。该方法是酒店员工绩效考核中采用最普遍的一种方法,也是最容易操作的一种绩效评估方法。该方法的具体操作过程是:根据工作分析,将被考核岗位的工作内容划分为相互独立的几个模块,在每个模块中用明确的语言描述该模块工作需要达到的标准;将标准分为若干个等级选项,如"优"、"良"、"合格"、"不合格"等,为了便于计算总成绩,可以赋予不同等级以具体分数;考核人根据被考核人的实际工作表现,对每个模块的完成情况进行评估,最后得出的总成绩便为该员工的考核成绩。

图表尺度评价法的优点是简便、易操作,考核者只要在表格中相应位置填写上相应等级即可。但也正是由于操作上的简便,使考核者容易做表面工作,在进行等级评定时敷衍了事,而且,相关研究表明,较多的管理人员倾向将被考核者评定为较高等级,从而出现大量优秀员工的情况。

2. 排序法

(1) 简单排序法

简单排序法是考核者将员工按照工作的总体情况从最好到最差进行排序的一种方法。这种方法有利于识别出绩效好的员工和绩效差的员工,在人数较少的情况下,这种考核方式简单、易操作、成本低,但如果人数很多,排序方式将会变得很烦琐,而且在分数差距不大的情况下会出现分数近似而名次相差很大的情况,造成不公平的错觉。

(2) 交替排序法

交替排序法是简单排序法的一种变形。心理学家发现,人们往往容易关注极端的情况,而忽略中间的情况。交替排序正是考虑人们的这一心理规律,在进行排序时,首先根据绩效评定的标准挑选出最好的员工和最差的员工各一名,将其列为第一名和最后一名,然后从剩下的员工中挑选出次优和次差的,依此类推,就可以得到一个完整的序列。人们在感觉上相信这种方法优于简单排序法。

3. 配对比较法

配对比较法是依照相同标准对相同职务的员工进行考核的一种方法。该方法是对员工进行两两比较,任何两位员工都要进行一次比较。两名员工比较之后,工作较好的员工记"1",工作较差的员工记"0"。所有的员工相互比较完毕后,将每个人的得分进行相加,分数越高,绩效考核的成绩越好。配对比较法每次比较的员工不宜过多,太多会使考核工作变得烦琐不堪,一般在5～10名即可。这种方法是对员工进行整体印象的比较,不涉及具体工作行为,较适合进行报酬决策,而不适合以培训等为目的的决策。

4. 强制分布法

强制分布法有一个假设前提,即在正常情况下所有员工的最终排序在统计上基本符合正态分布。根据这一原理,优秀的员工和不合格的员工的比例应该基本相同,大部分员工应该属于工作表现一般的员工。所以,在考核分布中,可以强制规定优秀人员的人数和不合格人员的人数。比如,规定本季度所有客房服务员的最终评定中,优秀服务员和不合格服务员的比例均占20%,其他60%属于普通员工。强制分布法适合相同职务员工较多的情况,这种方法的最大优点在于可以有效地避免由于考核人的个人因素而产生的考核误差。不过这种方法的强制性有可能引起员工的不满。

5. 目标管理法

目标管理(Management by Objectives,MBO)最早由美国管理学家德鲁克在1954年提出,其精炼之处在于提供了一种将酒店的整体目标转化为酒店单位和每个成员目标的有效方式。其实质是考核者与被考核者共同讨论和制定员工在一定考核期内所需要达到的绩效目标,同时还要确定实现这些目标的方法与步骤。由于考虑到员工在参与绩效目标制定中的重要地位,该方法成为具有"人本管理"思想酒店的首选。相关实践经验表明,酒店员工绩效考核中使用这一方法有利于改进工作效率,提高服务质量,使酒店的管理者能够根据迅速变化的竞争环境对员工进行及时的引导。

目标管理法是一个不断循环的系统,具体实施起来要经历以下六个步骤。

(1) 确定酒店总体绩效目标

管理者应根据酒店某阶段的发展战略确定本绩效考核期酒店应达到的绩效考核指标及其相应标准。根据平衡计分卡理论,科学的指标体系应从财务、客户、内部经营过程、学习与成长四个方面来确定。

(2) 确定部门特定绩效目标

部门绩效目标要根据部门的不同特性来确定,不同部门的绩效目标会有不同,例如酒店销售部门侧重于销售额、客户数量等。

(3) 确定员工个人目标

员工个人目标的确定必须是管理者和员工共同商讨决定的。一方面,上司要求对部门目标进行计划,制定出员工绩效的具体目标,另一方面,上司要酒店员工根据自我实际情况制定本期绩效所达目标,然后双方共同商量、审议这两个目标的清单,力图使两者吻合,对员工本考核期应达到的目标达到意见一致。

(4) 员工目标实施与辅导

确定员工个人目标后是员工目标的实施过程。在这一过程中,管理者必须对员工绩效目标情况进行辅导与监督,帮助员工顺利实现个人目标,同时还要及时发现目标制定中可能存在的不切实际的部分,适时进行修订。

(5) 员工绩效目标期末考核

员工绩效目标的期末考核是考察员工绩效目标的实际完成情况,这项工作是员工奖惩、晋升等的依据。

(6) 绩效成果总结与反馈

对员工绩效考核的结果应形成书面说明,使之成为下一期绩效目标制定的参考依据。

目标管理的优势在于这项工作体现了人本管理思想,通过与员工持续交流与沟通,能够在帮助员工实现酒店目标的同时实现自我的发展,从而达到酒店与员工双赢的目的。但目标管理考评体系也有一些不足之处。目标设定是一个非常困难的问题,如果员工在本期内完成了设定的目标,那么管理人员就倾向于在下一期提高目标水平,如果员工在本期没有完成目标,那么管理人员在下一期就倾向于将目标设定在原来的目标水平上,从而产生所谓的"棘轮效应",即标准随业绩上升的趋势。

6. 关键事件法

关键事件法是 J.C.Flannagan 在 1954 年提出来的。这一方法是一种通过记录与员工工作成败密切相关的关键行为,用被考核者所获得的关键行为总分数来评价员工工作绩效的绩效考核方法。该方法需待评估员工每人持有一本绩效记录,由考察者和知情的人(通常为被评估者的直接上级)随时记载。这里的"关键事件"具有以下几个特点:

(1) 好坏兼有,即所记载的事件既有好的,也有不好的,要全面记录。

(2) 突出具体性。所记载的必须是较突出的事件,而不是一般的、琐细的、生活细节方面的事,而且所记载的应是具体的事件与行为,不是对某种品质的评判。

(3) 绩效相关性。关键事件必须是与员工工作绩效直接相关的事,一定要与被考核者的关键绩效指标联系起来,否则就不具备有效性。

关键事件法对事件的描述内容一般包括以下四个方面:第一,导致事件发生的原因和背景;第二,员工的特别有效或多余的行为;第三,关键行为的后果;第四,员工自己能否支配或控制上述后果。

关键事件法的主要优点是通过记录与员工绩效相关的关键事件,可以为绩效评估积累可靠素材,同时经归纳、整理,可以得出令人信服的评估结论,加强考核的客观公正性。其不足之处是:一是费时费力,关键事件的发现和记录是一个持续的随时性的工作,需要记录者时时关注、刻刻用心。二是记录集中于关键突出事件,忽视平均绩效水平,容易导致片面性。故该方法一般结合其他方法使用。

7. 描述法

描述法又称为评语法,是由考核人撰写一段评语来对被考核人进行评价的一种方法。评语的内容包括被考核人的工作业绩、工作表现、优点、缺点和需努力的方向等。评语法的主要优点是以总结性、描述性的方式出现,可以弥补量化考核的不足,但是由于该考核方法主观性强,所以一般也不应单独使用。在我国酒店业这种方法应用非常广泛。

8. 行为锚定等级评价法

行为锚定等级评价法(Behavior Ally Anchored Rating Scale,BARS)是基于关键事件法的一种量化的评定方法。这种方法将量表评分法与关键事件法结合起来,兼具两者之长。该方法为每一职务、每一评估维度都设计出一个评分量表,并有一些典型的行为描述性说明词与量表上的一定刻度(评分标准)相对应和联系(即所谓锚定),供为被评估者实际表现评分时作参考依据。其主要缺点是关键事件描述数量有限(一般不大会多于10条),不可能涵盖千变万化的员工实际表现,很少可能有被评估者的实际表现恰好与说明词所描述的完全吻合。但有了量表上的这些典型行为锚定点,评估者给分时有了分寸感。这些代表了从最差到最佳典型的有具体行为描述的锚定说明词,使被评估者能较深刻地了解自身的现状,可以找到具体的改进目标。

9. 360度考核法

(1) 360度评价理论

360度评价理论在20世纪90年代后得到广泛应用。据最新调查,在《财富》排出的全球1000家大公司中,超过90%的公司在职业开发和绩效考核过程中应用了360度绩效考核系统,迪斯尼、麦当劳等著名顶级跨国酒店更是将其作为首选绩效评价的技术手段。

360度评价是一种员工绩效考核方法,该方法侧重于从考核实施主体的角度来考察绩效评估问题,即员工绩效考核由与员工本人发生工作关系的所有主体对员工进行绩效评估,在确定各自不同权重的前提下,对员工个人绩效进行汇总,从而获得关于本人最终绩效信息。这些相关主体包括员工的上司、下属、同事、客户、自己及其他相关者。

从信息来源的角度看,很显然,360度评价模式较单一评价来源的评价方式更为公正、真实、客观、准确、可信。同时,通过这种评价方式,人们可以客观地了解自己在职业发展中所存在的不足,可以激励员工更有效地发展自己的工作能力,赢得更多的发展机会。同时360度绩效评估可以加强员工的团队精神,增强服务意识,进而提高酒店服务质量。

(2) 考核实施主体

① 上司。这是由被评估者的直接上司对其工作绩效进行评估。酒店实施的督导制,如领班对服务员工作的检查制等,使得上司对被评估者的素质与能力有较全面的了解,从这个角度对员工进行测评是比较重要的。同时,这种考评相对

省时简单,我国现代酒店员工绩效考评基本采用这种方式。当然其缺点也是很明显的,该方法容易导致员工对上司权威的惧怕,极力讨好上司,从而产生不公平现象。

② 下属。下属是管理者管理的对象,直接受制于管理者,能比较清楚地了解上司的某些绩效情况,比如服务员在接受领班的日检时可以对领班的领导能力、交际能力、服务技能等有较全面的认识,下属的评价对于以晋升为目的的考核具有很大的参考意义。

③ 同事。由同事(一般是指从事相同岗位的同事)对员工工作绩效进行评估的好处是非常明显的。一般来说,同事之间对彼此的工作绩效非常了解,相对能够准确地做出评价。当然,员工并非专业的评估人士,为提高评价的科学性,必须经过大量的培训,这对酒店来说比较费时、费力。

④ 客户。这里的客户包括外部和内部两部分。现代酒店越来越重视顾客在人力资源绩效考核实施主体中的地位,因为从酒店的战略目标来看,顾客满意率成为酒店绩效的重要组成部分,而满意顾客是由员工造就的,所以对于员工的绩效评价以顾客的感受为参照标准会具有极强的针对性。对于内部客户,前面提到过,绩效指标的确定可以用客户关系示意图进行,每一位员工都要为特定的内部客户服务,这些客户的满意度成为员工工作绩效的重要组成部分。但是利用外部顾客对员工工作绩效进行评估的一个障碍是其可操作性比较差,这一问题是目前研究的课题。

完整的绩效评估还包括员工的自我评估,自我评估有助于增强员工的积极性和主动性,增强评估的全面公正性。

10. 其他方法

(1) 情境模拟法

情境模拟法是一种模拟工作考核的方法。该方法是由美国心理学家茨霍思等学者提出的。其具体做法是当着评价小组人员的面,将被评估人员置于一个模拟工作环境之中,要求其完成类似于实际工作中可能遇到的活动,评价小组对其处理实际问题的能力、应变能力、规划能力、决策能力、酒店指挥能力、协调能力等作现场评估,用来确定被评估者适宜的工作岗位及具体工作。该方法是一种主要针对员工工作潜力的考核方法。

(2) 综合法

顾名思义,综合法就是将各类绩效考核的方法进行综合运用,以提高绩效考核结果的客观性和可信度。实际工作中,很少有酒店使用单独的一种考核方法来实施绩效考核工作。

6.3.3 绩效考核中的常见误差与修正规则

1. 常见误差

一个人的业绩,可能由一个人来评定,如主管上级或人力资源部的考评员。

也可能是由几个人评定,如一个考评小组。还可能由更多的人参加,如当评定一位中层管理人员时,考评者,可能包括他的上级和下属全体成员。

无论采取哪种形式,考评者本身的弱点和判断中的误差,都可能被带进工作之中。其中,经常出现的误差有以下八种,应引起我们的注意。

(1) 标准误差

有的考评员掌握标准非常严格,而有的考评员则掌握得比较宽松。于是,很可能出现被考评者的顺序排列不当,或者差距加大的现象。

(2) 印象性误差

考评员对被考评者的原有印象,会给考评结果带来不利影响。有些考评员对原有印象好的员工评价偏高,对原有印象不佳的员工评价偏低。相反,也有一些考评者对原有印象好的员工要求过于严格,而对原有印象不好的员工要求却相对宽松。这些都将影响考评的准确性和可信度。

(3) 人际关系性误差

考评员评价为自己所熟悉或关系不错的人时,时常表现出高于实际的评定倾向。而对其他人则实行高标准、严要求,从而使评估结果失真。

(4) 晕轮效应

当一个人的某一特性受到很高评价时,则他的其他特点也有被高估的倾向。

反之,也是一样。特别是评价那些没有量化标准的特性时,如工作态度、合作性、主动性等,晕轮效应表现得更为明显。

(5) 对照效应

心理实验表明,考核一个对象,经常会受到前一个对象的影响。如果一个考评员接待的前一个被考评者各方面表现都很出色,对比之下,就会给后一个被考评者带来不利的影响;相反,如果前一个考评者业绩很差,就会给后一个被考评者带来有利的影响。

(6) 中心化倾向

考评者往往都不愿作出"最好"或"最差"这样的极端性判断,而是趋于取"中间级"的评价。这就使员工之间的差距缩小了,使"表现一般"的员工人数不真实地膨胀了。这样的评价结果的价值,受到了局限,为进一步的人事决策造成困难。

(7) 压力误差

考评员由于受到上级或来自考评对象的压力,而对考评结果有意作出不符合事实的报告。这是经常发生的事,尤其是考评结果的意义特别重大时,这种情况最易发生。

当考评者是一个小组时,群体压力也常使考评结果出现误差。

(8) 观察性误差

不同的考评员,对同一考评对象的观察角度不一样,得出的结论会有很大的差异。此外,考评员当时的情绪状态,也影响他对考评对象的认识。

2. 误差修正规则——超越误差思维的"激励模式"

有误差是现实,而误差的产生源于我们的评估行动。换言之,没有评估就无所谓误差。评估的目的不在于评估本身,而是为了实现人力资源开发的目标。所以,关于误差修正的问题,实质上就是如何实现评估目标的问题。

凡是说到误差,人们首先想到的就是消除误差。实际上,这样的思路非常狭窄,特别是在处理人的问题方面。为此,我们提出"超越"或"跳出来"的观点——站到更高的地方看问题,处理问题。

这就是超越误差思维的"激励措施",即通过开放的思路,以"激励方法"来修补其间的参差。具体如下:

(1) 任何误差都可以通过激励手段弱化,使之不成为困扰,不造成新的问题。因为任何人都可能因为受到激励而焕发出自我修正的力量。员工通常所缺乏的是没有被激励的机会。反之,人力资源开发者有责任提供机会,激发大家努力,并使误差降低。

(2) 误差产生于"人人喜欢向外看,偏偏不知道自己",而实际上,人人都是在为自己工作,而非别人。这是人自己造成的矛盾,但自己常常看不清楚。管理者的又一个重要工作,就是让员工看到这一点,并让大家知道,"给人方便,自己方便"的道理。这个"自己方便",可能是奖励、认同,也可能是成就感。

(3) 人因为痛苦而改变行为。亦即,"负激励"也是必要的。当维持误差比消灭误差的成本更高时,人们的行为就会改变。管理者要做到这一点,就要对不能做的事情明确限制并严加处罚。比如眼下大家都喜欢买大排量汽车,但等到汽油价格上涨到影响生活时,大家的购买方向就开始改变了。

(4) 加强沟通,实现目标的重要方式是沟通,而沟通能否实现的关键在于认同。认同的前提是什么?是事情与自己相关。怎样与自己相关?就是通过沟通帮助员工找到说服自己为酒店效力的理由,而不是简单地让他们了解一下酒店的诚意就可以了。真正关心,而非虚应差使。不少问题不能解决,在于没人真正关心。这个关心包括花精力、金钱照顾生活,花时间倾听他们的想法,等等。影响他们的想法、观念,甚至信仰,进而改变他们的行为方式,从而消除误差的影响。

(5) 增强员工的自尊、自信,是最高境界的激励,也是最好的修正误差的方案。酒店经营成功的最大秘诀,就是经营每一个成员的自尊与自信。因为员工看待自己的感觉,通常与客人看待他们的感觉是一样的。如果员工都不喜欢自己的工作,那么,客人的反应也就可想而知了。

(6) 不断协调管理者与员工之间的认知。立场不同,观点、认知不可能一样,这就是为什么你总是觉得执行人所做的,与你所要求的不同的道理。有人研究过这个问题,并发现一个称为"管理漏斗"的原理:心里想到100%,嘴上说出80%,别人听到60%,别人听懂40%,别人能做20%。所以,要认真对待这个问题。

(7) 明确期待,同时强化行为规则,并在执行过程中,明确认可、表扬好的行为,处罚错误行为,员工就会自己调节自己的行为。但人们经常犯的错误是小错误任其发展,结果问题越积越多,难以收拾局面。

(8) 评估自己时,依据的是自己的动机;看待别人时相反,依据的是他的行为。这就是大家为自己的过失总是辩护、找借口的理由。别人迟到、早退时,你说他没有责任心,轮到自己时,就说"因事"、"因故"。如此,则误差自然越来越大。

(9) 要根据工作特点,选择好考评的时间,两次考评的间隔不能太短,也不宜太长。间隔太短,不能使员工的优、缺点得到充分表现,也容易使员工对考评感到厌倦,不予重视。间隔太长,则不利于及时纠正错误和不符合要求的行为。

(10) 要认真挑选,严格训练考评员。使考评标准尽可能准确、明了,能定量的尽可能定量,以减少考评员主观性的干扰。另外,还可以根据实际情况扩大考评员的范围。如考评管理者时可以邀请其下属参加;考评服务员时,可以听取顾客的意见;考评销售人员时,了解客户的看法尤其重要。

显然,误差是必然的。同时,不承认或以为能够消灭任何误差也是愚蠢的,而在一定程度上消除误差,则是可能的。为保证业绩考评的质量,最大限度地减少误差,需在考评之前,做好充分的准备。

6.4 酒店员工绩效考核结果运用与管理

酒店员工绩效考核结果的运用与管理在绩效管理系统中占有相当重要的地位。一方面,这项工作是确定整个绩效管理体系有效性的重要环节,员工绩效考核的实施如果没有结果的承诺和兑现将使员工丧失积极性,使得绩效考核丧失本来的意义;另一方面,这项工作是下一步员工绩效计划得以确定的重要依据。我国许多酒店在进行绩效管理时正是由于缺乏对绩效考核结果的管理,大多数考核流于形式,从而达不到应有的效果。主要包括考核结果分析、考核结果反馈和考核结果运用。

6.4.1 酒店员工绩效考核结果分析

酒店员工绩效考核结果的分析是指酒店考核结果分析人员(主要是统计员)通过对考核所获得的数据进行汇总、分类,利用一些技术方法进行加工、整理,得出考核总结果的过程。绩效结果的分析是酒店管理者与员工就结果进行反馈面谈的依据。酒店员工绩效考核结果的分析主要包括以下几个步骤:

1. 对考核数据汇总与分类

考核数据的汇总与分类是将不同考核主体对同一被考核者的考核结果收集起来进行汇总,并根据考核者的特点,对汇总后的考核结果进行分类。

2. 确定权重值

对酒店员工绩效考核结果的分析需要确定两类权重值:一类是考核指标的权重值,其大小可以反映该考核指标在整体考核指标中所处的地位和重要程度。例如,管理层次的员工的绩效可能主要反映在工作过程中,其工作的行为及行为方式最能反映其绩效,而酒店销售人员的绩效主要反映在工作成果中,因此在确定权重值时就应有所侧重,这样才能如实反映员工的绩效结果。另一类是考核主体的权重值,这类权重值反映了该考核者在所有考核者中的重要地位和可信度。如一般情况下,同级考核的结果要比领导考核的结果可信度大,领导考核的结果比下级考核的结果可信度大。因此,同级考核者考核结果的权重值要比领导考核结果的权重值大。权重值的确定可以采用德尔菲法、问卷调查表的方式,广泛征求各方面意见,以增强其科学性。

3. 计算考核结果

在确定权重值和实际获得的大量考核数据统计之后,可以利用数理统计等方法计算考核结果。一般采用求和、求算术平均数等十分简单的数理统计方法即可。

4. 表述考核结果

考核结果的最终表述可以通过数字、文字、图形三种方式。数字表述法是结果表示的最基本形式,是直接利用考核结果的分值对被考核者的绩效情况进行描述,该方法具有规格统一的特点。文字表达法是用文字描述的形式反映考核结果的方法。该方法是建立在数字描述基础上的,有较强的直观性,重点突出,内容集中,具有适当的分析,充分体现了定性与定量相结合的特点。图形表示法是通过建立直角坐标系,利用已知数据,描绘出图形来表示考核结果的方式。这种方式具有简便、直观、形象、对比性强的特点,适用于人与人之间、个人与群体之间、群体之间的对比分析。

6.4.2 酒店员工绩效考核结果反馈

酒店员工绩效考核结果反馈的主要方式是面谈。考核结果反馈面谈是绩效考核结果管理的核心。有效的绩效反馈面谈可以使考核者与被考核者就考核结果达成双方一致的看法,为下一步计划的制定打下良好合作的基础;可以使员工认识到自己的成就与优点,产生工作积极性;可以就员工有待改进的方面达成共识,促进员工改进等。

酒店员工绩效考核结果反馈面谈要坚持以下几个原则:

1. 双向沟通原则

绩效考核反馈面谈的目的是使双方达成一致意见,要达到这个目的需要双方的积极沟通与交流,切忌将绩效反馈面谈变成主管对下属的训话。要达到双向沟通的目的,主管人员必须学会倾听。倾听一方面可以鼓励员工表达自己的观点,有利于发现员工的真实想法;另一方面,倾听也可以使主管有机会思考解决问题的办法,有利于有的放矢地回答员工的问题。

2. 优、缺点并重原则

绩效考核面谈的另一个目的是帮助员工发展,这样在面谈中不能只看到员工的一面,必须优、缺点并重。对于员工的优点,要加以鼓励,对缺点也要提出,督促并帮助其改进。

3. 对事不对人原则

相关研究表明,对人的直面评判很容易引起强烈反应。对于工作绩效的考核面谈应就工作绩效本身进行,不应对个人进行攻击。例如,销售经理与一名销售人员就其本期销售业绩进行面谈时说:"你这次的销售业绩可不理想啊。你看看这些数据,你的排名是最后一位!"这比"你这人是全组最差的销售员!"效果就要好得多。

4. 着眼未来原则

绩效反馈面谈是就考核结果进行的,但这并不意味着面谈的目的是就结果谈结果,停留在回顾过去。绩效面谈的重要目的之一是为下一次绩效计划做铺垫,总结问题是为了发现对未来发展有用的东西,因此对绩效结果的讨论应着眼于未来。

5. 突出重点原则

绩效面谈切忌泛泛而谈,不着边际。绩效面谈时间也应是有限定的,时间太长会使双方失去热情,对酒店来说也是个费时的事。所以面谈中双方都应抓住重点问题,管理者应引导员工讨论重点,以防止其避重就轻。

6. 彼此信任原则

绩效反馈面谈是个双向沟通的过程,要使沟通顺利进行,达到相互理解和达成共识的目的,必须有一种彼此相互信任的氛围。管理者在建立这种彼此信任的环境时占据主导地位。面谈环境、面谈时间、面谈中的一些小技巧等都有助于管理者营造令员工产生信任感的氛围。例如,面谈前精心选择一个轻松的场合,安静、惬意,有着柔和的色彩和轻松的音乐,选择并肩而坐的位置,来一点饮料,面谈前先谈一些轻松话题等。

6.4.3 酒店员工绩效考核结果运用

1. 报酬决策

酒店的报酬决策主要包括工资调整与奖金分配。绩效考核结果应用于工资调整可以体现对员工的长期激励作用,例如,用于年度工资额调整可以激励员工为获得下一年度工资提高做持续努力。绩效结果应用于奖金分配则体现了对员工的短期激励。业绩的考核结果为年终奖金的确定提供了很好的依据。

2. 员工目标

这里的员工目标是指员工个人的发展计划。人力资源绩效考核的结果在面谈反馈给员工本人时,考核者通过与员工沟通指出其工作的优、缺点,为员工下一步的个人发展计划提供了依据。在酒店目标的引导下,管理者通过绩效监督和持续沟通对员工提供帮助,员工不断改进和优化工作,同时不断提高工作能力,开发个人潜能,帮助自己实现个人职业目标,实现个人职业生涯的发展。

3. 培训需要

酒店通过分析绩效考核的结果以及通过与员工的绩效面谈,能够发现员工个体与酒店要求之间的差距,从而及时发现需要何种类型的培训。对于能力不足的员工可以通过有针对性的培训活动开发潜能,提高其工作能力;对于工作态度不良的员工,必须为其准备适应性再培训,要求其重塑自我。

4. 提升晋级

职务晋升和选拔干部是一件慎重的事,一般不宜通过一次考核结果来决定。根据现代酒店的实践经验,一般来说,在一定时期内(至少两个针对性考核周期以上),某员工拥有连续的、稳定上升的绩效结果才可以纳入晋升者名单。

【案例 6.1】 提高业绩水平

30 天前,拉文·威尔森为她能在著名的梅尔罗斯酒店担任执行客房经理——她的新岗位而激动不已。梅尔罗斯酒店是把她从一个竞争对手酒店挖过来的,当时许诺更高的待遇、地位和更大的工作责任。当她仔细审视这家酒店时发现,酒店的客房管理有明显的疏漏,其实她到酒店上班的第一天,欢迎她的就是一堆垃圾桶和大堂地上随处可见的烟头。

拉文浏览了客人意见卡和客人满意度调查,客房问题被反复提到,客人的抱怨涉及客房的方方面面,从褪色的床单到破损肮脏的文具,最糟的是经常有客人物品被盗事件发生,而且迄今仍未解决。总之,从客人满意度报告看,过去 6 个月中客房部及其服务一直得分很低。

对拉文的真正挑战是她在阅读去年客房部员工业绩评估时发现的。业绩评估的打分范围是 1~5(5:杰出,4:超出期望水平,3:达到期望水平,2:需要改进,1:不满意)。拉文惊讶地发现所有客房部员工都得了最高分。

"怎么会这样?"她心想,"在各小组的工作表现绝对未达标的情况下,部门员工的业绩评估怎么可能得这么高的分?"

拉文是梅尔罗斯酒店管理层的新人,她决定先侧面了解一下。她先找到总经理征询建议。总经理已经了解到这方面服务表现出的问题有一段时间了,正急于和拉文一起商量解决办法。他明白如果这个问题得不到解决,从长远看酒店将遭受财务上的损失,他让拉文放手去干。在与总经理的谈话中拉文了解到了一个重要信息——企业奖励制度的改变,这让她的工作更加复杂了。企业现行的奖励制度,包括加薪和奖金,不是和员工个人业绩挂钩的,而是和部门整体业绩挂钩。会面结束时,总经理指出客人满意度的评分应该成为影响加薪的主要决定因素。

拉文有点不知如何下手。她如何说服各个工作小组改进服务质量呢,尤其是这种工作已经成了这个酒店多年来的习惯了。她是酒店里的新人,部门里没人愿意和她一起兴风作浪。当天晚些时候,拉文找到人力资源总监罗德尼·拉米尔兹,诉说自己的担忧。

拉文说道:"我遇到了问题。我部门中有些工作小组表现不佳,而员工在每年的业绩评估时又都得分很高。我想和小组主管谈谈,但我首先想听听你的见。我怎么能让主管更客观现实地评价员工,给他们提出改进意见呢?我知道他们听到这些是不会高兴的,但如果情况继续这样下去,我的部门会有大麻烦的。"

罗德尼想了一下然后说:"是啊,你的处境的确挺难的,尤其是你想改变现状,你肯定会遇到抵制的,不过我们雇你就是认为你能处理这种情况。让我们一起想办法。我可以为你的工作小组安排新的培训,不过关键是这个酒店里不同的部门用不同的业绩评估方法满足不同的目的。要想以后进行有效的评估,你得重新制定评估标准,整个部门的评估标准要完整统一。从某种意义上说你对员工更严格了,但也更公平了。记住你所做的改变会使我们的客人受益的。"

拉文谢过了罗德尼所花的时间和提出的有益的建议,她开始想下一步的行动。她计划了一次会议,要求问题最严重的 3 个小组的主管参加:梅立卡,客房检查员;苏珊,洗衣房主管和克莱伦斯,公共区域主管。经过几天时间的准备,她决定直击痛处了。

第二周开会时,拉文直截了当地说,"谢谢你们今天来开会,我想你们也清楚我们部门的问题。今天我叫你们来是因为问题直接指向你们所负责的几个小组。我想问问你们,你们觉得客房服务质量的标准是什么?"拉文坐在椅子上,双手抱在胸前,目光扫过每一个主管,等着他们的回答。

梅立卡首先发言,"当然是干净的房间和床单,留意细节。"

克莱伦斯补充说,"看起来舒服的大堂和干净的卫生间。"

"对,"拉文肯定道,"那么为什么客人意见卡上写的都是对酒店不利的话?看这个,一个客人说她住的房间非常脏。另一个客人抱怨床单已经褪色了,还有人说大堂有股养鸡场的味道。你们对此有什么想法?"

拉文停了停,苏珊的背挺直了,脸色不太好看,梅立卡和克莱伦斯对望了一下,没有说话。

"我希望在这些方面都看到变化,"拉文接着说,"但奇怪的是,我发现你们的员工业绩评估结果每个都得分很高。怎么会员工业绩评估都拿最高分,而你们几个小组的表现还低于部门的平均水平呢?我们的工作目标是服务客人,如果客人不满意,根据投诉情况看他们的确不满意,那么我们的工作等于没做。"

拉文又停了一会儿,观察了一下 3 位的反应,梅立卡和克莱伦斯显得有点焦躁不安,苏珊没有任何表情。

拉文决定接着说,"在下次年度业绩评估之前,你们必须重新考虑员工评估方法,我们需要统一的评估准则,而且评估时必须严格遵循,不得有例外。换句话说,你们有责任重新评估你们的员工,我希望在下两个月中看到实质性的改变。我们不能再替员工遮丑,同时又希望他们能做得最好。提醒你们,明年的奖金和加薪将基于整个部门的业绩,如果现状没有改变我们就什么都拿不到。现在我想听听你们的意见。"

洗衣房主管苏珊首先开口:"威尔森女士,我对你很尊敬,但你来这儿的时间还太短了,我在这儿已经工作 12 年了,虽然我同意你提出的一些问题,但你的前任从来没有这样教训过我们。我们一直希望能有一个团结协作的工作环境,而且我认为你把问题矛头只指向我们是不公平的。员工重新评估可能是一个改变提高的机会,但部门中的其他小组呢?问题中就没有他们的事吗?"

梅立卡插话道："我觉得重新评估我们的员工是愚蠢的。喜欢不喜欢，我都得留住我的员工，现在劳动力紧缺，人们不再排着队等着来这儿工作了，如果有员工不干了，倒霉的是整个小组。评估时给他们打高分，鼓励他们做到最好要容易得多。我不愿改变我们现在的做事方法，我得为我的员工着想。"

克莱伦斯是一个快嘴快舌的人，也是火气最大的一个，"我在这个茅屋酒店呆了10年了，到现在为止一切都挺正常的。你还想让我们怎么着啊？设备陈旧，你也知道这酒店不够现代。这儿的员工都是我的朋友，为什么要改变？老弗兰克是我一进酒店就认识的员工，现在我是他的主管，你难道要我告诉他说他的工作不合格，别想了。你还说如果我们不卖命干活就得不到加薪，但现在薪水根本不值得我们这么干。"

第7章

优化设计：薪酬制度的建立与执行

在酒店，薪酬永远是最变化莫测又最令人神经过敏的一个名词。正因如此，在中国大地上经营的酒店，不论是民营酒店、国营酒店，还是外资酒店，没有哪家酒店的薪酬体系是完美无缺的。在变化加速的时代，不同所有制的酒店，围绕薪酬发生的故事每天都在上演，怪事、好玩事、烦心事，更是事事花样翻新，层出不穷。

因为这涉及每个员工的切身利益，薪酬的问题解决不好，有可能变成管理人员"心愁"的事情。薪酬不合理，可能造成员工工作积极性不高，效率低下，核心员工频频跳槽，酒店天天忙于到处招聘人员，但又难以吸引到优秀的人才，优秀的人才即使选过来，干的时间也不会很长，最终可能造成"劣币驱除良币"的现象，留下的人员大多数都不是很优秀的，直接后果是酒店经营业绩不甚理想，但仍需要付出不低的人工成本。反之，酒店若能制定出科学合理的薪酬管理制度，对内具有公平性，对外具有竞争性，不仅能有效激发员工的工作积极性、主动性和创造性，促使员工不遗余力地为酒店目标努力奋斗，提高酒店的经营业绩，而且在实现酒店事业成功的同时，员工也造就了自我，实现了自我价值。此外，合理的薪酬体制还能在竞争日益激烈的人才市场吸引到优秀的人才，使酒店补充到新鲜的血液，并能留住一支高素质、具有快速学习能力、有利于打造酒店核心竞争力的人才队伍。

本章阐述了酒店薪酬的内容、影响因素以及类型，还包括基本薪酬体系的设计原则、流程与方法，奖金与福利的作用，薪酬制度设计方法，同时探讨了酒店薪酬制度的发展趋势。

7.1 民营酒店薪酬管理存在的困境

中国人民大学人力资源开发与管理研究中心副主任、著名薪酬专家刘昕博士指出,中国民营企业在快速发展中,往往还没有形成规范、成体系的薪酬体系,见子打子,头痛医头,脚痛医脚,缺乏体系,没有科学的工作分析、职位设计、职位分析、薪酬设计、绩效管理评估系统,这已经成为中国民营企业比较原始的老大难问题。民营企业求才若渴,但不能做到外部竞争性与内部一致性很好的结合,也是民营企业薪酬体系的一大病状。

7.1.1 民营酒店薪酬构架的随意性

民营酒店的薪酬构架,往往是哪里破了就补哪里,于是往往呈现出"打补丁"式的薪酬体系。在一家规模近百亿的酒店,由于酒店迅速膨胀,发展过程中,今天遇到这个问题用这个办法,明天遇到那个问题用那个办法,出现了纵横交错的薪酬局面:原有员工的"分级薪酬制"VS外聘员工的"谈判薪酬制",职位VS工资,岗位VS部门,于是便出现了低薪的干部与高薪的员工、低薪的原有干部与高薪的外聘干部、低薪的老员工与高薪的新员工,最终在这个集团形成了一种特殊的薪酬等级交叉景象,就有点像一件不断打补丁的破棉袄,越穿越重,越穿问题越多。

7.1.2 榨干高薪外聘人才

在某家企业集团,老板要进入新领域,于是大量挖人。在挖人时,为了最大限度地展现企业的吸引力,往往老板亲自出面,展开周公吐哺之胸怀,正如小伙子向心爱的女友求爱时的情景,花言巧语乱"许愿"。有一次,老板又亲自出手,从外面以数十万年薪挖来一名高素质人才,他在一年之内为企业开发出了许多造型新颖、名气跃起的新品牌。但每个人的能量毕竟是有限的,企业又没有相应的知识共享和研发大平台,得不到充电,该人才在刚开始的时候大刀阔斧收效显著,到后来趋于稳定收效减缓。这时候企业就会有人开始找他谈话,说"老板对你目前的工作业绩不太满意,但考虑到你为企业做过的贡献,酒店决定并不解聘你,但需要降薪(不是降一点点,而是直接打3折,其实就是要赶他走),否则对其他人不好平衡。"这位人才于是愤然离职。

7.1.3 病急乱投医

随意性太强,开出不合理的高薪,人才聘用阶段评估不科学,也是民营酒店的一大怪现状。快速发展的民营酒店薪酬不成体系,于是就出现"会叫的孩子有奶吃"现象:同一个岗位,同样的工作,同样的能力,有些会在老板面前表功诉苦的,得到加薪,不会来事的员工再苦干也得不到老板的提薪。在某营业额达20亿元的知名酒店,老板决定要上马一个新的项目,于是饥不择食地到处挖角。在挖角的过程中,既没有经验,也没有借助外部薪酬调查报告挖人支薪的习惯,只好靠道听途说来做决策。老板先从一家国有酒店高薪挖来一名人才,觉得很不错。于是,又以同样价码从那家国企挖来两三个人。但后来很快发现,挖这类人才花一半的薪酬足矣,而且后挖的两三个人的水平远不及第一个人。感到上当的酒店,不久即宣布要降薪。这样做的结果是这几个人才积极性全失,消极怠工,最后一年过去了,新项目还没有眉目,情急之下又将人才解聘,付出了不菲的裁人成本。

7.1.4 薪酬体系设计缺乏规范性

民营酒店的薪酬体系设计普遍缺乏规范性,具有很大的随意性。缺乏诚信,甚至违反法律法规,也是不少民营酒店经常干的事情。国内有些赴上市的著名的酒店,为了使财务报表好看,甚至采取大量使用实习员工的办法;这些实习员工使用期满后,不给转为正式员工,有时长达一两年都不给转正,工资按正式工待遇照发,但不给上社会保险、相关福利等,目的就是使报表更干净,更好看,人力成本更低,利润更高。这些不规范也可能造成酒店内部员工之间,员工与管理者之间的矛盾不断发生,从而增加企业人力资源的摩擦性耗费,还可能造成管理者凭主观好恶分配报酬的暗箱行为,这样就弱化了薪酬的激励作用。

7.2 酒店薪酬体系的设计

7.2.1 酒店薪酬设计的原则

薪酬设计的目的是建立科学合理的薪酬制度,因此在薪酬设计中应坚持以下几项原则和要求：

1. 战略原则

战略原则要求：一方面在进行薪酬设计过程中要时刻关注酒店的战略需求，通过薪酬设计反映酒店的战略，反映酒店提倡什么，鼓励什么，肯定什么，支持什么，另一方面要把实现酒店战略转化为对员工的期望和要求，然后把对员工的期望和要求转化为对员工的薪酬激励，体现在酒店的薪酬设计中。

2. 公平原则

薪酬制度的公开原则包括内在公平和外在公平两个方面的含义：

（1）内在公平。是指酒店内部员工的一种心理感受，酒店的薪酬制度制定以后，要让酒店内部员工对其表示认可，让他们觉得与酒店内部其他员工相比较，其所得薪酬是公平的。

（2）外在公平。是指与同行业内其他酒店特别是带有竞争性质的酒店相比较，酒店所提供的薪酬是具有竞争力的，只有这样才能保证在人才市场上招聘到优秀的人才，才能留住现有的优秀员工。

3. 激励原则

激励原则是指酒店在进行薪酬制度建立过程中，要在内部各类、各级职务的薪酬水平上适当拉开差距，体现激励效果。激励原则有利于员工的潜能开发，激励员工努力工作。激励理论认为，员工具有多种需要，这些需要又具有层次性，由生理需要(达到温饱，足以生存)到安全需要(人身安全，生活安定)到社交需要(享受友谊与温暖)到自尊需要(受到尊重与认可)，直到最高层次的自我实现需要(发挥个人潜能，实现自我价值)。这些需要构成了一个层次体系，一般说来，低层次需要满足之后才有高层次需要，上一层次的需要往往是在下一层次需要得到满足的基础上激发出来的。酒店在设计激励性薪酬时，要充分考虑到员工的现实需要。这些需要包括物质性的也包括精神性的，一般认为精神性需要难以用薪酬来衡量，但差距性薪酬结构可以部分体现这些精神性需要。例如，同一职务上的薪酬结构中绩效工资占的比重较大，不同能力的员工的绩效不同，则相应有不同的绩效工资。绩效工资较高的员工的能力在薪酬上得到体现，无形中使个人自尊需要、自我实现需要得到满足，并且激励员工继续努力，以便达到更高的绩效水平。要真正解决内在公平问题，就要根据员工的能力和贡献大小适当拉开收入差距，让贡献大者获得较高的薪酬，以充分调动他们的积极性。

4. 竞争原则

激励原则主要是针对酒店内部而言的，对于酒店外部来说，酒店制定的薪酬制度在人才市场中要具备竞争力。

5. 合法原则

正如前面讲到的薪酬制度制定受到政策法规的影响,酒店薪酬制度确立必须符合国家的相关政策法规,这是薪酬制定必须遵循的基本原则。由于我国旅游业起步比较晚,相关法律法规还不健全,酒店的法律意识也有待提高,对于薪酬结构中的许多必须性条款没有引起许多酒店的重视,例如对于国家规定的保险、加班费、最低保障工资等,在我国许多酒店中都没有依法执行。这是必须引起注意的问题,非法性薪酬制度只能是图一时便宜,不会具备长久的竞争力的。

当然,在设计薪酬制度的过程中,还必须关注其他一些原则,比如经济性原则,亦即薪酬设计要考虑酒店的实际承受能力,不能为了具备竞争力而无限制地提高薪酬水平,而导致酒店人力资本上升,影响到酒店的长远发展;还有认可性原则,亦即酒店的薪酬制度必须得到员工的认同,否则这样的薪酬制度也不具备激励性和竞争性。事实上,酒店薪酬制度必须遵循的原则之间是相互联系的,一环扣一环的。酒店在设计酒店薪酬制度时只有充分认识到这些原则的重要性及相关性,才能使薪酬设计合理科学。

7.2.2 基本薪酬体系建立的基本流程

1. 确定薪酬制度指导方针

确定薪酬制度指导方针就是确定薪酬制度建立的指导思想,建立原则等。这个指导方针依附于酒店的发展战略,不同发展阶段的酒店具有不同的发展战略,例如在衰退阶段酒店一般采取紧缩型发展战略,紧缩型发展战略要求酒店节省开支,少做或不做市场推广活动等,这些要求是酒店薪酬制度建立的宏观限制条件,酒店在确定具体阶段具体岗位的薪酬时必须以这些指导方针为前提。

2. 工作分析与工作评价

工作分析是确定薪酬的基础,这项工作结合公司经营目标,对酒店中某个特定工作职务的目的、任务或职责、权力、隶属关系、工作条件、任职资格等相关信息进行分析,其结果是形成工作描述与工作说明书。工作分析对该职务的任职人员提出了知识、技能等多方面的要求,并且规定了其必须完成的基本任务,这些任务是员工业绩的评价标准,从而形成薪酬制度确定的基础。

工作评价是确定酒店中每一项工作相对价值的操作性技术,这项工作也是建立现代酒店薪酬制度的基础性工作之一。工作评价的目的有两个:其一是比较酒店内部各个职位的相对重要性,得出职位等级序列;其二是为进行薪酬调查建立统一的职位评估标准,消除不同酒店之间由于职位名称不同、或即使职位名称相同但实际工作要求和工作内容不同所导致的职位难度差异,使不同职位之间具有可比性,为确保工资的公平性奠定基础。工作评价重在解决薪酬的对内公平性问题。工作评价的方法主要是计分比较法,即确定与薪酬分配有关的评价要素,并给这些要素定义不同的权重和分数。这些评价要素是综合多样性的,而不是简单地与职务挂钩,薪酬级别通过综合评判得出,从而增加了薪酬制度确立的科学性。

3. 酒店内外薪酬状况调查与分析

对酒店内外薪酬状况进行调查分析的主要目的是解决薪酬的对外竞争力问题。酒店在确定自己的薪酬等级与薪酬水平时,需要参考外界同类同级酒店的薪酬状况,这样才能确保在知己知彼的前提下做到薪酬制定的有的放矢。对酒店外部的薪酬调查可以委托比较专业的咨询公司进行,调查的对象最好是选择与自己有竞争关系的酒店或同行业的类似酒店,重点考虑员工的流失去向和招聘来源。薪酬调查的数据基本包含以下一些内容:上年度的薪酬增长状况,不同薪酬结构对比,不同职位和不同级别的职位薪酬数据,奖金和福利状况,长期激励措施以及未来薪酬走势分析等。

4. 选择薪酬制度的类型

薪酬制度的类型在前面作过介绍,主要是四种:绩效型、技能型、资历型和综合型。不同岗位对薪酬制度的类型要求不同,例如处于起步阶段的酒店的销售员岗位对于员工业绩看得很重,为了刺激员工在短期内努力提高酒店客房销售量,可以选择业绩型薪酬制度。对于计时式清洁工则更适合采用业绩型薪酬制度,而对于管理者岗位则适合综合型薪酬制。酒店在选择薪酬制度时除了要考虑岗位对薪酬的影响外,还要参照市场行情,考虑外部竞争性酒店的薪酬制度情况,例如,由外方管理的酒店在管理人员上多使用外籍人员,对于他们的薪酬水平设定就要考虑同行业类似岗位的薪酬状况。

5. 确定薪酬的结构与水平

在选择好了薪酬制度的类型之后,酒店要确立不同岗位的薪酬结构与水平。薪酬结构是指基本工资、奖金、津贴、福利、长期激励计划之间的比例关系,亦即如何将基本工资、奖金、津贴、福利和长期激励计划等若干个部分合理组合,从而最大限度地增加对员工的吸引力,稳住酒店的优秀人才。许多跨国酒店在确定人员工资时,往往综合考虑三个方面的因素:一是职位等级,二是个人的技能和资历,三是个人绩效。在工资结构上与其相对应的,分别是职位工资、技能工资、绩效工资。这其实是综合型薪酬制度的一种。薪酬水平则是在考察业界行情的前提下制定的,其标准是达到或超过市场现行的薪酬水平,以保持在人力资源方面的竞争力。

6. 薪酬调整与薪酬控制

建立薪酬制度的一个原则是适应性原则,酒店作为一个生存在动态变化市场中的主体,其一切制度形式不会是一成不变的,受各种各样因素的影响,薪酬也必须不断地加以调整,以适应环境的变化。一般情况下,薪酬调整主要有四种类型:奖励调整、效益调整、生活指数调整和工龄调整。奖励调整是对员工做出的工作绩效进行奖励的数额进行调整,目的是鼓励他们保持较高的工作业绩;生活指数调整是为了补偿员工因通货膨胀而导致的实际收入减少的损失,使生活水平不致降低;效益调整则是根据酒店的效益状况对全体员工的薪酬进行的普遍调整,以反映员工和酒店之间利益的相关性;工龄调整是随员工工龄的增加对薪酬水平进行的调整。酒店在实施调薪行为时,必须要有相关政策和标准做依据,并增强薪酬调整实施的公平性。

薪酬控制的关键在于确定酒店薪酬总额。在确立酒店的薪酬总额时,首先应考虑酒店的实际承受能力,其次考虑员工的基本生活费用和人力资源市场行情。薪酬控制的依据是薪酬预算,准确的薪酬预算有助于确保在未来一段时间内的薪酬支出受到协调与控制。薪酬控制常用指标有薪酬平均率与增薪幅度。薪酬平均率的数值越接近则薪酬水平越理想;增薪幅度是指全体员工平均薪酬水平的增长数额,增薪幅度应控制在合理的范围内,使其既不超出酒店的承受能力,又能激励员工努力工作。薪酬控制的常用方法有薪酬冻结、延缓提薪、延长工作时间和适当压缩公司在一些福利、津贴方面的开支等。

7.2.3 基本薪酬体系的诊断与评价

有学者将薪酬制度的诊断与评价标准设定为5大方面,25条细则。这些评定标准也可以作为酒店薪酬制定有效性的评定标准。除此之外,酒店薪酬制度的合理性和科学性必须同时遵循薪酬制度制定的基本原则以及符合酒店的实际情况。如表7-1所示。

表7-1 薪酬制度的诊断与评价标准

评定方面	评定标准
管理性的判定	是否设有专门负责薪酬管理的主管人员。 是否每年举行一次薪酬调查。 酒店是否与工会或职工代表定期开会,听取职工对薪酬的意见。 是否定期对薪酬制度进行检讨、修订。

续表

评定方面	评定标准
明确性的判定	是否有明确的薪酬表。 是否在进行薪酬提升和发放奖金时进行人事考核。 大部分职工是否会计算自己应得的薪酬。 规章是否完备。 是否定立了长期的薪酬计划和薪酬协定。 津贴的种类是否未超出 10 种。
能力性的判定	是否引入职务薪酬或职能薪酬。 是否进行职能分析或职务评价。 是否设定各职务的最高任职年数。 同一职务内的薪酬提升有无最高限额。 是否通过技能测验、资格考试、考核制度来决定薪酬的职级。 是否设置了职务评价委员会等专门的薪酬管理委员会。
激励性的判定	是否设定了个人能力薪酬和团体能力薪酬。 是否根据目标生产量、利润额确定业绩薪酬或奖金。 是否设立了以奖励为目的的全勤津贴。 奖金是否采取利润分配或业绩奖励的方式。
安定性判定	现行的薪酬制度是否能达到生活水平的要求。 酒店现行薪酬制度是否达到市场一般水平,甚至比其高。 过去 5 年中,酒店基础薪酬增加的比率是否与一般市场水准相同。 多年来,薪酬的上升有无高于劳动生产率的情况。 多年以采,劳动分配率(即在酒店赚得的附加价值中,有多少分配用做人力资源费用)是否一直保持在 55% 以下(大酒店则在 45% 以下)。

7.3 奖 金

7.3.1 酒店员工奖金的作用

从理论上讲,奖金作为薪酬的一部分,通常是用来激励员工超额完成工作任务或为酒店作出突出贡献的额外报酬,但由于国民收入总额及其分配、人口、劳动生产率等许多因素的影响,奖金在员工收入中所占的比例比较大,多年来反而成了收入的重要组成部分。

关于奖金的争议是很多的。有些观点认为,应该完善正常的调薪制度,不应以奖金作为调动员工积极性的手段,因为奖金只能起到短期效应,促发短期行为。而且,奖金还会使员工的期望值不断提高,同样数额的奖金,其最大激励作用只有一次。

另一些观点则恰恰相反,认为人们追求奖金的心情越迫切,奖金所起的作用就越大。因此,主张应该使基本工资保持在仅够维持最基本的生活水平上,让员工们更多地依赖奖金来改善自己的经济状况。

这两种观点都有一定的实践依据,不能主观地判断哪个对哪个错,重要的是弄清楚每种观点到底适合于什么样的实际情况。

一般来讲,在要求付出巨大创造力的工作中,增加奖金的方法,发挥不了很大的激励作用。但在另一种情况下,奖金却可以大大提高工作效率,如销售业务中的效益奖金,就可以大大激励销售人员的推销积极性。

在现代化酒店中,各岗位之间的相互协作日益重要,为使顾客满意,保证酒店的业务不受损失,几乎需要酒店全体员工的共同努力。所以,对那些需要别人的协作才能达到目的的岗位,就不宜用奖金来激励个人的努力。可见,酒店业中的奖金问题,是很复杂的。同一奖励政策往往不能适应所有的岗位,应对不同的情况采取不同的措施。

当前,在酒店业中,通常是把奖金同毛利润、营业额或可变成本(如煤气费、电费)等经济指标直接"挂钩",在某些情况下甚至完全受其支配。

对于有机会收取小费的服务员,酒店一般不发放奖金,他们工作是好是坏由顾客去做评判。当然,这与酒店的政策有关。如果酒店不禁止收取小费,必须采取有效的措施,保证客人是自愿支付,避免服务员暗示、索取或对不付小费客人采取无礼行为等现象的出现。

现在也有一些酒店以服务费制度代表小费制度,即对所有顾客加收 10% 或 15% 的服务费,并提醒客人不需再付小费。这种方法对酒店有利,但带有一种强迫的性质。小费是顾客在得到满意的服务以后对服务员的一种奖赏,如果服务不好,客人可以拒付。但服务费制度却不具有这种弹性。不管客人满意不满意,都得加付 10% 或 15%,成了一种变相涨价的手段。

无论采取哪种方法,都要考虑到其可能带来的消极作用。

7.3.2 酒店员工奖金分配方案的原则

由于各岗位工作性质不同,奖励方法当然也不一样。但不管采取哪样一种奖励方案,都应坚持这样一些原则:

1. 对目标有引导作用

奖金的支付,应能促进酒店经营目标的实现。应让员工能够通过奖金的多少了解本酒店的经营状况。确定奖金数额时,还应考虑某一员工直接发挥其作用的因素。如餐厅达到了预期的毛利目标,就应奖励主厨,而客房出租率高的功劳,就不可记在主厨的份上。

2. 范围全面

由于奖金的数额对员工的实际收入影响很大,直接关系到酒店现行的工资制度,所以制定奖金方案时,应考虑到所有的员工,而不可以单一对应某一岗位或部门。

3. 在时间上"瞻前顾后"

无论是奖励一个员工,还是奖励一个团体,决定奖金的数额时,既要考虑已达到的经营效益,也应考虑到经营前景、经营目标和生活标准。

4. 制定目标实事求是

制定经营目标(如利润指标等)时应该实事求是,即这一目标是经过努力可以达到的,而且应征求从事该项工作的员工的意见。

5. 及时调整

要定期地对经营目标进行审议(至少每年一次),从而使每位员工都能了解,奖金是必须经过努力才能得到,并非人人都唾手可得。在客观情况发生变化时,应及时调整原有的经营目标。比如,在本地政策环境和基础设施显著改善的情况下,增加了许多外地或外国公司或机构,各种会议接连不断,酒店销售部即使不很努力,也可以使营业额大幅度增长。在这种情况下,就有必要提出更高的经营目标。当然,同时也应考虑到可能会出现人员紧张的情况,原有人员需要加班加点才能应付,这便要相应地增加工资。

6. 计算方法简单明了

所实施的奖金计算办法应当简单明了,要使受奖范围内的所有员工都能掌握,尽可能减少其中的人为因素。有些酒店对此严格保密,其实有碍于奖金激励作用的发挥。

7. 写入合同

决定奖金多少的各项因素和有关规定都应是客观的、公正的。切忌加入经理人员主观随意的条文。必须明确,达到经营目标后按原定奖励方案获取奖金是员工的一种权力,而不是经理个人的恩赐。所以,有关奖励的条文最好写入雇佣合同之中。

7.4 福　　利

7.4.1 福利的概念与作用

福利是指酒店向员工提供的除工资、奖金之外的各种保障计划、补贴、服务以及实物报酬。属于间接报酬。是酒店从自身的经营需求与社会责任出发,以费用支出的形式,实施劳务管理的一种手段。从发展的角度看,福利措施在酒店人力资源政策中的重要性正在日益增长。

由于收入所得税限制,酒店支付给任何关键员工的工资,不会高于一定限度,于是,福利措施就成了激励员工的因素和留住人才的重要手段。酒店福利,本是以酒店为主体的经营政策的一环,从其本质上讲,福利的目的,不是为了改善员工及其家庭的生活条件,而是为了促进经营目标的实现。这就要求管理者们有效地运用好这个工具,使之与酒店当期的目标一致起来。具体操作上,首先要考虑选择什么时间,什么地点以及什么方式最能发挥激励作用这个问题,以求准确地体现酒店的当期目标与福利措施的关系。

国际上,在注重维持稳定的、成熟的、后继有人的经营团队的酒店中,一般用优厚的退休工资和生活保险,包括贷款优惠等措施来实现酒店团队的稳定化。而那些弹性较大的新酒店,宁愿让那些"活跃人物"有适当的流动机会。因为这种人不愿在一个酒店久呆,对退休以后的待遇也不感兴趣。对这类人才,酒店宁愿用高薪、高奖让他们在一段时间内为酒店多做贡献。

福利的积极作用有:传递酒店的文化和价值观、吸引和保留人才、税收减免。其消极影响:不与业绩挂钩,并造成酒店成本增加。因此,现代酒店倾向于将其作为对核心人才和优秀员工的一种奖励方式进行发放,要求员工通过努力工作来挣得,常被称为"基于业绩和能力的动态福利计划"。

7.4.2 福利的形式

福利种类繁多,有货币形式的,也有非货币形式的,可供选择的余地很大。具体采用哪一种形式,可以根据实际情况而定。酒店业所提供的福利主要如下:员工餐厅、员工宿舍、员工浴室、免费制服、制服免费洗涤、免费(或优惠)美容、理发、托儿所、幼儿园、弹性工作时间、带薪年假、退休保险、医疗补贴、酒店内医疗保健、为员工订阅报刊杂志、设立员工俱乐部、提供运动设施、度假旅游补贴、购买住房或发放购房补贴或提供贷款、节日礼品、生活困难补贴、直系亲属丧葬补贴、灾害补贴等。

7.4.3 弹性福利制度

一般认为福利是酒店在工资以外以货币或非货币形式间接支付给员工的物质补偿和待遇。福利的种类很多,但一般可以分为四类:第一类是经济性福利,是以提供员工基本薪酬及奖金以外若干经济安全福利为主,目的是减轻员工的经济负担并增加其额外的收入等;第二类是工时性福利,是与员工工作时间长短相关的福利,如休假或弹性工时等;第三类是设施性福利,是与酒店提供的设施有关的福利,如员工餐厅、阅览室、活动室等;第四类是娱乐及辅助性福利,是为增进员工社交及康乐活动、促进员工身心健康的福利项目,如文体活动等。

弹性福利又称"自助式福利"。有别于传统的固定式福利,弹性福利制度下的员工可以从酒店所提供的各种福利项目中自由地选择自己所需要的福利项目,当然这些选择是建立在员工现有资历、薪酬基础上的,有一个限额。BHS是英国最早引入福利自选体系的酒店之一,其福利自选体系如下:

公司允许高级管理人员就其工资和津贴的构成有更多发言权。该体系最初实施时受益者只有50多名经理,到1993年,扩展到了400名经理,他们都用上了公司提供的小汽车。下面是该项目的具体情况。

一位男性经理年工资3.5万英镑,津贴8115英镑,这是他的所有津贴组合的最高限额。他可以选择上保险额为其工资1~3倍的人寿保险,或是四个档次的医疗保险,或是四个档次22~30天的年假,此外,还可以选择免费使用公司提供的小汽车,购买长期伤残保险,牙医保健计划等。若所选津贴组合超出了该经理应享受的最高限额,则多出部分要从其工资中扣除。

若所选津贴组合的花费不到最高限额,则将差额补入工资,相当于加薪。公司要求每位经理必选的项目是最少天数的年假。BHS人力资源部的经理认为这种津贴安排现在已很普遍,而且这种报酬体系"是一种十分积极的招聘方法,坦率地讲,人们喜欢这种安排"。

弹性福利制强调员工的参与,其实质是尊重员工的个性化需要,最大限度地满足员工的个人偏好,达到激励员工的目的。

7.5 酒店薪酬管理的发展趋势

薪酬制度是酒店薪酬管理的核心,薪酬制度设计的合理性和科学性是酒店人力资源管理成败与否的关键。现代酒店在长期的发展过程中逐渐摸索出一些新的适合自己的薪酬制度体系,这些新的薪酬制度体系是现代酒店发展的一种趋势,对于酒店的薪酬管理具有很大的参考意义。与传统薪酬管理相比较,现代酒店薪酬管理大体说来有以下发展趋势:

7.5.1 全面薪酬制度

现代薪酬拥有非常宽泛的概念,与传统的强调货币化的单一的工资制不同,现代薪酬更加注重非货币化成分在薪酬结构中占的比重。全面薪酬制度正是基于这样一种理念而产生的。全面薪酬制度认为酒店薪酬除了物质上的报酬外,还应包括精神方面的激励,比如优越的工作条件、良好的工作氛围、培训机会、晋升机会等,这些方面应更好地被融入到薪酬体系中去,强调物质和精神激励的同等重要地位。

全面薪酬制度是配合现代社会经济发展现状提出来的。马斯洛的需求层次理论表明人们的需要是有一定层次的,当低层次的物质需要得到满足后,人们就会追求高层次的精神需求的满足。现代社会经过长期的发展,物质产品已经很丰富,大部分酒店提供给员工的基本收入已能满足他们对物质生活的追求,人们开始向往更高层次的精神生活的满足。酒店要想提高员工的满意度,必须适时地提供符合员工需要的精神奖励,这些精神奖励与物质奖励具有同等重要的地位。全面薪酬制度提出的宽泛的薪酬理念同样适用于现代酒店。现代酒店在设计自己的薪酬制度时,一定要充分考虑到员工的多层次需求,多与员工沟通,以做到有的放矢。当然,这种全面薪酬制在不同层次的全面程度会有所不同。例如对于基层导游人员,他们的职务决定了他们的工资不高,为了更好地满足自己的物质需要,他们对于精神生活要求不会很高;相反对于高层管理人员,他们要求最多的就是晋升、假期等薪酬形式。

7.5.2 绩效薪酬制度

绩效薪酬制度,在前面薪酬制度类型中提到过。现代酒店在长期发展中发现单纯的高薪并不能起到激励作用,只有与绩效紧密结合的薪酬才能够充分调动员工的积极性。绩效工资(Performance Related pay,PRP)对员工的激励作用主要体现在:明确的分工体系使员工意识到自己的工作对于实现酒店绩效的意义,绩效工资与工作完成程度挂钩可以用来衡量员工的知识技能水平,高的绩效工资让员工意识到自己的工作成绩、自己的能力可以得到酒店和他人的认可,并由此可以获得他人的尊重,从而激励员工为更好地完成工作任务做出努力。所以,绩效薪酬虽然是一种外在的激励因素,却对员工的内在工作动机产生作用,从而更有效地发挥其激励作用。

当然绩效薪酬也有其缺陷。对于酒店来说,由于种种原因(例如受客观不可抗力影响,业绩的完成受限制)可能在一定时期内会存在许多劣绩员工,过分强调绩效薪酬可能会影响到他们的情绪,甚至会将其淘汰,这种淘汰会导致酒店管理成本的上涨;另外根据相关学者对中西方文化的比较发现,我国酒店在实行绩效薪酬中存在文化上的障碍。因此,酒店在决定实施绩效薪酬制时必须十分谨慎。要在充分了解员工意愿、了解并解决文化对绩效薪酬制度的影响的前提下制定相关的薪酬制度。但无论如何,随着市场的进一步开放,尤其是中国加入世界贸易组织后,中国旅游企业融入世界旅游市场的步伐越来越快,实施与国际接轨的绩效薪酬制将是酒店薪酬制度发展的必然趋势。

7.5.3 宽带型薪酬制度

现代社会已步入知识和信息化阶段,信息就是财富,谁最先最快掌握信息,谁就能在市场中占据优势地位。配合这一变化,现代组织呈现扁平化发展趋势,信息在组织上下级之间流通速度更快,问题解决更加及时。扁平化组织形式减少了以往金字塔式组织下的众多岗位,相应地也减少了组织薪酬的等级。为了使组织设定的薪酬体系更加具备竞争力和激励性,一种新的薪酬制度模式——宽带型薪酬制度正在被众多组织所采用。中国网通和西门子传输系统公司就是较早采用这一方法的组织之一。西门子传输系统公司在本世纪初开始实行宽带薪酬体系,他们的体会是:"这种体系更加灵活,更加能够和管理结合在一起,不再是那么僵化。原来的薪酬体系,什么位置薪酬就是这么一种范围和幅度,现在给部门的直线经理在薪酬上带来更大空间,使得他们能够根据员工的业绩在更大的范围内调整。"

宽带薪酬制度是指组织将原来相对比较多的薪酬等级进行压缩合并,形成数量相对少的几个级别,并同时将每一个薪酬级别所对应的薪酬浮动范围拉大,从而形成的一种新的薪酬管理系统及操作流程。例如,某酒店原来的薪酬等级是10级,第7级的薪酬浮动范围为800～1200元,在新的宽带薪酬制度下,可能薪酬等级变成5级,第4级的薪酬浮动范围为1000～3000元。这种薪酬体系的作用是将员工的注意力从职位晋升或薪酬等级的晋升转移到个人发展及能力的提高方面来,员工个人薪酬的提高不需要通过晋升就可以实现,只要在原有的岗位上不断努力,改善自己的绩效,就可以获得与上层岗位差不多的薪酬。由此可见,宽带型薪酬制度是对个人能力和业绩的尊重和重视,这种薪酬制度承认员工之间能力的差别,体现了现代酒店以人为本的文化理念。

当然,宽带薪酬的出现是与一定酒店文化及发展阶段相对应的。亦即,宽带薪酬的实施必须考虑特定的情形,例如市场竞争环境的变化、公司战略的变化、员工工作内容的复杂化、扁平化组织结构的出现以及相同职位员工业绩的显著差异等。组织在决定改变组织现有的薪酬体系时,必须充分考虑员工的实际承受力、组织发展的需要性及组织现有的文化体系,贸然行事会增加变革的风险性。

7.5.4 股权薪酬制度

股权薪酬制度主要是针对上市公司的高层管理者提出的。上市公司里的股东和经理人实际上是一个委托代理的关系,股东委托经理人经营管理资产。在经营过程中,由于信息不对称的必然存在,股东和经理人之间的契约并不完全,股东股权价值最大化目标的实现需要依赖经理人的"道德自律",因为作为理性人,经理人的目标是自身效益的最大化,而个人效益与股东效益之间往往存在冲突,这就无疑增加了股东的经营风险。这种风险的解决必须依赖于激励和约束机制对经理人行为适时地引导和限制。股权薪酬制度便是针对这种风险提出来的。股权薪酬制度是通过使经理人在一定时期内持有股权,享受股权的增值收益,并在一定程度上承担风险,使经理人在经营过程中更多地关心公司的长期价值。其最大的特点是激励具备长期性,能留住关键的人才和技术,稳定员工队伍。当然除了经理人持股外,现代酒店股权激励的主要方式还有员工股票选择计划(ESOP)、股票增值权、虚拟股票计划、股票期权等。

【补充资料】 国内公司目前采用的主要股权激励方式
激励对象:一般为总经理、董事长。

购股规定：一般按任期初净资产或股票价格确定购股价格，分期购股，经营者不得放弃购股。购股资金来源于经营者的奖励收入和个人资金的投入，股权数量不大。

售股规定：上海规定在任期末经营者可以按每股净资产或股票价格（上市公司）出售所持有股权，也可以继续持有。北京规定经营者可以在任期满后2年按评估的每股净资产出售股权，也可以保留适当比例的股权。武汉规定经营者在分期购得股权后，即获得完全的所有权，其出售股票主要受国家有关证券法规的限制。

权利义务：在期股到期购买前，经营者一般只享有分红收益权，没有表决权。经营者同时承担股权贬值的亏损风险。

股权管理：各地都对经营者有过失行为时的股权获得做出惩罚性限制。

操作方式：在操作中一般都发生实际的股权转让关系。股票来源包括从二级市场中购买、大股东提供等，还要求酒店在实行股权激励时首先进行改制，国企经理必须竞争上岗等。

7.5.5 团队薪酬制度

工作团队对提高酒店绩效的作用主要在于团队的建立使员工之间的关系由竞争转变为合作，这样可以大大减少酒店内耗，同时团队之间的协作使员工有一个轻松和谐的工作氛围，其注意力会集中到工作上来，使工作的完成变得相对容易。基于这些好处，现代酒店越来越重视小组、团队在完成酒店工作过程中的作用，从而形成各种各样的工作小组，例如销售团队、会计小组等。有些酒店为了更好地应对顾客的各种服务需求，专门成立了以顾客服务为导向的团队。酒店在招聘这些团队成员时，要求其具备适应能力强、反应速度快、能承受压力、工作积极主动和注重细节等特点，以便能更好的适应团队的要求——独当一面，完成一系列工作。

与之相适应，对于团队的业绩完成情况，酒店必须设计专门的激励方案和薪酬计划，亦即团队薪酬计划。例如，某酒店为了更好地服务于酒店的一些特殊顾客，成立了专门的特殊顾客服务小组，如残疾人服务小组，这些小组的长期优质服务得到了顾客的高度赞赏，为酒店赢得了大批的忠诚顾客，酒店为这些团队成员设立的薪酬除了基础工资外，还根据团队的业绩额外设立了一份酬金，以奖赏员工对酒店所做出的贡献。

7.5.6 透明化薪酬制度

保密性薪酬制度是现代大多数酒店习惯采用的一种薪酬制度形式。而事实上保密性与薪酬的公平性、公正性恰恰是相背离的，薪酬制度建立的公平性原则要求酒店在制定薪酬制度时要有员工的参与，向员工支付薪酬时也要有相关标准可参照。如果做到了这些，薪酬的支付就没必要向其他员工隐瞒。透明化公开薪酬可以消除员工的好奇心，减少不必要的误解，同时也向员工传递了这样一种信息：酒店的薪酬制度是有标准可依的，是有说服力的，欢迎所有员工监督其公正性，如果对自己的薪酬有不满意之处，可以提出意见或申诉。酒店实施透明化薪酬制度可以有以下几种做法：

(1) 员工参与薪酬制定。酒店在制定薪酬制度时，要广泛征求员工的意见和建议，在薪酬制定的讨论中，除各部门领导外，也应该有一定数量的员工代表参加。

(2) 职务评价时，尽量采用简单的方法，使人容易理解。

(3) 发布薪酬制度文件，详细向员工说明其薪酬的制定过程。

(4) 设立员工信箱，随时解答员工在薪酬方面的疑问，处理员工投诉。

【案例7.1】 星巴克的薪酬计划

公司背景：

1982—1992年10年间，星巴克公司以令人震惊的年均80%的增长速度迅速扩张到150家店。在1992年6月，公司成功上市，成为当年首次上市最成功的组织。现在，星巴克公司是北美地区一流的精制咖啡的零售商、烘烤商及一流品牌的拥有者。在北美、英国及环太平洋地区拥有1800家店铺，和布瑞尔公司（生产咖啡冰淇淋）及百事可乐公司（生产一种叫做富拉普希诺的瓶装咖啡饮品）达成了战略伙伴关系。1997年财政年度收入是9.67亿美元，比上一年几乎增长了39%。公司雇用了25000多名合伙人（该公司对雇员的称呼）。公司目标是到2000年时在北美地区拥有超过2000家店铺的规模。公司的使命是"使自己成为世界上最好的咖啡的主要供应商，并在发展过程中不折不扣地保持商业原则"。

文化和价值观：

星巴克是一家价值驱动型的组织，公司内有一套被广泛接受的原则。这家公司总是把员工放在首位并对员工进行了大量的投资。这一切绝非偶然，全都出自于首席执行官的价值观和信念。舒尔兹曾说道："我想建立的公司能给人们带来主人翁意识并能提供全面的医疗保险，最重要的是，工作能给他们带来自尊。人们普遍认为该公司是一家能给他们带来自尊的公司，能尊重他们所做的贡献，不管员工的教育程度如何和工作地点在哪里。"

公司坚信若把员工放在第一位,将带来一流的顾客服务水平以衣满意的顾客,自然会有良好的财务业绩。

通过全面薪酬体制加强文化与价值观:

第一,为了加强及推动公司的文化,公司实施了一系列报酬激励计划。对于全职员工和兼职员工(符合相关标准),公司提供卫生、牙科保险以及员工扶助方案、伤残保险。此外,一家叫做工作解决方案的公司帮助处理工作及家庭问题。这种情况在零售行业里并不常见,大多数组织不会为兼职员工的福利支付成本。尽管支付兼职员工福利的成本增加了公司的总福利成本,但平均福利成本和对手相比仍然很低。尽管投资巨大,但公司仍支付大量红利。那些享受到这些福利的员工对此心存感激之情,因而对顾客服务得更加周到。

第二,所有的员工都有机会成为公司的主人。公司在1991年设立了股票投资方案,允许以折扣价购买股票。蚕豆方案是每年提供一定的期权,总金额是基本工资的14%。那些达到最低工作量的兼职员工两个方案均可享受。满足下列条件的员工可以得到期权:从4月1日到整个财政年度末在公司工作,这期间至少有500个工作小时,到1月份发放期权时仍在公司工作的员工。由于星巴克公司的股价持续不断地上涨,给员工的期权价值就很大了;更重要的是,配合公司对员工的思想教育,使得员工建立起自己是公司股东的想法。

但是,加强文化和价值观的培养不只是一个薪酬体系的问题。全面薪酬体系,尽管是推动业务的强有力杠杆,只是其中的一个因素,不能与其他正在实施的关键性的人力资源杠杆分割开来。这些其他的杠杆包括广泛的员工培训、公开沟通的环境及一个叫做使命评价的方案,这是一个叫做合伙人快照方案的一部分。合伙人快照方案是想尽量从公司伙伴那里得到反馈。这和意在得到顾客反馈的顾客快照方案是平行的。合伙人快照方案包括公司范围内的民意调查、使命评价及一个相对较新的对公司和员工感兴趣的关键问题进行调查的电话系统。

使命评价是于1990年设立的正式方案,以确保公司按其使命前进。公司在每个地方放置了评论卡谈论有关使命评价的问题,员工可以在他们认为某些决策和后果不支持公司的使命时填写评论卡。相关的经理有两周时间对员工的问题做出回应。此外,一个跨部门的小组在公开论坛上探讨员工对工作的忧虑,并找出解决问题的方法及提交相关报告。这样做不仅使得公司的使命具有生命力,也加强了组织文化的开放性。所有招聘进来的新员工在进入公司的第一个月内能得到最少24小时的培训。培训项目包括对公司的适应性介绍、顾客服务技巧、店内工作技能。另外还有一个广泛的管理层培训计划,培训项目着重于训练领导技能、顾客服务及职业发展。

公开的沟通方式也是星巴克公司原则的一部分。公开论坛一年要开若干次，告诉员工公司最近发生的大事，解释财务状况，允许员工向高级管理层提问，同时也给管理层带来新的信息。此外，公司定期编印员工来信，这些来信通常是有关公司发展的问题，也有员工福利及股东方案的问题。

星巴克公司报酬的发展：

另外一件星巴克公司关注的事是公司已走过发展的许多阶段，全面薪酬体系也应随之发展。比如，在20世纪80年代后期，该公司还只是只有一个重点产品的区域性公司。公司的人力资源部主要由行政管理人员组成——一群聪明、有主意、以事业为中心的人，但他们同时常常陷于日常事务的处理，大部分的工作由外部咨询师作指导。这期间的报酬和福利（它们将发展为全面薪酬功能）具有401（K）计划中的内容。在20世纪90年代早期，星巴克发展成真正的全国性公司，拥有多条产品线。人力资源经理发展成为项目经理，其职能从行政职能转变为人力资源管理职能，为业务提供产品和工具。一些不能为公司提供核心竞争力的东西开始采用外购的方式。公司继续进行人力资源职能更强的自动化服务。报酬和福利成为全面薪酬的一部分，包括额外医疗福利、医疗照顾、同工同酬及员工辅助方案等。

进入20世纪90年代后半期，公司在业务范围和业务重点上将更加国际化。同时，人力资源部已把自身职能确定为业务领导的职能，即技术型发展的组织整合所有的业务单位，人力资源部提供业务咨询和战略管理。公司建立了无数的零售商合作伙伴，提高了整体报酬的水平。公司执行一体化的国内及国际人力资源计划，以支持业务战略的发展。

最新的结果：

这种使得人力资源和全面薪酬体系一体化的结果一方面提升了公司的文化和价值观，另一方面这一举措是值得投资的。公司被《财富》杂志评为100家"最值得工作"的公司之一。公司的财务业绩也是优秀的，1997年财政年度的收入近10亿美元。若包括两次股票分拆在内，股价已比最初上升30多倍。员工的流失率，尤其是在商店里的流失率远远低于行业一般水平，约为一般水平的三分之一到二分之一。对员工的满意度调查表明，员工非常喜欢为公司工作，对公司的领导很满意。负责调查的外部公司说星巴克公司的调查结果与其他大多数公司相比较，好得惊人。

他们能定量分析人力资源的结果与全面薪酬体系之间的相关关系吗？答案是不可能。然而，公司的高级主管、经理、人力资源及普通员工都强烈地感受到这些方案对公司及其员工的发展贡献多多。

未来会怎样：

随着公司继续在国际国内市场上增设新店,员工数量持续高速增加,人力资源和薪酬体系面临挑战。在公司日益分散化、多元化、巨型化的时候,如何继续提升公司的文化和价值体系并保持活力?随着公司规模扩大,如何能保持小公司的灵活性?过去成功实施的方案,如蚕豆方案,该如何保持活力?怎样与业务的变化和员工的需求相适应?

人力资源及全面薪酬体系现在和未来要做的工作重点是找到上述问题的答案。必须提升公司的文化和价值观,体现员工第一的思想。若未来与过去一样,就仍能保持令人激动的独一无二的发展势头。

(资料来源:根据《星巴克的薪酬计划及人力资源体系》建筑英才网,2008-6-18改编)

第8章

高效沟通：建立有效的员工激励机制

民营酒店的高速发展一般都会带来一些管理难题，比如人手紧张、工作量大、加班加点而导致员工工作和生活无法平衡；员工被快速提拔但是无法完全胜任工作引起老板的失望和员工之间的差距，等等。这些现象因此导致了产品服务质量的下滑，投诉的增加，甚至大客户的流失。那么，为什么企业的高速发展却引来员工关系的紧张？导致员工关系不佳的原因何在？应该采取什么措施来建立酒店与员工共赢的员工关系呢？作者将在本章中探讨这一系列问题。

8.1 建设有效的沟通系统

8.1.1 构建酒店内部沟通机制

如果把企业比做一个生命机体，那么，沟通就相当于这个有机体的血管，贯穿于企业的每一个环节，在企业发展过程中发挥着巨大的作用，不断促进企业的良性运转。然而沟通不良是大部分企业无法避免的一个通病。

随着酒店组织机构的日益复杂，沟通的难度也逐渐加大，基层员工提出的许多建设性意见要经过层层关卡才能反馈到酒店的管理层，而管理层的诸多决策在传达给员工的过程中常常失去了原貌。为了解决这个问题，构建一个完善的内部沟通机制已经成为人力资源管理部门的一项重要任务。

1. 拓展沟通渠道

在企业的内部沟通机制中，沟通渠道的通畅与否直接决定了这个机制能否发挥应有的作用。完善的沟通渠道能够有效实现信息的上传下达，提高企业的整体效率,激发企业活力,创造一种积极向上的企业文化。所以,人力资源管理部门应该积极拓展企业的沟通渠道,建立向下、向上以及水平沟通渠道,使管理者和员工之间、管理者与管理者之间、员工与员工之间能够实现畅通无阻的交流与沟通,保证信息能够及时得到反馈。

(1) 横向沟通

横向沟通是指在企业内部各个部门、层级相当的个人及团体之间所进行的信息交流和沟通。

横向沟通既可以通过正式沟通的方式,也可以采用非正式沟通的方式进行,但在实际操作过程中,非正式沟通的效果更佳,尤其是在正式的或事先做好的信息沟通计划实现起来难度较大时,非正式沟通往往是一种十分有效的补救措施。

横向沟通可以促进企业各个部门、各个层级员工之间的互相了解,有利于培养员工的大局意识和团队协作精神;同时能够简化企业内部的办事程序和手续,节省大量的时间和人工成本,促进企业工作效率的提高。

然而,横向沟通也存在许多不足之处,比如信息量过大,容易造成混乱的局面,而且个体之间的沟通也可能成为员工们传播小道消息的途径,对公司造成负面影响,打击团队士气。人力资源管理部门需要对此进行全面掌控,避免出现这些消极后果。

(2) 向下沟通

向下沟通是指管理层将信息向基层传递的过程,管理者通过向下沟通的渠道把企业的各项决策以及指令传达至基层员工。

利用向下沟通渠道来促进企业的内部沟通,能使各个部门以及基层员工迅速了解企业的各种目标以及领导决策,帮助员工对企业产生归属感,增强员工贯彻企业各项规章制度的自觉性。然而,如果过多地使用向下沟通渠道,也可能使员工形成一种管理者独断专行、高高在上的不良印象,对管理层产生排斥情绪,不利于团队融合。

(3) 向上沟通

向上沟通主要是指基层员工以及下级部门向企业的管理层进行的信息传递。

向上沟通具有两种方式:

逐级传达:即按照一定的程序,遵照组织原则逐级向上层传递信息。

越级反映:即尽可能减少中间环节,让基层员工或下级部门能够与管理层实现直接对话。

进行向上沟通是为了解决问题。在向上沟通过程中,人力资源管理部门应尽可能掌握实际状况,了解沟通中需要解决的问题,为基层员工提供便利途径,为他们寻求解决方法,提高沟通的效率。

与其他沟通渠道一样,向上沟通也存在许多不足之处,例如在沟通过程中,员工们会因为层级的不同对管理者存在心理距离,在反映情况时产生心理障碍,害怕提出负面意见,担心受到打击报复等。这些都会导致向上沟通的效果不理想。

【案例 8.1】 重复挂账的餐费

事件经过:

2013 年 9 月 16 日上午 8 点左右,7006 房间客人(一对天津夫妇)到前台办理退房手续,由于早上退房客人比较集中,查房时间有点慢,前台服务员便向客人解释,便建议客人先去餐厅用餐,客人无奈的答应了,8 点 20 分左右,客人用完餐后来到前台,前台收银员按照正常的退房手续,把电脑上显示应退给客人的押金如数退还给客人,客人点过钱之后觉得金额不对,便向前台服务员询问是否多收取了费用。这时前台收银认真核对账单后,发现客人 15 日在餐厅的消费有出入,便询问客人当日在餐厅用餐次数及消费金额数,客人检查完消费明细单后,发现餐费重复挂账,收银在前台挂过房间账以后西餐厅又挂了一遍,得知此情况后客人便有些不满意。事情处理后,客人要求开发票,当时网络因故障连接不上,收银员向客人解释,让客人留下联系方式及单位名称,等发票系统连接上以后再给客人开发票,并寄给客人,或是客人抽空来取。客人听后表示不同意,便开始发火,拍桌子说不行,说酒店多收费用,已经没有信誉度,没有信用可言了,不再相信会把发票寄给他的,非要让打欠条并加盖酒店的公章才认可,否则便投诉到税务局,好在最后发票系统终于连接上了,此事才得以顺利的解决。

事件的处理:

1. 当客人提出对账单多收费用的不满后,前台服务员立即核对账单,与客人认真核实,打电话询问餐厅当班人员的具体情况,发现是对餐厅餐费进行重复挂账后,前台服务员便立即向客人解释并予以诚恳的道歉。

2. 发票网络系统的不稳定,导致客人再次发怒,前台服务员立即安抚客人,与客人进行沟通,并提出了解决问题的办法供客人选择,立即通知工程部速到前台进行维修,两件事情同时进行以最快的速度让客人得到最满意的答复。

3. 事情发生时及时通知了大堂副经理协助解决,并共同想办法解决此事,尽量给客人一个满意的答复。

事件的原因:

1. 客人用餐结账时要求刷卡并与退房后的房费一起开发票,按照常规,餐厅消费与银联消费一起在前台挂账,餐厅前台与前台收银没有做好及时、充分、准确的沟通,导致费用各挂一遍,造成客人的投诉。

2. 发票网络系统时常不稳定,没有引起高度的重视,导致网络经常掉线,不能及时给客人开具发票造成的不便,因而时常引起客人投诉。

3. 在处理客人投诉时没有采取更加积极主动的方法去解决,没有在第一时间安抚好客人的情绪,致使客人在此种情况下没有平息怒火而在大厅内大声叫嚷。

事件分析:

1. 部门与部门之间员工协作沟通能力太差,在处理问题上没有一套高效的沟通协作机制,各自只顾做自己的事情,不能形成协调统一的工作。

2. 检讨自己本身原因。客人结账时,收银一定要核对好账单或者主动请客人检查账单消费有何异议,在客人提出异议时仔细聆听认真核对,如果没有错要耐心向客人解释清楚;如果有错要先向客人表示歉意,并在最短时间内弥补错误,挽回客人的损失并力争取得客人的谅解。

3. 在处理客人投诉的技巧上也有欠缺之处,不管什么原因,客人在大厅里面大喊大叫都是对酒店不利的一件事,更会惊扰到其他客人,发生此类事情时可以反映给大副,让大副带客人到大副办公区或办公室坐下来解决此事,而不是放任客人一直大吵大嚷。

整改措施:

1. 加强部门与部门员工之间的协作与沟通,确保信息的准确性,及时有效地使问题得到解决。建议可以定期开展部门之间的交流会,针对大家需要共同协作完成的事情,制定出较为规范和标准的方法和规定。

2. 组织部门员工认真学习岗位职责,在工作中严格按照要求,规范自己的行为。每个岗位都有自己要负责的事情和要完成的工作,自己在工作时首先都要明确自己要做什么、该做什么以及如何做好什么,这也是做好一切工作的基础。

3. 工作中一定要做好认真的回顾与检查,建议在每天下班前的半个小时内对自己的工作做一个回顾与检查,减少前台工作的出错率,以体现对客人的负责。

4. 在遇到客人投诉时一定要沉着冷静,灵活处理,要学会站在客人的角度想问题,如果今天这件事发生在我身上,我会怎么样,我会希望这个酒店给我怎样的回应?这样我们可以选择在可能接受的范围内尽量满足客人的要求。

由此可见,完善而又多样化的沟通渠道能够有效促进企业的内部沟通。

2. 建立酒店内部沟通机制的途径

面对越来越复杂多变的市场竞争环境,高效的沟通是酒店保持活力的保证。提高酒店的沟通效率,既需要借助外界的力量,比如职业化的人力资源供给,也需要从酒店内部着手。人力资源总监可以通过以下途径建立酒店内部沟通机制。

(1) 优化内部组织结构

随着酒店的不断发展壮大,机构设置越来越复杂,组织结构臃肿不合理、各部门之间分工不明确、职责混淆等问题也会渐渐暴露出来。这可能会导致领导不力、人浮于事,沟通难度加大,并且在信息传递过程中,信息失真的可能性变大。

一旦信息传达被扭曲,就会导致企业整体效率降低,反过来又会严重影响酒店内部沟通,这就形成了恶性循环。因此,优化酒店内部组织结构,是解决酒店内部沟通问题的最直接途径。

在优化酒店内部组织结构的过程中,人力资源管理部门应以有利于实现组织目标为原则,在调整各个部门或分支机构时要注意协调性,使各部门分工明确,各司其职,避免出现扯皮现象。

(2) 构建沟通文化

员工或部门是否愿意与酒店中的其他人员、机构进行沟通,并不是沟通形式或方法的问题,而是要看企业是否具备无障碍的沟通文化。人力资源管理部门要在企业中构建良好的沟通文化,使员工们愿意主动对平级同事、上级、下属敞开心扉,畅所欲言。沟通文化是良性沟通的基础,其构建是一个长期的过程,不可能一蹴而就。

(3) 完善沟通规范

企业内部需要形成一个切实可行的沟通规范,这个规范需要得到员工的认同,使他们在工作过程中主动去遵守,这样就不会由于沟通方式不同而导致信息差别。合理化建议可以成为一种制度化、规范化的企业内部沟通渠道,使广大员工能够直接参与管理,使企业内部的各种意见能够公开、正面地表达,从而提高企业内部沟通管理水平。

(4) 重视双向沟通

要想使酒店的内部沟通发挥积极作用,沟通机制必须注意双向沟通。双向沟通既能使信息从管理者传向员工,也能使员工的意见、想法被管理者获悉。只有这样,才能保证酒店沟通的有效性和准确性。

(5) 加强非正式沟通

正式沟通与非正式沟通是企业内部沟通的两种方式,然而,在实际操作中,许多人力资源总监都十分重视正式沟通而忽视了非正式沟通。其实,相对于正式沟通的严肃与拘谨,非正式沟通能够有效增加沟通的开放性。在进行非正式沟通时,员工们会放下压力,更容易说出心里的看法,畅所欲言并互相激发,在一定程度上提高了沟通的效率。

走动式管理是现代企业经常使用的一种非正式沟通形式,该方法适用于所有层级的管理人员。在管理过程中,人力资源管理部门应该号召各级管理者走出办公室,融入员工,通过一线员工直接了解各个部门或企业的状况。管理者们在向员工传递自己的管理观念和酒店文化的同时,也可以从员工那里直接了解到他们遇到的问题以及对组织的建议。通过走动式管理,向上、向下的沟通都能得到加强。

(6) 注重电子沟通

随着互联网的发展,电子网络技术也被引入酒店内部沟通中。电子网络具备快速、准确、一对一等特点,能够加强酒店内部员工之间、管理者与基层员工之间以及部门之间的沟通,从而提高酒店的沟通效率和整体运营效率。

此外,因为网络的出现,有了更多的有效沟通方式可供人们选择。员工既可以选择在局域网的 BBS 上发布信息、讨论专业问题,也可以通过企业 QQ、MSN、微信等聊天工具与同事进行交流,还可以向上司发送电子邮件来交流自己的看法,征询他们的意见。

(7) 建立沟通反馈机制

有效的内部沟通必须具备完善的反馈机制,这个反馈机制能够帮助人力资源总监观察沟通的效果并对效果进行评价,提出改进方案。

不管酒店规模大小,充分的内部沟通与交流都能够有效降低酒店在运转过程中受到的阻力,并有力地推动酒店管理方式的变革,促进酒店的良性发展。

8.1.2 提高跨部门沟通效率

在现代酒店的经营模式中,酒店根据分工的不同划分出许多职能部门。如果各个部门之间能够实现顺畅沟通,通力合作,酒店就会获得长远的发展,创造出巨大的经济效益。尤其是随着组织结构扁平化逐渐成为当前酒店的一种发展趋势,跨部门的沟通也因此变得更加重要,成为酒店提高工作效率的关键。

在酒店的组织结构中,各个部门基本上处于平等的地位,不存在上下级之分,通常来说沟通应该比较顺畅,然而实际情况却并非如此。酒店大大小小的问题层出不穷,各部门之间因沟通不畅引发的工作效率低下、互相推诿、影响酒店良性运转的事件时有发生,令许多人力资源总监感到跨部门沟通困难重重。那么,在酒店客观环境无法改变的情况下,怎样才能更好地协调各个部门,齐心协力促进酒店发展呢?这首先需要了解各部门沟通不畅的原因,针对原因找出解决方法。

1. 跨部门沟通不畅的原因

跨部门构通之所以困难重重,总的来说有以下两个原因。

(1) 部门之间的利益争夺

由于所处部门的不同,各部门都站在自己的角度看待问题,从部门利益出发而不是从整个公司利益出发,没有把部门目标整合在酒店总体发展目标之下,纷纷各自为营,寻求自身利益的最大化,在企业中进行资源的争夺。各个部门之间的争斗是企业管理难以根治的顽疾,这种顽疾正是跨部门沟通不畅的一个重要原因。

(2) 未能建立有效的沟通机制

造成跨部门沟通不畅的另一个重要原因,是企业内部未能建立起一个有效的沟通机制。有些酒店并不重视跨部门之间的交流,也很少举行集体活动,没有给员工创造沟通、交流的机会,导致各个部门员工之间缺乏了解。因此,即使员工有时候不得不去沟通,也往往显得比较被动,这就无形中降低了沟通的效率,导致恶性循环。

2. 改善跨部门沟通的方法

跨部门沟通不畅会对酒店的良性运转产生严重影响,会造成部门之间信息无法实现共享。企业内部信息闭塞,不但会降低工作效率,而且会浪费大量的人力、物力、财力。因此,加强跨部门沟通对企业来说刻不容缓。

那么,应该怎样提高跨部门沟通的效率呢?简单来说,改善跨部门沟通的方法有如图 8-1 所示的几种。

```
                改善跨部门沟通的方法
         ┌───────────────┼───────────────┐
    整合部门目标    岗位轮换促进换位思考    营造沟通氛围
```

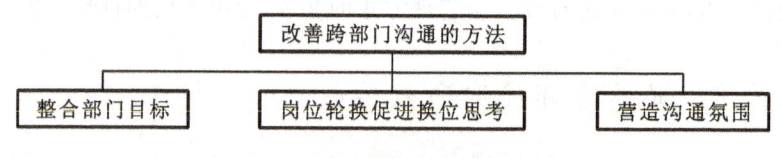

图 8-1　改善跨部门沟通的方法框图

(1) 整合部门目标

酒店有部门之分,就必然会出现部门利益之争。实际上,每个员工都十分清楚应该以企业的总体利益为出发点来考虑问题,然而,一旦其他部门的利益与本部门的利益出现冲突,员工往往都会主动维护本部门利益,而不是从大局出发。之所以会出现这样的问题,正是由于部门利益与酒店总体利益之间存在差异,两者的目标不一致。

为解决这一问题,人力资源管理部门应该整合部门目标,使部门目标与酒店的总体发展目标相一致,使部门利益与酒店总体利益相统一。

(2) 岗位轮换促进换位思考

在沟通过程中,各部门员工之间的换位思考十分重要。只有站在对方的角度进行思考,才能真正理解对方,才能切实有效地实现良性沟通。为此,人力资源总监可以在企业中为员工提供跨部门沟通的平台,其中最为有效的方式就是岗位轮换。人力资源管理部门可以安排员工去其他部门进行体验,比如让研发部门的员工去客服部门任职,让产品部与市场部的员工互换岗位等。这样既能够让员工学习到多样化的知识,又可以促使他们站在不同角度思考问题,使跨部门沟通具有现实基础。

(3) 营造沟通氛围

人力资源管理部门需要投入时间和精力在企业内部营造一个良好的沟通氛围,为员工创造一个可以自由交流的环境,使他们形成沟通的习惯,促进跨部门的沟通。

当然,跨部门沟通不应该拘泥于某种固定的模式,沟通方式是丰富多样的,可以根据企业的现实状况进行选择。人力资源总监要结合企业特点和部门特点,制定切实可行的沟通措施。

提高跨部门沟通的效率,意义重大。从团队建设的角度来说,实现部门之间的良性沟通能够较大程度地提高团队的凝聚力和执行力,从而使各个部门协同完成各种具有挑战性的任务;从工作绩效的角度来说,顺畅的跨部门沟通能够促进企业内部资源共享,从而提高各个部门的工作效率,为企业节省人工成本;从企业发展的角度来说,部门之间的有效沟通能够促进企业发展战略的顺利实现,使企业向着高效、良性的方向发展。

8.1.3 扮演好"沟通枢纽"的角色

人力资源部门是与员工直接发生联系的部门,从员工任职到离职,人力资源部要与其发生各种各样的关系。人力资源总监所领导的人力资源部作为酒店管理的重要部门,应该义不容辞地承担起沟通的职责,扮演好"沟通枢纽"的角色。人力资源管理者要进行的沟通工作是多种多样、不拘一格的。

人力资源管理部门在不断建立和完善酒店各项规章制度的同时,也要注重加强与员工的沟通和交流,为员工创造一个和谐、积极的工作氛围。

1. 适时与新员工沟通

新员工进入酒店以后,由于不了解酒店的情况,加上进入陌生环境后的迷茫,他们迫切希望有人告诉他们应该做什么,怎样做。大多数人力资源总监都十分关注入职培训,也会安排专门人员指导新员工上岗,然而许多民营酒店到此为止,等新员工通过培训正式进入工作岗位后就不管不问了。这可能导致新员工未能从企业获得归属感,入职时间不长就提出辞职,从而给人力资源管理部门和用人部门带来许多麻烦。

为了避免这种问题,人力资源总监应该要求部门人员适时与新员工进行沟通,防止新员工的流失。主要可以通过以下两种方式来进行。

(1)建立回访制度

在新员工入职的前三天,人力资源总监就要安排人员对新员工进行回访。回访可以通过发放记名调查问卷的形式来进行,主要了解新员工是否能够适应目前的工作,了解其在工作中遇到的问题以及对酒店的建议和看法等。人力资源部门要根据回访的实际情况,与用人部门进行沟通,切实解决新员工遇到的问题。

这之后,新员工入职后的一个月、两个月和三个月也是十分关键的时间点,人力资源部门需要在这些时间点对新员工进行回访,了解他们在工作一段时间后的感受,了解他们是否真正适应了酒店的环境,并对入职培训内容进行考核等。

回访能够使新员工感受到自己时刻被管理者关注,使他们对酒店产生归属感,真正加入到酒店建设的队伍中来。

(2) 举行新员工座谈会

人力资源总监还应定期举行新员工座谈会,让新员工齐聚一堂,互相交流看法。如果条件允许,还可以邀请总经理或其他高层管理者到场,与新员工进行面对面的交流沟通,使新员工感受到酒店对他们的重视。

2. 适当进行秘密沟通

秘密沟通在企业管理中能起到十分巨大的作用,但是目前还没有得到广泛的应用。秘密沟通能将企业面临的许多潜在危机消除于无形,真正做到防患于未然;还可以获得对员工实际工作情况和部门运转真实状况的了解,为企业的经营决策搜集宝贵的信息。

人力资源总监必须选择那些管理经验丰富、具有专业知识的人员来承担秘密沟通的任务,以顺利地实现沟通目标。除此之外,严格的职业操守也是秘密沟通人员必须具备的素质。他们要能够对沟通内容严格保密,尽可能保护员工的利益,并能够选择一个合适的时机和方式,妥善解决沟通中了解到的问题。

秘密沟通的对象是多种多样的。新员工、老员工、工作表现优异的员工、工作表现十分差劲的员工、问题员工、个性鲜明的员工、有离职倾向的员工等都可以成为秘密沟通的对象。

(1) 秘密沟通的预期目标

之所以要在企业内部进行秘密沟通,是为了达到以下目标:

第一,了解企业内部某个部门的总体情况。

通过与团队的某些成员进行秘密沟通,人力资源总监可以详细了解到该部门的工作作风、工作效率以及团队凝聚力等情况。

第二,了解某个管理者的相关情况。

通过与相关员工的秘密沟通,人力资源管理部门能够充分了解某个管理者的职业操守、人格特质以及工作情况。特别是企业打算提拔或者处分该管理者时,进行秘密沟通十分必要,该方法能够为人事决策提供更多可靠的依据。

第三,了解团队中出现的特殊问题。

当人力资源总监发现企业内部某个部门出现某些特殊问题时,可以通过秘密沟通的方式进行取证。

（2）秘密沟通中要注意的问题

秘密沟通能够获得十分充足且可靠的信息。在进行人事决策时，这些信息可以作为依据，帮助人力资源部门做出更合理的决策。

但有时候，沟通对象会主动说出一些企业无从得知的秘密。对此，人力资源部门必须尊重对方的隐私，保证为其保密，在向上级汇报工作成果时，尽可能不要暴露沟通对象的身份。

秘密沟通是一种相当复杂的沟通方式，要求人力资源管理者具有较高的专业素质和职业道德，并采用合适的沟通方式，否则极有可能使相关部门管理人员产生人力资源部门在介入其内部管理的感觉，引起双方的矛盾甚至冲突。因此，秘密沟通的时候一定要谨慎行事。

当然，值得肯定的是，操作得当的秘密沟通对于企业的深入管理是至关重要的。随着企业管理的不断深化、细化以及人性化，企业对这种沟通的需求会越来越多，而且将越来越偏向于员工个人的心理辅导。这就要求人力资源管理人员不断学习，加强沟通的技能，提高自身的综合素质。

3. 离职面谈

离职面谈是人力资源总监需要承担的另一项重要工作。从员工提交辞职信到完全结束公司工作的这段时间，是酒店从该员工处获得信息、进行知识转移的重要时期。尤其是如果离职人员承担着公司的关键性工作，工作中积攒了大量的业务经验或客户资源，比如营销人员或业务部门的管理人员，离职面谈就显得更加重要了。

离职面谈应该是单独进行的，并且应该选择气氛比较轻松的地点。在面谈之前人力资源管理部门应该掌握与员工相关的资料，比如员工的个人基本资料、绩效情况回顾、曾经经历过的关键事件等。面谈内容包括公司希望了解的信息以及离职员工愿意提供的一切信息。面谈时，应该注重信息的双向传递，要给员工充分的表达机会，这样才能了解员工的真实想法。人力资源总监甚至可以通过离职面谈，邀请离职人员就如何完成当前项目、解决现有问题提供建议。离职人员因为将要离开公司或已离开公司，在思想上会放下许多包袱，此时面谈往往可以使人力资源总监了解到比较客观、真实的情况，为公司改进工作提供非常宝贵的资料。

面谈过程中要做详细记录。在离职面谈完成以后，人力资源管理部门要从记录中提取有效信息，对关键信息进行深入剖析，从中找到员工离职的真正原因，改善面谈发现的问题，从而防止类似问题再度发生。

沟通在企业中无处不在。人力资源管理部门必须扮演好企业的"沟通枢纽"角色，建立起行之有效的沟通系统，使各种信息在企业内部实现准确、充分、快速的传递,让沟通真正成为企业良性运营的润滑剂。

8.2 建立员工激励机制

8.2.1 民营酒店员工激励中存在的误区

许多民营酒店经营者由于缺乏对员工激励的正确认识,在激励过程中往往陷入种种困惑。只有把握激励的规律,走出激励的误区,才能有效运用激励手段,发挥其积极的作用。

1. 重"成本",轻"人本"

企业管理归根结底是对人的管理,如何使员工充满激情、满怀信心地工作,进而提升每一位员工的工作绩效,增强企业在市场中的竞争力是管理的核心问题。虽然有的民营企业家认可人力资源是企业的第一资源,也经常把"以人为本"挂在嘴边,但是并没有从人力资源激励制度的深层次去思考对员工的投资收益问题。许多经营者仍然将员工的薪酬、奖金、培训等具体的激励措施仅仅视为公司成本的增加,而漠视员工所创造的远远超过人力资源成本的价值。现实中,因克扣员工工资而引发的劳资冲突时有发生,因缺乏激励导致的核心员工"跳槽"现象比比皆是,而由此给企业带来的损失更是难以弥补的。

2. 重引进,轻开发

员工因其掌握着企业所必须的技能和知识而成为人才。成为企业的"第一资源"。许多民营酒店虽已认识到人才的作用而不惜重金引入人才,却因不了解人才成长的规律而忽视了对人才的培养和开发,缺乏"留住人才"的体制和环境。有的重引进、轻使用,不放心把人才放在重要的岗位上,没有给予人才施展才华的空间,难以做到"人尽其才,才尽其用";有的重使用、轻开发,忽视对员工的后续开发,使员工长期得不到知识更新和技能提升,这种过度使用也使原先的人才因知识老化而"江郎才尽"。由于缺乏才华发挥的舞台和职业生涯发展的环境,员工的满意度和忠诚度大大下降,积极性丧失。

3. 重共性,轻个性

需要引起动机,动机决定行为。满足员工需要是调动员工积极性的源头。按照马斯洛的需求层次理论,人的需要分为生理、安全、社交、尊重、自我实现5个层次。不同员工在同一时期的主导需求有差异,即使同一员工在不同时期的主导需求也会不同。企业对员工的激励措施必须切中员工的需要,才能起到预期的效果。一方面,各种激励手段具有各自的针对性。另一方面,不同的员工对同一激励手段的反应往往会呈现出不同的特点。现实中,人们往往重视泛泛的激励而忽视员工的个性需要。许多企业忽略与员工的沟通,不重视员工的反馈,没有调查分析员工的个性需求,激励措施"一刀切",对所有员工采用同样的激励手段,结果适得其反,事倍功半。

4. 重"单一",轻"综合"

员工需求的个性化决定了激励手段的多样化。而许多民营酒店的激励手段呈现出单一化、片面化的特点,缺乏对多种激励措施的综合运用和有机配合。有的过度看重物质刺激,视员工为单纯的"经济人",忽视员工物质利益以外的其他社会心理需求,助长了员工的功利化倾向,削弱了员工的归宿意识;有的则片面使用精神激励,只停留于各种表彰、授予各种"称号",而漠视员工的物质利益,长此以往,必然流于空洞乏力;还有的过度使用以职行赏,对有一定贡献的员工动辄给予晋升职务的奖励,而无视职务对知识和能力的客观要求,使职务仅仅成了一种荣誉,而失去了它本身的责任性。凡此种种,都是对单一激励手段的过度使用,而激励一旦过度,势必难以为继。

5. 重技巧,轻制度

在实施激励的过程中,有些民营酒店也重视借鉴和运用先进的激励方法,激励手段也十分丰富。但往往过于倚重经营者的激励技巧,而忽视激励的制度化建设。许多企业老板习惯于凭个人的好恶和价值观随意地"拍脑袋"对员工进行奖惩,随意性有余而公平性不足。一方面,由于对同等事件的赏罚前后不一,程度各异,使员工缺乏公平感和满意度;另一方面,由于缺乏规范、合理的激励制度和员工绩效考核体系,企业无法依据客观的绩效评估结果公正地实施相应的激励,使员工缺乏稳定的行为预期。这种缺乏公正的激励方式往往使员工情绪低落,甚至另谋高就。

8.2.2 树立"以人为本"的激励理念

没有正确的观念就没有正确的行动。许多民营企业之所以无法走出各种激励误区,其认识根源在于没有真正树立起"以人为本"的理念。只有切实转变观念,正确认识和处理企业与员工的关系,方能产生理想的激励效果。

1. 从"手段"到"目的"

员工是企业发展的手段,同时也是企业发展的目的。那种视员工为"成本"的观点,就是片面强调了员工的"工具性"而忽略了员工的"目的性"。其着眼点必然是低工资、少福利,甚至为节约人力成本,不惜损害员工的正当权利。而现在流行的视员工为"资本"的观念也大不相同。与"成本"思维相比较,"资本"思维把员工看做资本,看成能创造更大价值的资源,充分肯定了员工作为"第一资源"的作用,这无疑是观念上的一种进步和跨越。

"以人为本"的本质在于以人为根本目的,以实现人的全面发展为目标。在企业管理中贯彻"以人为本"的理念,就是要求民营企业的管理活动和激励措施必须以满足员工的需求为出发点和中心,围绕着激发和调动员工的主动性、积极性、创造性进行管理;就是要尊重员工的主体意识,充分肯定员工在企业生产经营活动中的主体作用,努力创造条件,使员工充分意识到其工作成果对自身、对企业、对社会的意义,让每个员工都感到主体意识得到了尊重,能充分发挥自己的能力并实现自己的价值,由此而激发出强烈的"主人翁"意识和持久的工作热情。

2. 从"零和"到"双赢"

如何协调和整合企业利益和员工利益是一个许多民营企业十分关注也非常困惑的问题。这一问题处理不好,任何激励措施便失去了发挥作用的基础和前提。一些民营企业经营者把企业利益与员工利益对立起来,认为资源是有限的,员工利益的增加直接导致成本的增加,员工利益的充分满足必然会有损企业利润的最大化。这其实是一种狭隘、僵化的"零和"思维。企业追求利润最大化的动机固然无可厚非,然而这一目标的实现绝非少数企业精英的一厢情愿,一定是源于所有员工的共同努力和创造性工作。民营企业经营者与员工同是商海航船上的乘客,利益冲突必然会把船搞翻,一损俱损。从这一角度讲,员工利益就是企业利益,二者绝非不能调和,这完全可以在企业和员工共同认同的框架内合理解决利益冲突,共同分享发展成果,以实现"双赢"。相关实践表明,企业只有尊重和保障员工的合理利益,对他们所做出的贡献给予承认和报酬,才能同员工一道共同把"蛋糕"做大,最终达到企业利益和员工利益共同发展的目标。由此来看,关爱员工,实现"双赢",构建企业与员工的利益共同体,是一项重要的人心工程、和谐工程,这不仅是民营企业健康发展的内在要求,也是民营企业社会价值的集中体现。是"以人为本"理念的实质所在。

3. 从"屋顶"到"土壤"

企业对于员工到底意味着什么?员工对企业究竟都有哪些期望和要求?这一直是企业管理理论和企业经营者们共同关注的话题。管理学界常用两种比喻来描述企业和员工的关系。一种是"屋顶学说",将企业比喻为一个房子,替员工挡风遮雨,员工在企业的大屋顶下工作或生活。但员工只是为企业打工,必须无条件服从老板的决定,否则就有被视为不听话或被辞退的危险。在这种关系模式中,员工处于被动消极状态,缺乏自我价值实现的平台。另一种是"土壤学说",将企业比喻为肥沃的"土壤",所有员工都在这片土地上自由成长。员工和企业是共存的关系,员工是企业生存发展的基础,企业为员工实现个人目标创造平等机会。员工在人格上得到尊重,在才能上得以充分发挥。当前,一些民营企业经营者自恃企业的所有者地位,对员工实行"老板说了算"的"家长制"管理,压抑了员工积极性的发挥,这正是"屋顶学说"的现实表现,也是民营企业难以做大、做强的症结所在。民营企业要茁壮成长并永葆生机,必须充分挖掘员工的潜能,发挥其积极性、主动性和创造性,实现从"屋顶"到"土壤"的转变。所以,企业不仅要为员工提供必要的生产、生活条件,而且要打破家族界限,给所有员工以平等发展的机会,为员工充分施展才华提供足够的养料和水分,创造良好的环境和舞台。

8.2.3 选择适当的激励方式

当人力资源总监找到酒店需要的"千里马"并把他们纳入麾下后,接下来要进行的最重要的工作就是激励这些"千里马",使他们能够充分发挥自己的才能,全面提高工作效率和业绩,为酒店创造更多的财富。

员工激励是人力资源管理工作最重要的组成部分,是企业发展的加速器。激励是领导力的体现,也是提高员工士气、塑造高效团队的最实用的管理手段。因此,人力资源管理部门必须在酒店内部建立起良好的员工激励机制,调动员工工作的积极性和主动性,提高酒店的核心竞争力。拥有有效的激励机制,酒店用人、留人等难题也就迎刃而解了。

人力资源管理部门能够采取的有效激励方式可以分为物质激励和精神激励。

1. 物质激励

员工作为"经济人",物质需要是他们的基本需要。因此,在企业中,最主要、使用最为普遍的激励方式就是物质激励。物质激励作为一种最基本的激励手段,是其他激励方式不能取代的,具有其他激励方式无法达到的效果。

物质激励主要通过企业的薪酬制度以及分配机制来体现。对于不同层级、不同工作类型的员工,人力资源管理部门应该采用不同的薪酬方案,通过分配机制来发挥激励作用。

薪酬制度首先要透明化,要让员工知道,为企业做出贡献能够得到相应的报酬;其次要保证公平性,使员工得到公正对待,不要厚此薄彼;除此之外,还要制定一个评估员工业绩的客观标准,使员工的付出得到客观准确的评价,从而使考核结果得到员工的认可。

2. 精神激励

物质利益虽然是激发员工积极性的基本因素,但精神需要也是一种非常强大的推动力量。尤其是在现代酒店中,酒店对员工的精神激励不可忽视。精神激励通过激发员工在精神层面的需求来提高员工的积极性,是一种非报酬性激励方式。精神激励包括向员工授权,认可他们的工作绩效,使晋升制度公平、公开,提供学习和发展的机会。实行灵活多样的弹性工作时间制度以及制定适合员工特点的职业生涯发展规划等。

现在酒店已经进入了高速发展的知识经济时代,人力资源管理的对象许多属于知识型员工,对于这些员工而言,精神激励是一种更为有效的激励方式。不仅如此,利用精神激励,酒店可以有效减少对物质激励的依赖,从不断加薪再加薪的循环中跳脱,降低企业成本。

精神激励主要有尊重激励、工作激励、目标激励、参与激励、荣誉激励等几种方式。

(1) 尊重激励

把尊重作为一种激励手段,会收到意想不到的效果。马斯洛的需求层次理论把人们的需求分为五种:生理需求、安全需求、社交需求、尊重需求和自我实现需求。其中,尊重需求是层次较高的一种需求。每个人都渴望获得他人的尊重,希望自己的能力和成就得到认可,尤其是当这种认可来自企业管理者的时候,员工的精神就会受到极大鼓舞,更愿意为企业贡献自己的力量。

(2) 工作激励

工作丰富化是一种内在激励方式,工作激励在员工激励方面发挥着十分重要的作用。员工在解决了基本温饱问题以后,会更加注重工作是否有吸引力,工作内容是否符合自己的兴趣、爱好,是否能发挥自己的才能,是否具有一定的挑战性,是否能够从中获得成就感,是否能帮助自己更好地实现自我价值等。因此,发挥工作本身所具备的激励作用是非常重要的。

人力资源管理部门要进行充分的"工作设计",要考虑如何使员工工作内容更丰富,更具有挑战性,使其在工作时获得满足感,并尽可能为员工创造良好的工作环境。除此之外,还可以通过员工与岗位的双向选择,使员工对自己的工作有一定的选择权,激发员工的工作积极性。

(3) 目标激励

目标激励,就是通过树立目标,激发员工的工作动机,调动起他们的积极性。目标激励将员工的个人目标和组织目标紧密地联系在一起,员工由于受到个人目标的牵引,对企业的发展目标也会产生高度关注,对工作产生更强的责任感。

在目标激励过程中,人力资源管理部门首先要督促相关管理者为企业制定出一个中长期发展规划,然后在员工中进行宣传,让每位员工都能够了解酒店发展的前景和目标。值得注意的是,在制定中长期发展规划时,人力资源管理部门要让员工参与到规划制定过程中来,积极倾听员工的想法,采纳他们提出的好建议。

只有让员工了解酒店的发展目标,让他们充分表达自己的意见和建议,让他们参与目标制定与实现的整个过程,才能激励员工为目标而努力。

(4) 参与激励

参与激励是让员工参与企业管理,调动他们工作积极性的一种激励方法。员工的参与程度越高,其积极性也就越高。例如邀请员工针对酒店的某个问题进行讨论,鼓励员工根据其认为比较现实的标准来建立衡量工作业绩的参数等,这对于员工来说本身就是一种激励。因为员工自身参与了制定,所以他们会更愿意接受并在工作中尽力达到这些衡量标准。

合理化建议是参与激励的一种有效方法,比如在公司设置合理化建议信箱或设立总经理意见箱。但是,对于许多酒店来说,这些做法的收效并不令人满意:大多数时间意见箱里都空空如也;有时候有少量建议,也可能因为没有及时反馈而挫伤了员工的积极性。因此,如何鼓励员工表达自己的意见并使合理化建议得到及时有效的反馈,人力资源管理部门要进行周密的安排。

(5) 荣誉激励

荣誉是酒店给予员工或部门的认同和正面评价,荣誉激励能够充分满足员工的心理需要,激发他们不断努力进取。荣誉激励在所有精神激励中属于终极的激励手段。对于一些工作表现比较突出、具有代表性的先进员工,给予必要的荣誉奖励是很好的精神激励方法,主要的方式有表扬、奖励、经验介绍等。

进行荣誉激励时,一要注意对员工的贡献公开表示承认与赞许,二要注意不要吝啬头衔和名号,因为适当的头衔和名号可以增强员工的成就感,从而激发员工的干劲。

【案例 8.2】 员工激励的重要性

据调查了解到:长沙某一四星级酒店,酒店组织领导班子制定了一项员工激励的政策。酒店内部所有部门——餐饮部,前厅部,客房部,PA 部,保安部等,在每月月末举行一次总结大会,每位成员都参与,每个部门都要推举一位优秀的员工,在大会上公开表彰评为服务明星,还有荣誉证书和一笔奖金,优秀员工的评选不论资历背景,不论年龄,不论性别,也不论学历。这种人力资源管理模式无疑对酒店员工能起到激励作用,能够在酒店内部产生一种积极向上的氛围。

但是报纸新闻杂志和网上论谈也刊登或发表了一些文章报道服务业的不良状况。特别是有些一线员工错误不断,态度不诚恳,用词搪塞客人,对于客人的问题不屑一顾,说话理直气壮,服务态度差劲。缺少技术熟练的员工,人员流失率高,深受其苦的服务业必须向那些与顾客接触多的企业注入新的血液和能量,或者改善一贯不变的人才管理模式。

根据这一问题,相关分析研究表明:当任意一员工被高度激励时,能表现出努力工作,并会主动向顾客提供尽可能好的服务;而相反,没有员工激励,员工会尽可能地节省精力,面对客人的需求时,会视而不见,能避则避,客人提出问题时也会推卸责任,或者用言辞遮掩。所以面对这类问题,酒店管理者首要采取的不是责罚员工,而是激励员工,第一任务是想办法祛除他们的惰性,改变他们这种消极的服务态度,点燃员工内心的工作热情,以此驱动员工在工作中展现出色,从而实现酒店管理者所期望达到的最佳绩效。任何一个企业领导者已认识到这一点的重要性,这就是"以人为本"的企业管理。只有认真实行了这个政策,才能在这个激烈的竞争社会中生存发展,才能在商业竞争中立于不败之地。

3. 物质激励和精神激励的结合

物质激励和精神激励作为激励员工的两种主要方式,各自发挥着重要的作用,然而这两种激励方式是不可分割的。人力资源管理部门应该把这两种激励方式有机结合,使它们互相配合,共同调动员工的积极性。因此,人力资源管理部门应做到以下两点。

(1) 构建体现酒店企业特点的企业文化

酒店竞争优势的大小,受到酒店内部文化氛围的影响。只有企业文化能够真正地融入员工的价值观,员工才会把企业的目标当成自己的目标,并为之努力、奋斗。因此要在企业中构建一个被员工认同的企业文化,为企业的长远发展提供充足的动力。

(2) 采用适合企业的激励方式

任何一种激励方式都是为实现企业的发展目标而服务的。之所以要在企业中构建激励机制,就是为了鼓励员工向有利于实现企业目标的方向做出努力。因此,人力资源管理部门应该首先明确企业目标,然后根据目标选择适合企业的激励方式。

在选择激励方式时,还要充分考虑员工的个性特点。人力资源管理部门要想让激励达到最大效果,就要对影响员工积极性的各种因素进行深入了解和分析,并且要考虑到个体差异,区别对待,采取灵活多样的激励手段。

另外,人力资源管理部门还必须权衡激励成本。不管是物质激励还是精神激励都有成本,而企业以赢利为目的,要以最小的成本获取最大的利润,因此,人力资源管理部门要充分考虑投入产出比,衡量激励的成本与收益,做出理性选择。

激励的方式是复杂多样的。创造良好的企业文化,采用与企业特点和实际情况相符的激励方式,在此基础上进行灵活选择,才能更好地激发员工的积极性和创造性,促进企业的发展。

8.2.4 构建晋升体系

晋升是企业常用的一种有效激励手段。在人力资源管理中,晋升可以实现两大功能:一是实现资源配置,帮助企业选拔人才;二是激发员工的工作积极性,促使员工为企业发展贡献力量。企业从内部选拔才能出众的员工担任更重要的职责,不论是对员工个人还是企业的发展都具有十分重要的意义。

1. 晋升体系的构建方法

完善的晋升体系能够在酒店内部营造一种追求晋升的氛围,为晋升提供支持和保障,能够降低人才流失率,是酒店发展的有力保证。人力资源管理部门可以按照以下三个步骤构建酒店的晋升体系:

(1) 规范晋升路径

构建晋升体系的第一步,是规范晋升路径,亦即指明每个岗位的员工应该朝哪个层面晋升。这里所指的"晋升"并不是指员工个人的晋升,而是指某个岗位未来的晋升方向。比如,对于行政助理职位,晋升方向是行政经理乃至行政总监;对于软件开发工程师职位,晋升方向是项目经理,然后是部门经理、技术总监。规范晋升路径,就是把酒店里的岗位按照某种标准划分为若干个岗位群,每一个员工都能在自己所处的岗位群里一步步上升。

(2) 完善晋升阶梯

对晋升路径进行仔细规划以后,人力资源管理部门接下来要做的就是完善晋升阶梯。这是指每个员工具体可以通过什么途径来实现个人晋升,简单地说,就是指出在某个岗位群里具体的岗位数量以及分布布局,然后对每个岗位进行分级,建立晋升的阶梯。例如营销类岗位可以分为客户主任、高级客户主任、客户经理和高级客户经理,营销人员可以通过努力在这个阶梯上一级一级地不断晋升。

(3) 明确晋升标准

晋升并不代表员工只要达到工作年限就可以自然而然地得到提拔,而是要按照一定的标准来进行。这一标准主要包括三个方面:岗位的任职资格要求,岗位的能力要求,绩效要求。

既然设定了标准,晋升就必须严格按照这个标准来进行,不能让标准形同虚设。值得注意的是,晋升阶梯中不应只有正向流动,还应包括反向流动。亦即,对于符合晋升标准的员工要提拔,相反,对于那些符合降级标准的员工则要降级,从而做到对员工有赏有罚,有升有降。

【案例 8.3】 麦当劳的晋升制度

在麦当劳,95%的管理人员都是从员工做起,从基层一步步提拔上来。麦当劳公司每年都会投入大量资金用于员工培训,培训是为了使员工获得更大的进步与发展。

对于麦当劳的员工来说,最艰难的阶段是刚加入公司的前6个月。在这半年里,人员流动非常频繁,而能够通过这个阶段考验的员工,就有机会获得晋升。

麦当劳的晋升机制是透明化的。首先,新入职的员工要当为期半年左右的实习助理,在这段时间里,他要投入到麦当劳的各个基层岗位,比如炸薯条、收款等。通过这些基层工作,员工必须学会如何保持清洁、如何为顾客提供最佳服务。这些实践能够帮助一个员工积累基层工作经验,为以后的管理工作打下深厚的基础。

通过实习助理这个岗位的考验以后,员工接下来可以成为二级助理。除了承担基层工作之外,二级助理还要进行计划、订货、排班、统计等基础性的管理工作。这些工作可以让他在一定范围内发挥自己的管理才能,协调各方面的工作,不断丰富自己的经验。

8~14个月以后,在二级助理岗位上表现优异的员工就会晋升为一级助理。这个岗位要辅助经理管理好餐厅的各项事宜,更偏重于管理。在这个过程中,员工的管理才能将获得进一步发挥。这之后,员工就可以从一级助理升任为经理,开始独当一面。当经理这个岗位不能满足员工需求时,麦当劳会为员工提供更好的平台,他可以晋升为监督管理员,同时负责几家麦当劳的管理工作。

员工在监督管理员岗位上得到充分的锻炼后,就可以升任为地区顾问。这个时候,他就成为总公司派驻下属企业的代表,负责传递信息,协调麦当劳公司与各下属企业的关系。表现良好的地区顾问还将得到更广阔的发展空间。

这种晋升制度的优势在于其公平性,每个员工在晋升机会面前都是平等的,适应快、工作能力强的人自然能够获得更快的晋升。这种公平、公正的晋升机制吸引了许多有能力的年轻人加入麦当劳,实现自己的理想与价值。

2. 晋升体系应用中的注意事项

在晋升体系的应用过程中,人力资源管理部门还应注意以下问题:

(1)晋升标准要明确、透明

晋升标准的透明化、明确化具有十分重要的意义。因为,明确了晋升标准,员工也就明确了努力的方向,能够抓住考核的关键因素,提高自己的绩效,使自己达标。这样能在一定程度上增强晋升体系的激励作用。

(2)晋升体系要与薪酬相配套

在进行职业选择时,员工最为重视的因素还是薪酬。因此,晋升体系必须要与薪酬制度配套,才能更好地发挥激励作用。

(3)可以适当应用头衔

现实生活中,经常会看到这样一种现象:一个企业里有许多经理,部门负责人被称为经理,项目组的负责人也被称为经理,并且在名片上,许多人的职务也都标注着"经理"的字样。这就是利用头衔来提高晋升激励作用的一种普遍方式。每个人都有交往的需要,他们希望在交际过程中得到尊重,而头衔的应用就可以很好地满足员工的这种需要。

晋升体系要充分利用头衔这一工具,因为头衔不但成本非常低,而且非常有效。当然,如果把头衔与薪酬有效结合起来,效果会更加明显。但是,值得注意的是,头衔的应用虽然有效,但必须把握好"度",滥用头衔只会适得其反。

同时,人力资源总监也要认识到,把晋升作为一种激励方式来使用,也会出现各种各样的问题。晋升机会是一种稀缺资源,因此,为了得到这种机会,员工之间可能会产生恶性竞争,从而对团队合作造成恶劣影响。那些得不到晋升机会的员工可能会产生愤怒的情绪,重新评价、调整个人与企业的关系,包括降低对企业的心理承诺、增加离职的意向、寻找跳槽机会等,这些对企业都是不利的。

因此,在运用晋升这一激励方式时,人力资源管理部门还要尽可能避免出现只有少部分人能得晋升机会的情况,让大多数员工继续保持努力工作的状态,使企业的正常运转不受负面影响。

第9章

合同优先：酒店劳动关系管理

酒店员工不服从工作分配发生纠纷怎么办？酒店员工不愿签定酒店拟好的劳动合同怎么办？酒店员工未办理合同终止手续，劳动关系是否终止？

现代民营酒店在做好劳动保障管理工作过程中，经常遇到的麻烦就是用工时出现的劳动关系不和谐问题，这既影响酒店正常的工作秩序同时也损害酒店的自身形象。为了解决这一难题，我们就需要理解和运用国家及地方的现行相关劳动政策，签定合理规范的劳动合同，建立和谐稳定的劳动关系。

酒店劳动关系是指劳动者与酒店之间在劳动过程中发生的关系。酒店所有者、经营者、普通职工及其工会组织之间在酒店的生产经营活动中形成的各种责、权、利关系，主要包括：所有者与全体职工（包括经营管理人员）的关系，经营管理者与普通职工的关系，经营管理者与工人组织的关系，工会与职工的关系。

劳动关系三要素：一是主体，是指劳动法律关系的参与者，包括劳动者、劳动者的组织（工会、职代会）和用人单位；二是内容，是指主体双方依法享有的权利和承担的义务；三是客体，是指主体的劳动权利和劳动义务共同指向的事物，如劳动时间、劳动报酬、安全卫生、劳动纪律、福利保险、教育培训、劳动环境等。

9.1 劳动规章制度

酒店劳动规章制度的特点：其制定主体为酒店，是酒店和劳动者共同的行为规范，是酒店经营权与职工民主管理权相结合的产物。优秀的酒店都有完善的劳动规章，健全的规章是酒店良性发展的基础。

9.1.1 编制酒店劳动规章的步骤

确定协调人,确定主题及酒店政策纲目,审议,征求员工意见,报送审查和备案,公示和员工知情记录。

（1）协调人（召集人）的主要工作：协调过程中的每一个步骤,并如期完成；召集有关人员,拟定政策初稿；审议初稿；对内容进行编辑及加工,并依程序完成全过程。

选择协调人应注意：应是酒店中担任重要职位的成员,如负责全面工作的副总经理或分管行政工作的副总经理；应比较熟悉酒店运作情况,并对国家、地方法律法规政策比较了解；在酒店业工作时间较长,对酒店文化非常熟悉；掌握现代酒店管理制度,对人力资源工作有正确认识；个人素质、品质修养较好,人格健全。

（2）酒店劳动规章制度目标是提高劳动生产率、维护酒店生存和促进酒店发展。

（3）审议的目的是保证酒店劳动规章的合理性、合法性、代表性、可行性。审议成员由部门主管、员工或工会代表、酒店领导（董事会）组成。审议的内容：规章内容和制定程序是否合法,是否具有可操作性,内容是否全面,对不可预见的事件是否有应对的措施,权限范围是否明确等。

（4）员工意见可以从不同的角度、不同的看法、不同的心态、不同的级别来搜集。

（5）送审和备案,如图9-1所示。

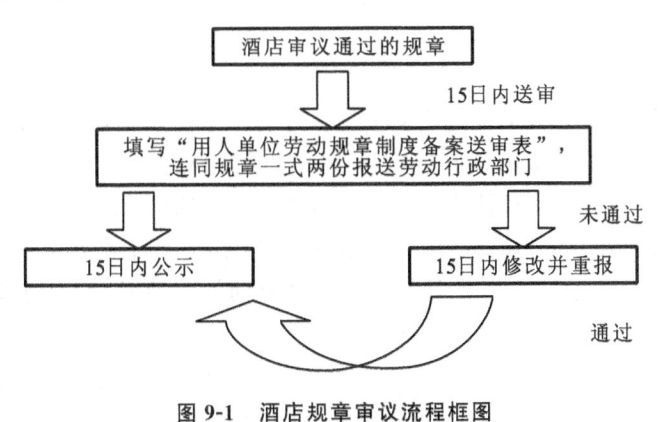

```
        ┌─────────────────────┐
        │   酒店审议通过的规章    │
        └──────────┬──────────┘
                   │ 15日内送审
                   ▼
  ┌───────────────────────────────────┐
  │ 填写"用人单位劳动规章制度备案送审表", │
  │   连同规章一式两份报送劳动行政部门     │
  └────┬──────────────────────┬───────┘
       │                      │ 未通过
       ▼                      ▼
  ┌──────────┐         ┌──────────────┐
  │ 15日内公示 │◄────────│ 15日内修改并重报 │
  └──────────┘  通过    └──────────────┘
```

图 9-1　酒店规章审议流程框图

（6）公示和员工知情记录包括：保存和编制规章及成立规章编制小组的决定,审议及规定规章的记录,员工大会（股东大会、员工代表）审议的意见,工会组织与酒店协商通过的决定,管理层通过规章并予以颁布的记录和印发规章手册（员工手册)。注意事项:注意标明版本、时间,在进行入职培训时要将手册发放时间、员工签名情况保存在员工档案中,力求每位员工对规章的理解与酒店的意思表达一致。

9.1.2　劳动规章制度的内容与执行原则

1. 劳动规章制度的基本内容

劳动合同管理制度、劳动纪律、劳动,定员定额规则、劳动岗位规范制定规则、劳动安全卫生制度、其他制度。

2. 执行劳动规章制度的原则

(1) 警告性原则。

(2) 因果性原则。只要触犯了酒店的规章制度,就一定会受到惩处。

(3) 即时性原则。惩处必须在错误行为发生后立即进行,绝不拖泥带水,绝不能有时间差,以便达到及时改正错误行为的目的。

(4) 公平性原则。

规章制度成稿以后一定要注意审查,防止以后出现争议。在制定时可以借鉴其他酒店的规章制度,但一定要结合自身酒店的实际情况,还要注意价值观的不同。

9.2　酒店劳动合同管理

劳动合同既是用人单位与劳动者建立劳动关系的基础,也是用人单位和劳动者协调与处理劳动关系争议的依据。劳动合同应当遵循依法定立、规范条款、突出个性化这三个要求。集体合同是用人单位和全体职工就劳动报酬、工作时间、休息休假、劳动安全卫生、保险福利等事项,通过平等协商定立的协议。从劳动者一方看,劳动合同的约束力只限于签定劳动合同的劳动者本人,集体合同的约束力包括集体合同的用人单位全体职工。

劳动合同突出劳动关系中的个性,集体合同的内容更注重劳动关系中的共性。集体合同注重全体职工的整体利益,集体合同所约定的条款对单个的劳动合同具有约束力;劳动合同注重职工个人利益,单个劳动合同的约定只对合同双方当事人有约束力,对其他劳动合同当事人无约束力。此外,劳动合同和集体合同的差异还在于:劳动合同期限一般没有严格限制,可以有固定期限,可以无固定期限,也可以以完成某项工作任务为期限;集体合同按规定期限为1~3年,集体合同到期后经双方当事人同意可以续定,也可以就某些条款做进一步修订后续定。

9.2.1 集体合同的管理

集体合同是集体协商双方代表根据劳动法律法规的规定,就劳动报酬、工作时间、休息休假、劳动安全卫生、保险福利等事项,在平等协商一致的基础上签定的书面协议。根据《中华人民共和国劳动法》的规定,集体合同由工会代表职工与酒店签定,没有成立工会组织的,由职工代表与酒店签定。集体合同草案应当提交职工代表大会或全体职工讨论通过,集体合同文本必须提交政府劳动行政部门审核,经审核通过的集体合同才具有法律效力。

集体合同内容包括:劳动关系标准部分,如工资、工作时间、休息休假等;一般性规定,如有效期限、变更、解除的条件;过渡性规定,如监督、争议处理、违约责任等;其他规定。定立集体合同的原则:内容合法原则,平等合作、协商一致原则,兼顾所有者、经营者和劳动者利益原则,维护正常的生产工作秩序原则。集体合同的作用:有利于协调劳动关系,加强酒店的民主管理,维护职工合法权益,弥补劳动法律法规的不足。

集体合同形式可以分为主件和附件。主件是综合性集体合同,其内容涵盖劳动关系的各个方面。附件是专项集体合同,是就劳动关系的某一特定方面签定的专项协议。目前,我国法定集体合同的附件主要是工资协议——专门就工资事项签定的集体合同。

集体合同的协商是签约代表为签定集体合同进行商谈的法律行为。其主要步骤为:

(1) 协商准备。双方签约人为集体协商进行各项准备工作;确定协商代表,拟定协商方案,预约协商内容、日期、地点。我国相关法律规定:集体合同协商代表双方人数对等,各方为3~10名,并确定一名首席代表;酒店代表由法定代表人担任或指派,工会首席代表由工会主席担任或书面委托其他工会代表担任;代表一经确认,必须履行义务,因故不能履行职责的,应另行指派或推举;集体协商的地点、时间由双方共同商定;记录员在协商代表之外指派;双方代表组成集体合同草案起草小组,共同拟定集体合同草案。

(2) 讨论。工会组织全体职工讨论集体合同草案并进行修订。

(3) 审议。经修订的集体合同草案提交职工代表大会或职工会议审议通过。

(4) 签字。双方首席代表在经过审议通过的集体合同文本上签字。

酒店将签字的集体合同文本一式三份及说明材料,在集体合同签定后的7日内报送县级以上政府劳动行政部门审查。说明材料应包括：酒店的营业执照、工会的社团法人证明材料、双方代表的身份证(均为复印件)、委托授权书、职工代表的劳动合同书、相关审议会议通过的集体合同决议、集体合同条款的必要说明、审核期限和生效时间。劳动行政部门在收到集体合同后的15日内将"审核意见书"送达，集体合同的生效日期以"审核意见书"确认的日期为准。若劳动行政部门在收到集体合同的15日内未提出异议的，自第16日起，集体合同自行生效。若集体合同经劳动行政部门审核认定存在无效条款或部分无效条款的，签约双方应在15日内对其进行修改，并在15日内重新报送审核。

9.2.2 酒店劳动合同管理

劳动合同是劳动者与用人单位确立劳动关系，明确双方权利义务的协议。劳动合同按照程序合法、内容合法的原则，一经签定，就具有法律效力，不得随意废改。劳动合同的内容包括法定条款和约定条款。为使劳动合同当事人双方的权利义务容易界定，并具有可操作性，可以将酒店依法制定的相关内部管理制度作为劳动合同的附件，通过附件的形式使劳动合同的相关内容具体化。劳动合同的各项条款，包括专项协议所协商确定的内容，必须统一，不应存在内在的矛盾。否则，该项条款极有可能成为无效条款而丧失其法律效力。

法定条款是依据法律规定劳动合同双方当事人必须遵守的条款。不具备法定条款，劳动合同不能成立。《中华人民共和国劳动法》中规定，劳动合同应当具备以下条款：劳动合同期限、工作内容、劳动保护和劳动条件、劳动报酬、社会保险、劳动纪律、劳动合同终止的条件、违反劳动合同的责任。约定条款是劳动合同双方当事人根据实际需要在协商一致的基础上规定的其他补充条款。一般常见的约定条款有以下内容：试用期限、培训、保密事项、补充保险和福利、当事人协商约定的其他事项。

劳动合同期限有固定期限、无固定期限和以完成一定的工作为期限三种。下面简单介绍酒店劳动合同管理的相关知识：

(1) 劳动者提出解除合同且不承担补偿的条件有：在试用期内，劳动者可以提出解除劳动合同，并且无须说明理由或者承担赔偿；用人单位未按照劳动合同的约定支付劳动报酬或者提供劳动条件；用人单位以暴力、威胁、非法限制人身自由的手段强迫劳动。用人单位提出解除合同且不承担补偿的条件有：试用期被证明不符合录用条件；严重违反劳动纪律和单位规章制度；严重失职、营私舞弊，对用人单位利益造成重大损失；被追究刑事责任。

(2) 劳动者以辞职的形式解除劳动合同必须提前30日通知。劳动者如果违反劳动合同的约定解除劳动合同,对用人单位造成损失的,应赔偿用人单位的下列损失:用人单位招收录用所支付的费用,用人单位支付的培训费用,对生产经营和工作造成的直接经济损失,劳动合同约定的其他赔偿费用。若未提前30日,应支付等同天数的代通知金。此外,第三方招用未与原用人单位解除劳动合同的劳动者,对原用人单位造成损失的,除该劳动者承担直接赔偿责任外,该用人单位承担连带赔偿责任。

(3) 劳动合同试用期,俗称适应期、考察期,是劳动关系双方当事人依法平等自愿约定一定期限互相了解、选择的考察期间。适用于初次就业或再次就业时改变劳动岗位或工种的劳动者。试用期有三层含义。第一,自愿性。劳动合同中的试用期不是劳动合同的必备条款,试用期的出现乃是当事人双方合议的结果。亦即,当事人在劳动合同中可以约定试用期,也可以不约定试用期。第二,非独立性。试用期应当包含在劳动合同期限之中,是劳动合同期限中的一个特殊阶段,而非独立于劳动合同期限以外的阶段。第三,限制性。劳动合同试用期有法定的上限,即最长不得超过6个月,当事人不得通过约定而改变这一上限。

(4) 酒店不能解除劳动者劳动合同的条件有:患职业病或因公负伤并被确认丧失或部分丧失劳动能力;患病或负伤,在规定的医疗期内;女职工在孕期、产期、哺乳期内;法律、法规规定的其他情形。

(5) 酒店的三种工时制。标准工时制就是每天工作8小时、每周工作40小时的工作制度。不定时工作制是根据工作性质和特点,对某些岗位不具体规定工作时间,而以完成岗位职责任务为标准。综合计算工时工作制即分别以周、月、季、年等为周期,综合计算工作时间,但其平均日工作时间和平均周工作时间应与法定标准工作时间基本相同。

(6) 一般将在法定节假日和公休日内进行工作称为加班,在标准工作日内的标准工作时外进行工作称为加点。加班加点计算加班费如表9-1所示。

表9-1 加班加点计算加班费

加班时间	加班方式	计算方法	备注
标准工作日8小时以外的上班时间	加点	工作小时数×时薪×150%	通常指一至周五每天8小时以外的工作时间
公休日上班8小时	加班	日薪×200%	通常指周六周日上班8小时
公休日8小时以外的上班时间	加点	工作小时数×时薪×200%	通常指周六周日8小时以外的上班时间

续表

加班时间	加班方式	计算方法	备注
法定节假日上班8小时	加班	日薪×300%	指国家法定节假日上班8小时
法定节假日8小时以外的上班时间	加点	工作小时数×时薪×300%	法定节假日8小时以外的上班时间

(7) 由于酒店原因解除劳动者劳动合同的,其补偿金的核算标准为:按劳动者在酒店的工作年限,每满一年发给相当于1个月的经济补偿金,不满一年的按一年计算;一般补偿金不超过12个月的工资。经济补偿金按"就高不就低"原则,即以劳动者解除合同前12个月的月平均工资为计算补偿金的基数,如果该平均工资低于酒店平均工资的,按酒店平均工资执行。

经济补偿有三种情况是不以12个月工资为封顶的:

① 用人单位因形势变更致使劳动合同无法履行而解除劳动合同的,其向劳动者发放经济补偿金不应以12个月的工资为限。

② 用人单位因生产经营状况发生严重困难而裁减人员的,其向被裁减人员发放经济补偿金不应以12个月的工资为限。

③ 劳动者非因工负伤导致酒店解除劳动合同的,酒店发放经济补偿金不应以12个月的工资为限。

(8) 医疗期是指劳动者患病或非因工负伤停止工作不得解除劳动合同的期限。医疗期长度根据劳动者的实际工作年限和在本单位工作年限确定。医疗期应从病休第一天开始,累计计算,病休期间的公休假日和法定节日包括在内。医疗期期限的具体规定如表9-2所示。

表9-2 医疗期期限规定

工作年限10年以下		工作年限10年以上	
单位工龄	医疗期	单位工龄	医疗期/(月)
1~5年	3个月	1~5年	6
5~10年	6个月	5~10年	6+3
		10~15年	6+3+3
		15~20年	6+3+3+6
		20~30年	6+3+3+6+6
		30年以上	6+3+3+6+6+12

9.2.3 社会保险管理

社会保险的项目设置,也称社会保险的内容或险种。世界各国根据各自的国情和经济发展水平,设置的保险项目不同。《中华人民共和国劳动法》中第七十条规定,国家发展保险事业,建立社会保险制度,设立社会保险基金,使劳动者在老年、患病、工伤、失业、生育等情况下获得帮助和补偿。我国的社会保障项目主要包括养老保险、工伤保险、失业保险、生育保险、医疗保险五大保险,下面简要介绍养老保险和医疗保险。

(1) 养老保险是国家保障劳动者离休、退休后基本生活的一种社会保险制度。凡是达到法定退休年龄、就业年限或缴纳保险费年限的劳动者都有权享受这项待遇。

(2) 医疗保险是指为保障劳动者在非因工患病、负伤期间或残废期间和死亡时提供经济帮助的一种社会保险制度。

【案例 9.1】 怀孕女工的劳动合同

某酒店的劳动合同规定:"凡在本酒店工作的女性员工,在合同期内不得怀孕,否则酒店有权解除劳动合同。"一年前,已婚女士王荔急于找到一份工作,加上该酒店提供的待遇也还不错,没加考虑就与酒店签定了一份为期两年的劳动合同。后来因为种种原因,王荔怀孕了。这件事被酒店知道后,以违反劳动合同为由,与王荔解除了劳动合同,使其生活陷入了无着落的困境。王荔根据国务院《女职工劳动保护规定》,提出要求与酒店维持劳动关系的行政复议。

案例分析:

本案例中,虽然王荔与酒店签定的劳动合同中有"合同期内不许怀孕的条款,但因其违反了有关法律的规定,因此是无效的。该酒店不仅不能解除与王荔所签定的劳动合同,而且王荔还应享有孕期、产期、哺乳期内的有关劳动保障和福利待遇。根据国务院《女职工劳动保护规定》中第四条,用人单位不得在女职工"怀孕期、产期、哺乳期"降低其基本工资;女职工在怀孕期间,所在单位不得安排其从事国家规定的第三级体力劳动强度的劳动和孕期禁忌从事的劳动,不得在正常劳动日以外延长劳动时间;对不能胜任原劳动的,应当根据医务部门的证明,予以减轻劳动量或者安排其他劳动;怀孕七个月以上(含七个月)的女职工一般不得安排其从事夜班劳动,在劳动时间内应安排一定的休息时间。

9.3 酒店劳动争议管理

9.3.1 酒店劳动争议的内容

劳动争议通常是指企业与职工双方劳动关系当事人因劳动问题引起的纠纷。酒店劳动争议是酒店与劳动者劳动关系不协调的表现。劳动争议与劳动者的切身利益联系在一起,不妥善处理这些争议,劳动者的合法权益得不到保障,势必影响劳动者及其家人的正常生活,进而影响社会的安定团结。

酒店劳动争议的实质是一种与劳动有关的权利、义务之争,并且与劳动者的切身利益紧密的联系在一起,有的争议还涉及劳动者的"饭碗"(如开除、除名、辞退劳动者),对劳动者的生活来源产生威胁,因此劳动争议的案件极容易激化。同时有些团体争议和集体合同争议涉及到的人数多、范围广,势必会对社会经济、政治秩序带来更大影响。因此,正确分析劳动争议产生的原因,防止劳动争议的发生,对于保护劳动关系双方当事人的合法权益,促进劳动关系的和谐稳定,顺利进行社会主义现代化建设有着重要意义。

9.3.2 酒店劳动争议的产生原因及其预防

酒店高度集中统一的管理体制,劳动关系的建立、劳动报酬、休息休假和职工奖惩等内容均由国家制定标准,同时,劳动者的权利、义务也是相对明确的,酒店与职工无权变更,只能执行。在计划经济时代酒店只是国家政权的附属,劳动关系相对稳定,侵犯劳动者权益的现象和劳动争议很少发生。因为在当时的经济生活中没有一种利益机制推动酒店和劳动者个人偏离国家意志去谋求自己独立的利益,因此劳动关系在当时呈现出一种超稳定的静态平衡状况。即使出现一些劳动纠纷,也是通过行政渠道加以解决,很少借助法律途径,使劳动争议不表面化。

但随着社会主义市场经济的建立,对外开放政策的实施以及社会主义市场经济的发展和现代企业制度的建立,企业逐步掌握了经营自主权,根据市场需求来安排生产和经营,自主经营、自负盈亏,从而决定了用工制度的变化和劳动力市场的逐步开放,劳动力配置由国家集中的一元统配决策,转变为国家、用工单位和劳动者的多元有机决策,劳动者作为劳动力所有者,进行着劳动力配置的个体决策,通过这种决策,劳动者选择最适合自己劳动能力发挥和收入高的劳动组织,而用工单位也根据其所管理的那部分生产资料的特性以及不断变化着的需要,进行着劳动力的选择和吞吐,从而打破了计划经济条件下利益单一的机制,出现了国家、企业、个人利益并存的局面,劳动关系从静态平衡向动态发展。但利益多元化的出现,仅是引发劳动争议产生的一个基础,在这个基础上诱发劳动争议产生的原因是多方面的,归纳起来不外乎有两种,即主观原因和客观原因。

1. 酒店劳动争议产生的主观原因

产生酒店劳动争议的主观原因主要是法律意识不强,包括酒店经营者和劳动者双方不守法和不懂法两种情况。

首先,从酒店经营者方面进行分析。在社会主义市场经济条件下,为促进我国社会主义经济发展,国家积极支持外商投资在我国兴办酒店,同时,在政策上扶持酒店业的发展。这些企业与公有制企业虽然同是追求经济效益,但各自的目的是不同的。外商投资、私营和个体企业追求经济效益的目的主要是为自己赚钱,他们中的一部分人为获取更大利润,经常会违反我国现行的劳动法律、法规和劳动政策的规定向劳动者提出苛刻的劳动条件,无故拖欠、压低劳动者的劳动报酬,减发或不发劳动保护用品,随意加班、加点,侵害劳动者的合法权益。其中一小部分经营者甚至竟敢殴打、体罚、侮辱工人,特别是一些外国不法投资者,连在他本国经营企业中不敢使用的手段,在中国都敢使用,对于这些人来讲,他们并不是不懂或不知道中国的劳动法律法规,而是利用中国对外开放的政策和吸引外资的宽松环境,牺牲劳动者的利益来赚取更大利润。但对于私营企业和个体经营者来讲,不可否认,他们中确有因不懂或不知道有关法规而违反劳动法律法规的情况,侵犯了劳动者的合法权益,这是劳动争议发生在外商投资企业和私营、个体企业居多的主要原因。

其次,随着社会主义市场经济的发展和现代企业制度的建立,用人单位有权利也有义务按规定与劳动者确立劳动关系。劳动关系一经建立,劳动者就必须根据社会化大生产的要求使自己的劳动力归属于用人单位支配,从而使劳动力现实地成为集体劳动关系的一个组成部分。由于劳动力和劳动者不可分割地联系在一起,用工单位成为劳动力的支配者,也就成了劳动者的管理者。用人单位和劳动者之间必须建立的这种指挥和服从的管理关系是我国当前劳动关系与计划经济体制不同的一种特征。正是由于用人单位和劳动者之间建立劳动关系的这种从属性,以及用人单位在市场经济条件下必然产生的区别于国家和个人利益的企业利益,劳动关系的这种从属性在这里就可能被不恰当地利用,从而出现损害劳动者权益的情况,导致劳动争议的发生。如有的企业片面强调自主权,而忽视劳动法律法规的规定;有的企业从本企业局部利益出发,制定一些违反劳动法律法规和国家劳动政策规定的管理制度,漠视劳动者的合法要求,侵犯劳动者的合法权益甚至任意开除和辞退职工,这也是为什么在发生劳动争议的案件中因用人单位侵犯劳动者合法权益的问题占多数的原因之一。

再次,从劳动者方面分析。在社会主义市场经济条件下,国家允许少数人先富起来,允许劳动力的合理流动,劳动者在法律规定的条件下有权选择工作,劳动者作为劳动力的所有者进入市场,谋求和选择职业,其主要目的在于得到尽可能多的劳动报酬,这原本无可非议。但在这种利益驱使之一,再加上劳动者本身法制观念淡薄,特别是对劳动法律法规和劳动政策知之甚少,或理解错误,从而就可能导致严重的个人主义倾向,随意违反用人单位的生产制度和劳动纪律,或者无视法纪,违反劳动合同的规定,不按正常的手续离岗、离职,甚至为追求高额的报酬带着本企业的商业秘密跳槽,影响了企业生产和经营的正常秩序,使企业遭受到一定程度的损失,从而导致劳动争议的发生。虽然在劳动争议案件中,企业状告劳动者的案件占少数,但在市场经济条件下,随着劳动者整体和个人科学文化技术知识的日趋提高,这也是不可忽视的引发劳动争议的原因之一。

总之,引发劳动争议的主观原因虽然是法律意识方面的问题,但这一问题出现在依法治国的今天,就不能不说是一个十分严峻的大事,这不但需要对全体劳动者加大力度普及相关的劳动法知识,同时对企业经营者也有必要进行劳动法律法规的知识教育,因为依法治国不仅要有完备的法律制度,更重要的还在于依法治理,而依法治理的基础就是让企业经营者和劳动者知法、懂法、严格依法办事,这是现阶段减少和预防劳动争议发生的关键所在。

2. 酒店劳动争议产生的客观原因

劳动争议的发生除了人的主观因素之外,也有一部分争议是由于客观原因造成的,主要有以下几点:

第一,法制不健全。随着我国社会主义市场经济的建立,国家立法机关,国家劳动部以及各省、市人民代表大会尽管制定、颁布和实施了以《中华人民共和国劳动法》为代表的一系列劳动法律法规,但是,按照社会主义市场经济发展的要求,劳动立法工作仍然相对滞后于经济发展的需要。目前我国的劳动法律体系还未形成包括劳动基本法、劳动就业法、劳动合同法、集体合同法、工资法、职业培训法、社会保险法、劳动监察法、劳动卫生安全法、劳动保护法、劳动争议处理法以及上述法律的实施细则在内的较完整的劳动法体系,这就难以依法保护劳动者和用人单位的正当权益。造成在以《中华人民共和国劳动法》及其配套法规的贯彻执行和企业改革中的许多问题无法依法解决,从而引起劳动争议的产生。

第二,酒店陷入困境。市场经济运行过程,是一个不断优胜劣汰、资产重新组合的过程,这个过程是检验企业能否与市场的需求相适应,产品是否对路,是否能赢得广大消费者的过程。这个过程能否适应,能否把握好是酒店生存、发展的关键。如果酒店经营者和劳动者在市场运行过程中,不能同心协力、共同奋斗,那么酒店就有可能在激烈的竞争中被淘汰。当然,有的酒店也可能由于多种原因而陷入困境,而对于陷入困境的酒店来讲,所面临的是工资不能保证,劳动者面临下岗失业,社会保险费用不能交纳,劳动保护用品不能按时按规定发放的局面,这些问题虽然是由于客观条件所决定的,但如果不能做好深入细致的思想工作,都有可能引发劳动争议和其他事件的发生。在这种情况下,产生的劳动争议从分类上看,大多是团体争议,同时,这种争议的影响和处理也都是十分棘手的问题。必须引起相关部门和工会的高度重视。

第三,劳动力供大于求。我国有13亿人口,劳动力资源可达8.45亿人,其中城镇劳动力1.94亿人。据1995年全国人口调查资料推算,从1996—2000年我国城镇平均每年进入劳动年龄的人数为1000万人左右,再加上农村剩余劳动力源源不断地流入城市,对原来有限的工作岗位更增加了前所未有的压力。这一劳动力供大于求的局面,是劳动争议发生的一个客观基础。因为劳动力供大于求的局面,会使一些酒店在使用劳动力和签定劳动合同时,不按照国家规定的条件进行招工,或有意压低劳动报酬,不遵守按劳分配、同工同酬的原则,或在劳动合同其他条款中,损害劳动者的合法权益。而出现这种情况的原因,正是由于劳动力供大于求的状况造成的,虽然劳动者在急于求职的情况下,双方建立了劳动关系,但随着劳动者法律知识和自我保护意识的提高,势必成为引起劳动争议发生的原因。

3. 酒店劳动争议的预防

酒店劳动争议的预防,是依据法律的规定,采取一定的措施,防止职工与企业之间因劳动问题引起纠纷,即这种预防是事前的积极预防,而不是被动的处理,是符合法律要防范于未然这一基本原理、符合我国劳动政策基本要求和劳动工作实际需要的。我国当前劳动争议预防的重点是,企业与职工之间因履行劳动合同和因开除、辞退、除名违纪职工发生的争议,应从以下几个方面抓好预防:

第一,加强劳动立法。一是要在改革实践中查漏补缺,逐步健全完善劳动法规,使各类劳动关系都得到调整。二是实行劳动合同的鉴证制度。通过仲裁机构的审查,加强管理、严格把关,使合同要件充足、内容完整、真实可靠,真正体现劳动法律关系主体权利义务的统一。三是要保证《酒店规定》的合法性、合理性和可行性。那种以加强纪律为名,无视国家劳动法规、任意加码,损害职工合法权益的做法,只能引起劳动纠纷,影响职工的积极性,造成不安定因素,必须坚决克服。

第二,必须严格执法。对已发生的劳动争议,应本着有利于生产和工作的原则、先行调解和当事人双方适用法律平等的原则,正确认定违纪事实,查明责任,适度运用法规条文,严格执行法定程序。对有过错者,不论是干部、工人一律公平处理,并允许受处分者申辩。要充分发挥企业劳动争议调解委员会、职代会、工会在处理违纪职工中的监督作用,通过说服教育和调解工作,将大量争议消除在起始阶段,把好劳动争议矛盾激发的"第一道防线"。

第三,进行守法教育。增强法人和职工的劳动法律意识,是预防劳动争议发生的先决条件。目前,少数企业领导人以权代法,职工不懂得用法律保护自己的合法权益的现象,正是他们法制观念淡薄、缺乏劳动法规知识的表现。因此,必须通过各种形式的法制宣传和教育,把劳动法律知识灌输到广大职工群众中去,消除法盲,使人人知法、懂法、自觉守法。

9.3.3 酒店劳动争议的处理

酒店劳动争议处理,是指法律、法规授权和专门机构对劳动关系双方当事人之间发生的劳动争议,依法进行调解、仲裁和审判的行为。根据《中华人民共和国劳动法》中的规定,劳动争议处理的基本形式有以下四种:向企业劳动争议调解委员会申请调解;向当地劳动争议仲裁委员会申请仲裁;向人民法院提起诉讼;当事人自行协商解决。

1. 劳动争议调解

劳动争议调解,是专指用人单位劳动争议调解委员会对申请调解的劳动争议案件,依法通过调解的方式进行处理。用人单位劳动争议调解委员会是依法建立的单位内部专门处理劳动争议的机构,该机构在职工代表大会领导下开展工作,在用人单位日常工作中有着相对独立的地位,在进行劳动争议调解工作时,不受单位行政和任何人的干预。用人单位劳动争议调解委员由职工代表、用人单位代表和工会代表三方组成。

2. 劳动争议仲裁

劳动争议仲裁,是指劳动争议仲裁委员对申请仲裁的劳动争议案件依法进行裁决活动。仲裁是我国处理劳动争议的一种基本形式,在劳动争议处理工作中具有重要作用。

第一,劳动争议仲裁委员会的设立。劳动争议仲裁委员会是国家授权,依法独立处理劳动争议的专门机构。劳动争议仲裁委员会由劳动行政部门代表、同级工会代表、用人单位方面的代表组成。

第二,劳动争议仲裁委员的受案范围及管辖。劳动争议仲裁委员会受理劳动争议案件范围包括:因用人单位开除、除名、辞退职工和职工辞职、自动离职发生的争议;因执行国家有关工资、保险、福利、培训、劳动保护的规定发生的争议;因履行劳动合同发生的争议;法律法规规定由仲裁委员会处理的其他劳动争议,等等。劳动争议仲裁委员会处理劳动争议案件,一般实行属地管辖原则。

第三,劳动争议仲裁程序。劳动仲裁程序一般按以下三个步骤进行:当事人申请、仲裁案件受理和仲裁审理。

3. 人事争议仲裁

人事争议仲裁是对人事管理活动中产生的人事争议进行调解或裁决的行政司法活动。人事争议仲裁是由人才流动争议仲裁发展而来的。人才流动极大地调动了人才的积极性,促进了社会经济的发展。但同时,在人才流动过程中也不可避免地产生了大量争议。人才流动极大地调动了人才的积极性,促进了社会经济的发展。但同时,在人才流动过程中也不可避免地产生了大量争议。随着人事制度改革的不断深入,人才流动争议逐步扩大范围,成为亟需解决的人事争议。人事争议仲裁是处理包括人才流动争议在内的人事争议的有效途径和必要手段。人事争议仲裁作为一个监督纠错环节,是人才流动和人才市场管理工作的重要内容。

1997年8月,国家人事部颁发了《人事争议处理暂行规定》,对人事争议仲裁的受案范围、组织机构、管辖以及处理程序等问题做出了规定。根据上述《规定》,人事争议包括国家行政机关与工作人员之间因录用、调动、履行聘任合同发生的争议;事业单位与工作人员之间因辞职、辞退以及履行聘任合同或聘用合同发生的争议;企业单位与管理人员和专业技术人员之间因履行聘任合同或聘用合同发生的争议;依照法律、法规、规章规定可以仲裁的人才流动争议和其他人事争议。国家人事部设立人事争议仲裁公正厅,处理国务院各部委、国务院直属事业单位和各部委直属在京事业单位的人事争议,以及跨省际的人事争议。省(自治区、直辖市)、副省级市、地(市)、县(市、区)建立人事争议仲裁委员会,负责处理各自管辖范围内的人事争议。目前,许多省、市都不同程度地开展了人事争议仲裁工作,解决了大量个人与单位之间的纠纷,及时化解矛盾,保障了个人和单位的合法权益,促进了人才流动和人才市场工作的健康发展。

酒店劳动争议的处理是全社会共同的责任,包括立法机关、劳动行政部门、雇主组织、工会、仲裁机构、司法机关甚至新闻媒体法制宣传都对劳动争议预防起着重要作用。因此,需要采取进一步完善劳动立法、加强劳动合同管理与劳动行政执法监督、加大企业民主化管理程度、提升法律救济质量和效率、增强劳资双方遵纪守法意识等预防措施,并联合各方面的力量来避免劳动争议升级和社会震荡,保证劳资双方的稳定与和谐,进而促进整个酒店业劳动关系的健康和谐发展。

【案例9.2】 酒店的做法对吗?

李某2011年4月进入郑州某酒店工作,签定的合同到期日是2013年5月31

日。到 2013 年 5 月 31 日,酒店口头答应续聘一年,待后定立合同。李某 6 月 4 日继续劳动,因工作受伤住院不能上班,酒店发通知告之李某,双方自 5 月 31 日已终止合同。李某认为住院期间不能解除合同,要求单位发工资并承担一定的医疗费用,酒店予以拒绝。

案例思考:

1. 你认为该酒店拒绝对李某进行赔偿对吗?

2. 如果酒店拒绝赔偿,李某应该怎么办?试根据你所学的知识和案例中的情况,对酒店劳动争议的处理、酒店劳动合同的定立进行阐述和说明。

3. 你觉得李某最终能得到酒店的赔偿吗?为什么?

9.4 常用表格精选

9.4.1 员工投诉处理

如表 9-3 所示。

表 9-3 员工投诉处理表格

执行部门:人力资源部及用人部门	编号:HR-00×
◇工作程序和步骤	

1. 投诉

员工或部门向人力资源部提出投诉。

2. 调查备档

(1) 人力资源部向员工和部门调查情况;

(2) 人力资源部将投诉信备档。

3. 调解

(1) 根据情况做出决定,征求双方意见;

(2) 必要时上报总经理;

(3) 将决定和双方意见备档。

续表

4. 决策

(1) 一旦双方接受调解决定,调解决定就成为最终决定;

(2) 如果双方任何一方不接受调解决定,人力资源部将拥有最后决策权;

(3) 写出决策报告,备档;

(4) 将决策通知双方;

(5) 将决策结果上报总经理。

5. 仲裁

(1) 若员工不接受调解决定,当事人有权利向国家有关机关提出仲裁或申述;

(2) 若部门不接受调解决定,则通过人力资源部呈报总经理,由总经理代表酒店董事会做出最后决定。

6. 备档

将调解过程和结果呈报有关领导,并备档。

9.4.2 员工违纪处理

如表 9-4 所示。

表 9-4 员工违幻处理表格

执行部门:各部门	编号:HR-00×
◇工作程序和步骤	

1. 核实

(1) 凡是发现违纪现象的员工和管理人员都有责任向所在部门经理报告;

(2) 部门经理接到报告后应迅速核实;

(3) 如果情况属实,部门经理填写"员工过失行为记录"。

2. 决定

(1) 轻微过失的处罚决定由部门领班、主管做出处理意见;

(2) 严重过失由部门经理报人力资源部,人力资源部做出处罚意见;

(3) 重大过失由部门报人力资源部,人力资源部提出处罚意见,上报总经理批准。

3. 通知、存档

(1) 人力资源部将处罚决定存档;

(2) 将"员工过失行为记录"送交员工本人;

(3) 将"员工过失行为记录"送发部门留存;

(4) 做有关工资奖金的处罚调整。

续表

4. 申诉

(1) 如果员工对处罚决定不服,可以在接到"员工过失行为记录"7日内向人力资源部提出申诉;

(2) 人力资源部根据申诉和实际情况提出意见,上报总经理做出最终裁决。

第10章

独一无二：构建不可复制的酒店企业文化

经济全球一体化的发展,将会促进创新思想充满各个领域。一切经济价值和战略实力均来源于创新和企业文化的发展,酒店的企业文化和形象已经是酒店生存和发展之根本。中国加入世界贸易组织后,中国酒店业的竞争将会越来越激烈,酒店之间的竞争也将会是创新与企业文化的竞争。酒店的企业文化及形象对酒店竞争力的强弱起着举足轻重的作用。纵观全球,无论是假日集团、希尔顿集团,还是雅高集团,其在全世界范围内的迅猛发展,无不在于其蕴藏着一种优秀而雄厚的酒店文化。

企业文化在几年前流行起来以后,一直倍受酒店行业的关注。但酒店业应建立怎样的企业文化及形象等问题,一直困扰着酒店的管理者。我们可以看到,现在许多酒店的企业文化建设多停留在举办文体活动、技能比赛或是定期的内部板报、店报上。这些行为其实只是酒店企业文化的一种外在表现。而且只是很少的一部分,而真正的酒店企业文化应该是酒店的价值观与酒店员工日常行为的"融合共振"。酒店文化是酒店员工共同拥有的价值观、工作精神、经营哲学等,是一种渗透在企业一切活动中的精髓,是企业灵魂之所在。

那么,如何认识酒店企业文化？如何构筑一个酒店的企业文化体系呢？企业文化的基本内容包括哪些方面呢？我们将在本章探讨这些问题。

10.1 我国民营酒店文化构建中的困惑

在20多年的发展过程中,我国的民营企业中有些企业形成了颇具特色的企业文化,但许多民营企业遭受了惨痛的失败,巨人倒下,三株枯萎,飞龙落地,标王折翅,小霸王别姬,等等这些昔日的明星企业之所以"只领风骚两三年",在很大程度上与他们只注重短期盈利而缺乏长期的企业文化建设有关。

【案例 10.1】 松下文化:经营之神的精髓

松下电器公司是全世界有名的电器公司,松下幸之助是该公司的创办人和领导人。松下是日本第一家用文字明确表达企业精神或精神价值观的企业。松下精神,是松下及其公司获得成功的重要因素。

松下幸之助认为,人在思想意志方面,有容易动摇的弱点。为了使松下人为公司的使命和目标而奋斗的热情与干劲能持续下去,他制定了一些戒条,以时时提醒和警戒自己和员工。

松下精神,作为使设备、技术、结构和制度运转起来的因素,在松下公司的成长中形成,并不断得以强化。松下精神是一种内在的力量,是松下公司的精神支柱,具有强大的凝聚力、导向力、感染力和影响力,是松下公司成功的重要因素。这种内在的精神力量可以激发与强化公司成员为社会服务的意识和热爱企业的情感,可以强化和再生公司成员各种有利于企业发展的行为,如积极提合理化建议,主动组织和参加各种形式的改善企业经营管理的小组活动;工作中互相帮助,互谅互让;礼貌待人,对顾客热情服务;干部早上班、晚下班,为下属做好工作前的准备工作或处理好善后事项等。

10.1.1 民营酒店企业文化的发展存在的困惑

有些知名民营酒店企业主一提到"企业文化",就振振有词地说,他的企业在文化建设方面是如何投入的,比如有多少篮球场,有多少文艺汇演,有多少文体人才,有多少文娱项目的投入经费,等等,所有这些都让人感到诧异。中国的民营经济建设适应市场发展的企业文化道路还很漫长,我们应从实际出发,认真审视问题发生的原因。

关于民营企业文化的发展中存在的问题,大致可以概括为:发展很不平衡,东部沿海企业好,西部和中部企业差;说得多,做的少;物质的多,精神的少;外显的多,深层的少;共性的多,个性的少;系统性、层次性、可操作性不强。企业文化建设的重要性和必要性仍然没有引起广大民营企业经营管理者足够的重视,还需要进一步宣传和引导、强化和推动。

10.1.2 民营酒店企业文化建设带有盲目性

企业文化的形成和发展需要一定的连续性和稳定性,民营企业文化的易变性造成了民营企业发展不稳定的局面,而这种不稳定性又导致了民营企业具有急功近利的特点。

在民营酒店企业的发展中,盲目性是一种客观存在的严重现象,这种现象制约了企业的进一步发展,甚至会导致企业的灭亡。民营企业的盲目性包括经营业务的盲目扩张,人才的盲目引进以及其企业文化的盲目易变性。

1. 民营酒店经营业务的盲目扩张

将自己的企业做大、做强是绝大多数民营企业家梦寐以求的目标,这是完全可以理解的。随着竞争激烈程度的加剧,许多民营企业为了分散风险,纷纷实行多种经营方式。他们拿出大量的精力、资金、人力去开拓新的领域,但绝大多数企业最后都以失败告终。

将企业做大、做强是每个企业家的梦想,但现实是残酷的,许多企业家在盲目扩张和追求企业多元化过程中,将企业带上不归路。

2. 民营酒店引进人才容易跟风和盲目

随着我国经济与世界经济的接轨,对西方发达国家的盲目崇拜使民营酒店企业在对外资酒店人才的引进上产生了不理智的现象,他们认为引进了优秀人才就等于引进了西方的先进管理技术和模式,并没有将注意力集中在人才对企业的适应和与企业文化的融合上,从而导致了不良影响的产生。另一方面,民营酒店的不断发展,增加了对优秀管理人才的需求,但由于目前中国职业经理人市场的不完善,很容易使民营酒店在人才引进上陷入盲目。

3. 民营酒店企业文化的制定带有一定短视性

许多民营酒店在盲目学习大酒店和规模连锁酒店的管理模式和文化观念时,喊着要做区域第一,要进入中国 500 强,但他们并没有考虑是否适合自身的情况,更不考虑企业的可持续发展问题,在创建自身文化时往往具有一定的随意性。

当周围环境及市场发生变化时,企业就随着外部环境的变化随意地改变自身的文化风格,从而被动地适应环境,却无法形成自身固定的文化特色。而有些酒店企业口头上重视和宣传企业文化,其实只是把企业文化作为一种时髦,他们仅满足于提炼一句或几句口号来激励员工或应付社会。

有的企业家已经认识到建设企业文化的重要性,也下定决心去培育,但由于缺乏相应的机制和有效的手段,结果往往是虎头蛇尾,最后企业文化只是一种形式而已。

10.1.3 民营企业文化中的家族性

家族企业在民营酒店企业中,不论是数量还是比例都是很高的,家族企业是社会发展的必然产物,但随着社会和企业的发展,其弊端也渐渐浮出水面。

1. 民营企业没有建立新型的信任模式

当企业刚刚起步时,家庭的凝聚力能使家庭成员不辞辛苦、不计报酬地勤奋工作,以家族为核心的伦理道德观确实有一种牢固的信任关系,即特殊信任。这种家族企业独有的特点在企业的初创阶段有具重要作用。特殊信任模式可以大大降低经济活动的不确定性,使企业能够适应不规范、不明朗的市场。

但随着外部条件的改善,企业成长到一定阶段,原先积极的因素开始转变为制约企业进一步发展的消极因素。在特殊信任模式中,新人资源局限在一定范围内,一旦突破家庭、邻里范围,与外人发生交易时,新人资源便严重不足,需要付出更大的成本。因此,特殊信任在减少特定范围内的交易费用的同时,却是以大大增加整个社会的交易费用为代价。

2. 民营企业容易形成严重的独裁作风

独裁式企业文化的产生根植于中国传统的"人治"观念,由"人治"代替"法治"。民营企业作为拥有这种文化的典型,把企业的经营权、决策权、人事任免权等全部集中到企业主一个人身上。企业文化与创业者的创业意识、经营思想、管理风格以及其胆量品识具有很大的关系。

在市场经济还不完善时,这种文化指导下的管理方式的优势是显而易见的:企业家一个人说了算,决策迅速,管理成本低。随着我国的市场逐步走向成熟,独裁式文化的弊端就显露出来了。民营企业文化多取决于领导者个人素质,是企业家个人魅力的化身。由于企业家一个人说了算,缺乏必要的监督和决策支持,往往使得企业"一招不慎,全盘皆输"。

10.1.4 民营酒店企业文化建设比较滞后

从民营企业的整体发展来看,很明显的一个特征就是文化的发展往往跟不上企业经营的发展,即企业文化存在滞后性,这主要体现在民营企业对文化建设不够重视和其自身文化定位比较模糊两方面。

1. 民营企业对文化建设不够重视

民营企业因其自身所有制特点和经营目标,使之更加关注企业的赢利能力,于是物质方面比精神价值受到了更多重视。尤其是近年来,酒店企业人员流动性很大,这也造成了民营酒店企业文化建设的滞后。

2. 民营企业的文化定位比较模糊

每个企业,无论是自然成长的或是根据战略建设的都有其自身的文化情况,但是要真正形成推动企业进步的"文化资本",就需要企业家和其员工将现存的文化"片段"整合提升,形成具有自身特点的核心文化——文化定位。

民营企业的成长路程一般都比较曲折,有许多企业都是从小作坊式的生产发展到有规模的、专业化或多元化的经营生产。企业家们对于企业的发展从一开始就没有一定的战略规划,更加不用说长远的文化定位了。

3. 大部分民营企业尚未建立追求型企业文化

企业文化学认为,企业文化再造是指由企业文化特质改变所引起的企业文化整体结构的变化,这是企业文化运动的必然趋势和企业生存发展的必然要求。当企业经营环境改变,原有文化体系难以适应企业发展需要而陷入困境时,就必然通过文化再造,创建新的企业文化。因此,企业文化再造是企业文化产生飞跃的重要契机,是推动企业前进的原动力,企业文化是核心竞争力之一。正确认识企业文化再造的本质特征和规律,对于促进企业文化的进步具有重要意义。

民营企业文化层级的高低是由企业文化的类型决定的。从我国近些年的情况看,民营企业文化主要分为家族情感型、制度约束型、理念引导型和境界追求型四种。

只有抛弃家庭情感型企业文化,将企业文化转变为理念引导型,并最终发展为境界追求型后,才能使民营企业文化上升到一个更高的层级,形成强大的企业文化力,为民营企业的持久、快速发展提供更广阔的空间。

【案例 10.2】 北京长城喜来登饭店的员工关爱

北京喜来登饭店集团于 1985 年受托管理北京长城饭店,初期,美方管理者一方面过于强调其似乎放之四海而皆准的管理模式,另一方面又不能正确处理与不同文化背景下成长起来的中国员工的关系,认为"业主是父母,中国的员工是婴儿,我们(指外派人员)是父母请来照顾婴儿的保姆"。在这样的意识主导下,外派人员把中方员工当做工作的机器加以操纵,动辄处分、罚款的做法逐渐激起了中方员工强烈的不满,严重影响了经营管理的效率。

今天,"没有满意的员工就没有满意的客人,没有满意的客人就没有令人满意的酒店收入"已经成为北京长城喜来登饭店的企业文化核心理念。而相对应的人力资源管理作业中的重点也做出相应的调整与配合,对员工的培训主要从三大块展开:第一是核心企业文化课程,即关爱课程;第二是不同岗位员工的技能培训;第三是关注员工个人成长计划,主要针对企业的储备领导人选进行特别培训。其中,关爱课程是员工培训关注的重点。

员工关爱行动让北京长城喜来登饭店始终保持强盛的竞争力。

10.2 认识酒店企业文化

企业文化是一个企业所共同认同和遵循的价值观、信念和行为方式,酒店企业文化是全体员工的思想观念、思维方式、行为方式以及企业规范、企业生存氛围的总合。这一说法几乎涵盖了另外所有方面,涉及了企业战略、人才、制度、规范、服务、营销、产品、品牌、公关宣传、形象设计等。

10.2.1 酒店企业文化内涵

从本质上讲,酒店提供的产品是服务,酒店所应建立的文化是服务文化。酒店提供给宾客的服务是一种文化,也是一种产品。这种酒店文化对内能形成酒店内部的凝聚力,对外形成同行业之间的竞争力。酒店文化包括景观文化、产品文化、经营文化、管理文化,但核心文化是服务文化。酒店文化是酒店增强凝聚力和竞争力的关键,这直接关系到经营者、管理层和员工信仰什么、具有什么样的价值观。

现代市场发展的一个重要趋势就是服务竞争。服务竞争在现代市场竞争中的地位和作用越来越突出。强化服务理念,实现"服务增值",不仅是酒店集团的服务文化,甚至国外制造业的企业文化研究中,也十分强调使用服务增值的概念。因为同样质量的产品,可以因服务好而"增值",也可以因服务差而"减值"。质量概念,不仅包括产品质量,也包括服务质量。企业形象在本质上,表现为产品质量和服务质量。服务的永恒主题是企业同客户、用户、消费者的关系,既包括如何使抱怨用户转化为满意用户、忠诚用户进而成为传代用户,又包括如何开发忠诚的顾客群,包括不丢失一个老客户而不断开发新客户,还包括如何使营销服务成为情感式服务,真正让顾客引导消费决策,进而引导服务产品的开发、生产与销售。

从本质上讲,酒店之间的竞争是企业文化的竞争,文化竞争不仅是一种高层次的竞争,也是一种人才的竞争。不同的酒店有不同的文化。凡具有自己独特的文化,并被广大员工、宾客认同和接受的,就具有强大的生命力和竞争力。反之,则将在竞争中落伍。酒店的文化定位和文化特色能反映员工的文化素质,也能体现酒店的竞争能力。

以人为本的文化精神是酒店文化的一种体现。以人为本,其最基本的一点就是：尊重客人，尊重员工。

酒店也应该为员工提供表现自己、展示自己才能的机会和舞台，建立一种激励机制，为员工筹划职业发展计划。应结合员工的年龄、专业技术、能力、性格、气质、学历、思想品德等因素，综合考虑酒店文化的内涵，建立一种团队服务意识和团队服务机制。

酒店文化精神不仅体现在服务项目的设置上，更多的应当体现在酒店给人的总体感觉上。通过把文化的形式与员工提供的温馨服务的有机结合，让宾客感受到酒店所为之提供的高品质、高品位的服务。

酒店企业文化包括精神文化、制度文化、物质文化。其中，精神文化是企业文化的内核，由企业理念表现出来，主要包括企业宗旨、企业目标、企业战略、企业价值观、企业精神、企业伦理和企业哲学，这一层次的企业文化不是简单一两句话能表述清楚的，也不是一说建立企业文化就能达到的，需要长期的文化建设和文化积累。因此，在细化酒店企业文化时，我们只能把酒店文化的一些表层文化表述出来，即企业理念的外化和固化的部分阐述出来，把酒店文化中的物质文化表述清楚。

1. 酒店的经营文化

酒店企业的经营文化是企业文化内涵在酒店经营过程中的体现，是酒店在经营活动中表现出来的价值理念，包括经营宗旨、经营理念、企业目标、经营战略，等等。由于经营活动主要是酒店同外部所发生的业务关系，因而酒店经营文化也可以看做是酒店员工在处理酒店与外部的联系工作时所持的价值理念。酒店在经营活动中与外部发生的联系，根据对象可以分为：酒店与客户的联系、酒店与社区的联系、酒店与竞争对手的关系、酒店与合作方的关系。根据与酒店关联的不同对象，酒店要采取不同的经营方式，但是在众多的经营手段中必须有一个指导性的价值理念，它对外反映了酒店及员工的形象。这种指导酒店调整自己与外部关系的价值理念，就是经营文化，即酒店界定和处理自己与外部关系的价值理念。

在新的经济时代，酒店应该培育一些基础的经营理念，如主动性的市场理念、能动性的创新理念、有效性的竞争理念、快速型的应变理念。所谓主动性市场理念，是指企业内在地有着尊重市场和争夺市场的冲动，主动地去保持和开拓市场。能动性创新理念，是指企业具有强烈的内在创新的冲动。往往能够非常主动地去创新，通过各种创新的方式而推动自己的经营活动。有效性的竞争理念强调的是：任何企业必须都要在考虑外部状况包括社会和竞争对手状况的条件下，获得自己的应有利益。所谓快速型应变理念，是指企业能够根据外部环境的重大变化而迅速地调整自己的经营活动。这些理念支撑着酒店面向市场的经营文化，凭借这些理念能够有效实现和保障酒店在市场上的地位。但是在处理酒店与客户、酒店与社区、酒店与合作方的关系时,还需要一个诚信的经营文化。诚信文化是目前企业发展过程中容易缺失而显得尤为珍贵的企业文化,酒店要建立稳固的诚信文化,并将其作为企业文化的重要因素加以重视。只有在诚信文化的护航下,酒店才能在外界真正塑造自己的鲜明的、健康的形象,为社会的诚信建设贡献出自己的一份力量。

2. 酒店的管理文化

企业管理文化实际上就是企业在处理内部管理的各种关系时,所形成的一种价值理念,或者说是企业在管理活动中所使用的一些价值理念,反映在管理制度、管理战略、管理宗旨等方面。酒店通过这些固化和外化的条文、规则对酒店内部的人和事进行管理,界定和处理在酒店日常管理中所遇到的各种矛盾和各种关系。

酒店管理文化是酒店企业文化的重要组成部分,是酒店协调各种矛盾和关系时所遵循的价值准则和价值理念。酒店所需要的一些基础性管理文化包括:责权利对称性的管理型文化、高效率的管理文化、人本主义的管理文化、有序化的管理文化、契约化的管理文化。其中,责权利对称性管理文化,是指在企业的整个管理过程中,尤其是在处理各种矛盾和关系时,要坚持的一个很重要的价值理念,既要追求责任、权力、利益这三者之间的有效结合,又要使它们之间具有对称性。而高效率的管理文化则侧重于对管理成本和收益的权衡,只有将管理收益和管理成本有效地结合起来,才是一种高效率的管理,这种高效率的管理理念构成了企业管理文化的核心。在酒店企业内部,以人为本的核心是解决员工和企业的关系问题,即如何看待企业员工的权力和需要问题。有序化管理文化主要是指酒店的管理目标与管理手段的有效结合。企业契约文化,是指在企业制度的设计中要体现契约的原则,同时员工又必须以契约原则来对待企业制度的价值文化。

酒店只有在经营管理过程中贯彻这些基本价值理念,才能够将企业文化内涵融汇贯通,让企业文化在酒店内部活化、灵动起来,给酒店增添前进和发展的动力。

3. 酒店的景观文化

在酒店星级评定过程中,酒店内部构造、物品布置、客房布局、装饰陈设、餐厅装修和各类用品越来越趋于一致,个性化的酒店景观文化越来越少。特别是酒店设计师与酒店经营者的相互脱节,在酒店设计建造、装修之后,酒店的景观文化就难以得到有效的发挥。因此,酒店的景观文化塑造应当始于酒店的投资决策之时,应在酒店建筑设计师开始设计建筑物时就开始考虑日后酒店经营中的景观。

酒店的景观文化是指酒店包括建筑物、酒店产品等整体性在内的一切外在表现物,是酒店与外部的自然环境、社会环境及酒店内部的组织环境、心理环境、物质环境、经营环境等方面所形成的一种稳定的、系统的、得以传承的文化现象及特质。

酒店经营者要积极地创造文化氛围。在不同的地理、气候、历史条件下，各地区、各民族都有各自的传统文化，酒店经营者要在酒店景观文化中尽可能地表现某种文化，把酒店设计成某种文化的载体，并赋予特别的含义。酒店外观建筑可以体现当地文化，酒店前厅可以根据自身的文化主题，结合空间形态，表现出本土特色文化或表现异国情调，从而创造出有一定文化氛围的环境，更好地体现酒店特色。

4. 酒店的产品文化

所谓酒店的产品文化，是以酒店提供的服务产品为载体，把酒店产品的使用价值和文化附加值高度统一成一体。

在新的体验经济时代，酒店产品不仅仅满足于食、宿等基本需求，还要提供足够的享受性、体验型、趣味性，使酒店文化与服务产品的互动关系愈益密切，产品的文化力量愈益突出，将酒店文化通过服务产品体现出来。具体来说，酒店提供的产品绝不仅仅具有某种使用价值，不仅仅是为了满足人们的食、宿生活需要，应当越来越多地考虑人们的心理需要、精神享受需要，千方百计地为人们提供既实用又能满足人们感官、情感、心理等多方面的享受需要。酒店应越来越重视酒店服务产品的文化附加值开发，努力把使用价值、文化价值和审美价值融为一体，突出产品中的文化含量。

当然，如果酒店所提供的服务产品能把酒店员工的崇高理想和企业文化、精神追求融为一体，成为企业文化的精神结晶，则将把酒店经营推向新的高度，成为高档、高端的酒店产品，对于酒店经营效益将有直接的促进作用。

10.2.2 民营酒店企业文化的特点

酒店作为为顾客提供住宿、饮食等服务的企业，服务是酒店企业的一大特性，而酒店顾客需求的多种多样则决定了酒店企业文化具有其他的特点。

1. 服务是酒店企业文化的基本特点

与制造性企业不同，酒店出售的是以实物为基础的服务。顾客更多的是消费服务带给他们的享受，而非物质上的产品。因此，服务意识是酒店企业文化的基本特点。

2. 酒店顾客群的国际性决定了酒店企业文化的融合性特点

酒店是涉外企业，所接待的宾客可能来自世界各地，这些宾客带着各自不同的文化背景、审美取向和行为特征，因此酒店的企业文化要能够包容不同的文化，使其文化具有高度的融合性。从发展的角度看,酒店企业必须越来越多的面对国际市场,必须面对顾客群多元化的国际性特点,这就要求酒店企业文化具有世界性的特点。

3. 酒店企业文化具有突出的人性化特点

酒店企业文化具有突出的人性化,是由于酒店服务的直接对象是人,提供服务的来源也使人。这种与"人"接触频繁的企业必然要具备人性化的特点。这种人性化一方面表现在对客服务的个性化,即根据顾客的不同需求尽可能提供对应的服务。另一方面则是指内部管理的人性化。只有满意的员工才会有满意的顾客,要想满足顾客的个性化需求,必须要善待员工,以人为本,将员工当做酒店内部的顾客来对待。

【案例10.3】 客人投诉谁之过

春节过后,酒店步入小淡季,宾客较少。客房部主管张丽正在考虑节后员工的调休事宜,考虑到现在客源少,员工闲着也是闲着,不如让他们休息了,过些天忙的时候就都上岗没有休息了,也不会影响接待工作。于是,张丽同人力资源部的经理商量后安排本部门员工轮休了。

当月中旬,轮休的员工陆续到岗,正好赶上节后客源激增,会议一个接着一个,客房楼层里员工们忙得不亦乐乎。

紧张的工作度过了10多天,张丽正在为自己的"英明决策"沾沾自喜时,问题出现了。服务员小陈重感冒需要休息;小钱的父亲突然住院需要陪护,也要调休;晚上,小黄的腿不幸在工作时摔伤,想要休息。张丽看到如果都休了,客房的工作就忙不过来了,于是她以这个月的休息日已全部休完为理由拒绝了三位员工的休假请求。并强调,有事的、生病的要休息就要请假。而对于员工来说,请一天的事假、病假所扣的工资、奖金是一笔不小的数目。面对这样的决定,小黄请了病假,小陈、小钱只好克服各自的困难坚持上班。

但是第二天中午,张丽就接到总台转来的客人的口头投诉,被投诉的正是小陈和小钱。原因是工作时丢三落四、答非所问、面无笑容、对顾客不热情和服务出差错。张丽听后一脸的茫然。

案例分析:

服务质量在很大程度上取决于员工的工作环境和个人的生理、心理状况。只有重视员工,使员工身心舒畅,员工才会更加敬业爱岗,视顾客为上帝,竭力做好服务工作,使顾客满意。如果酒店的管理者只从自身或部门工作方便的角度出发,不合理地安排员工休息,未能使员工工作、休息张弛有度,出现了生病、家里有事的情况也不批准休息,员工只能勉强上班,必然会影响服务质量,造成顾客的投诉。

本案例中，被投诉的虽然是小陈和小钱两名服务员，但实际问题是出在管理者身上的，如果管理者能够本着"以人为本"的管理理念，明确认识到"先有满意的员工，才会有满意的客人"，在安排工作、休息时能够从员工角度出发，对员工多一些爱护，那么，在工作中就不会出现工作失误被顾客投诉的事情了。

4. 民营酒店自觉性和自主性比较高

在巨大的生存和发展压力下，摒弃落后的经营观念，建设新型的企业文化已成为许多民营企业在经营过程中自觉的内在需要。同时，民营企业产权明晰、灵活的经营机制和独特的企业制度在企业文化建设中具有更强的自主性，能积极适应变化激烈的市场环境。这也是许多大型企业特别是国有企业在文化建设中所缺乏的。

5. 民营酒店能够充分体现企业家的价值观

民营酒店企业文化在很大程度上取决于企业家个人的文化素养、思想境界，其实质是企业家文化的一种体现。在民营酒店的起步阶段，企业文化建设具有重要的意义，这项工作使促进企业发展的企业文化一开始就能以较清晰的形式体现出来，并被企业员工所认同。

民营酒店企业一般能充分利用自身所拥有的优势，许多民营企业的文化建设取得了很大的成功，从而也在各自的发展领域内取得了骄人的业绩。

现代酒店企业的有形产品以及服务人员的服务活动，除了要满足顾客的基本需求之外，还必须具有满足顾客求新、求美、求知的文化功能。酒店的文化意识越强，所提供的综合服务的文化品位越高，就越能够在较高水平上满足顾客的需要，吸引更多的客源，实现提高利润的目的。

10.2.3 酒店企业文化的建设重点

酒店文化战略是酒店文化的扩展和提升，在基本内容上一致，不同的是酒店文化战略是从整体上将一些文化中的重点加以提炼。

1. 酒店文化战略建设的核心是企业价值观的构建

在酒店文化所有内容中，价值观是核心内容，从根本上影响着企业员工。企业价值观如同骨架，而其他因素就是皮肉，没有骨架，皮肉也无从依附。构建一个优秀的向上的企业价值观，企业文化战略也就成功了一半。另外，领导应该起到模范带头作用。"其身正，不令而行；其身不正，虽令不从"。创建出来的企业文化，领导应该首先遵守，这样才具有说服力。

2. 建立个性的企业精神

企业精神是企业员工思想作风、道德情操的高度概括，是支撑企业员工为了企业共同目标进行统一行动的精神因素。因此,企业精神也可以称为企业灵魂。世界著名的企业都具有自己独特的企业精神,简单明了地反映出企业的特色。酒店的企业精神对于酒店来说意义非常重大。

3. 对员工不间断地进行企业文化方面的培训

可能人们都已经发现,越是做得好的企业越注重员工的培训。美国的"希尔顿酒店集团"、香港的"香格里拉酒店集团"、上海的"锦江酒店集团"等,都拥有自己的培训学校,平时可能做一些零星的培训,淡季时组织集体培训。其中企业文化方面的培训一直是重要的培训内容;

4. 塑造符合本酒店企业文化特色的典型人物

酒店企业文化特色的典型人物或称为企业英雄,企业的英雄,即各式各样的模范、典型人物是企业价值观的体现者,从而成为企业文化的核心人物。先进的典型人物对企业文化的创立与发展,对企业员工的带动和导向,具有举足轻重的作用。

5. 采用行之有效的绩效管理和薪酬体系

我国酒店的绩效管理和薪酬体系这一块存在很大的问题,绩效工资很少,而且考核结果一般是领导说了算;薪酬则主要按照岗位工资来计算,工资浮动的幅度相对来说比较少,亦即同一工作工资浮动区别不大。这样大大打击了员工的工作热情。要想贯彻企业的执行力就必须对我国酒店员工绩效及工资进行改革。工资及绩效至少要体现两件事:一是让干好干坏是不一样的;二是努力工作一定会有回报,还可能有令员工惊讶的回报。

10.3 中国民营酒店企业文化建设对策的思考

10.3.1 不断提高管理者素质,强化对酒店文化的正确认识

酒店领导者是酒店企业文化的设计者、倡导者和建设者,起着举足轻重的作用,酒店企业文化相当程度上体现了酒店最高领导者的价值观、经营哲学和领导风格。因此,酒店领导必须通过不断地学习,提高自己的素质,科学管理的能力以及深化对酒店企业文化重要性的认识,全面深刻地理解酒店企业文化的内涵及酒店企业文化各部分内容的关系,才能使酒店企业文化建设步入良性发展的道路。

10.3.2 重视企业文化创新,推动酒店企业文化个性化发展

一家酒店区别于其他酒店的特征不只是在自己酒店的外在形象上,而更多的应该是在自己酒店的文化特色上,文化能够反映一个企业的本质特点,其他外在形象的表现都是这种文化的表现。酒店在建设自己酒店企业文化时,应结合自己酒店的自身特点,创造出具有一定特色、富有个性的酒店企业文化。酒店企业文化也是一个动态的发展过程,应该根据实际情况的变化而进行不断地创新,不断为酒店企业文化建设注入新鲜血液,这样才能增强酒店企业文化的活力,最大限度地发挥酒店企业文化的推动作用。

10.3.3 以经营活动促进企业文化建设

酒店企业文化建设,其根本目的就是要促进酒店发展,而不是用于宣传和作摆设,不将酒店企业文化建设与经营活动紧密相联,酒店企业文化的建设也就失去了根基。在酒店企业文化建设时,一定要立足于酒店生产经营活动,为其服务,立足于酒店的长远发展,为酒店的可持续发展提供文化保障。加强酒店企业文化建设与经营活动的联系,用文化推动生产经营活动的开展,以经营活动的发展促进企业文化建设。

10.3.4 遵从以人为本,让酒店员工全员自觉参与酒店企业文化的建设

酒店企业文化的核心内容最终要通过全体员工的行为表现出来并被客人所认知,因此,没有满意的员工,就不可能有满意的客人。员工也是有血、有肉、有思想的人,他们可以创造奇迹,帮助酒店获得成功,但是也可以制造麻烦,导致酒店经营失败。"以人为本"就是要最大限度地重视和尊重员工,发挥每个人的积极性和创造性,培养和树立员工以店为家和爱店如家的观念和意识。实践证明,在"以人为本"思想指导下,通过提高员工素质和技能,尊重员工人格和个性,开发员工潜质与能力,保持和激励员工对酒店的忠诚和积极性来落实和贯彻酒店企业文化的建设,是一条科学、有效的途径。

10.3.5 注重酒店企业文化传播，扩大酒店企业文化的影响力

酒店企业文化不只应该被本酒店的员工所了解和接受，也应为更多公众所了解并逐渐被接受和认可，通过酒店企业文化的传播可以加深公众对自己酒店的了解和认可，对酒店的发展非常重要。酒店在进行广告策划时一定不要只重视宣传自己酒店的外在形象，而应将酒店文化及所蕴含的酒店精神融入到广告当中，并利用有效的广告形式将自己的酒店企业文化传播出去。

10.4 酒店企业文化与人力资源管理之间的关系

10.4.1 酒店企业文化是酒店人力资源管理战略规划的基础

1. 企业经营战略与企业文化

（1）企业文化对企业经营战略的积极效应

企业经营战略泛指企业内一连串有系统的和相连的决定或行动，企业经营是指企业与其他企业在市场上竞争时，能产生某方面的竞争优势。为了发展或加强企业的优势，企业可以使用两大类战略，即价廉竞争战略和产品独特性战略。

在企业决定采取某竞争战略后，人力资源管理应如何配合便成为重要的课题。由于每项竞争战略对员工的工作信念和行为有不同要求，每个竞争战略的成功与否，完全有赖于员工的信念与行为的配合与否。例如价廉竞争策略是以大规模和稳定的生产技术制造低价产品，因此员工的行为必须稳定而可靠，必须能重复地又有效率地工作。产品独特性战略所要求员工的行为和信念则不同。例如创新性产品的推行，有赖于员工的创造性，员工的独特意见和看法都应加以培养，员工的行为经常是非重复性、非效率性、富有冒险型的。企业最重要的任务是创造一个有利的环境，鼓励员工发挥其独特创见。而高品质产品的生产，所要求的员工行为又不同。高品质产品的生产，通常需要员工之间紧密合作，互通消息，以致能及早发现问题，在现有的生产技术和基础上不断改进产品质量。

由此可见,竞争战略有赖于人力资源策略和作业的搭配,借助各作业间的配合,如招募、甄选、培训、评估、奖励等。以塑造和影响员工的思想和行为,而这方面的工作正是企业文化的范畴。

(2) 企业经营战略与企业文化的有效搭配

由于企业文化直接影响员工的信念和行为,企业文化必须与企业竞争战略互相呼应,彼此支持。企业有效的战略与文化搭配如表10-1所示。

表10-1　企业策略与文化的搭配

竞 争 策 略	企 业 文 化
价廉竞争策略	官僚式文化　市场式文化
创新性产品策略	发展式文化　市场式文化
高品质产品策略	家庭式文化　市场式文化

由于价廉竞争策略需要员工的稳定性和可靠性,官僚式文化是最佳的相应文化;而创新性产品竞争策略要求员工具有创新能力,发展式文化便成为最理想的文化模式;高品质产品策略要求员工之间的合作、沟通、信任,因此家庭式文化最为理想。而这三种主导文化都需要辅以市场式文化,以使员工同时重视目标的完成。

当企业制定竞争战略和选择相应的企业文化类型后,下一步是如何培养独特的企业文化以支持企业战略,而人力资源管理战略和作业在这方面扮演着极为重要的角色,因为通过人力资源管理的制度,企业可以直接影响员工的行为和信念。

2. 基于竞争战略和企业文化的人力资源管理

企业文化是企业人力资源管理战略制定的四大因素之一,除企业文化外还包括竞争战略、生产技术和财务实力。根据以上因素,美国康奈尔大学的相关研究显示,人力资源管理战略可以分为三大类:吸引战略、投资战略、参与战略。

(1) 吸引战略

使用吸引战略的企业,企业竞争战略常以价廉取胜。企业组织结构多为中央集权,而生产技术一般较为稳定。因此,企业为创造和培养员工的可靠性和稳定性,工作通常是高度分工和严格控制。企业所要求员工的是在指定工作范围内有稳定和一致的表现,而不在乎创新或谋求制定工作范围以外的突破。为了培养这些工作行为和信念,这些企业主要依靠薪酬制度的运用,其中包括奖励计划、企业利润分享、员工绩效奖金及其他绩效薪酬制度。相对应的企业文化为官僚式文化。

(2) 投资战略

使用投资战略的企业,其企业内在环境与以吸引战略为主的企业大不相同。

这类企业为了适应市场的变化和生产技术的演变,经常处于一个不断成长和创新的环境中。企业与员工旨在建立长期工作关系,员工工作保障高。故企业与员工之间的关系变得十分重要,企业通常十分重视员工,将员工视为主要投资对象。其相对应的企业文化为发展式文化。

(3) 参与战略

使用参与战略的企业,其特点在于将许多决策权力下放至最低层,使大多数员工能参与决策,使他们有归属感,从而提高员工的参与性、主动性和创新性。参与战略的重点,在于工作设计,以求员工有更多参与决策的机会。其相对应的企业文化为家庭式文化。

10.4.2 人力资源管理战略规划是企业文化影响力实现的保障

当企业根据外部环境和内部环境,在相应的文化下,制定了企业竞争战略和人力资源管理战略后,人力资源管理作业便能购有系统地设计和实行。

表 10-2 列举了人力资源管理战略规划是如何根据不同的企业竞争战略和企业文化而做出相应的配合的。

表 10-2　人力资源管理战略与企业竞争战略和企业文化的配合

企业文化	官僚式文化	发展式文化	家庭式文化
企业竞争战略	价廉竞争	创新性产品	高品质产品
人力资源战略	吸引战略	投资战略	参与战略
人力资源管理			
1. 招聘:			
(1) 员工来源	外在劳动力市场	内在劳动力市场	两者兼用
(2) 晋升梯队	狭窄、不易转换	广泛、灵活	狭窄、不易转换
(3) 工作描述	详尽、明确	广泛	详尽、明确
2. 绩效评估:			
(1) 时间性观念	短	长	短
(2) 行为/结果导向	结果导向	行为与结果	结果导向
(3) 个人/小组导向	个人导向	小组导向	两者
3. 培训:			
内容	应用范围局限的知识和技巧	应用范围广泛的知识和技巧	应用范围适中的知识和技巧

续表

4. 薪酬：			
（1）公平原则	对外公平	对内公平	对内公平
（2）基本薪酬	低	高	中
（3）归属感	低	高	高
（4）雇用保障	低	高	高

表10-2中显示，企业的人力资源管理作业应随人力资源战略的不同而变化，而人力资源战略也要根据企业竞争战略和企业文化的变化而变化，从而更好地保障企业文化的影响力。例如，以吸引战略为主的企业，其招聘方法以外在劳动力市场为主，员工晋升梯队狭窄而不能转换（如生产部门员工很难升做销售部门主管），工作描述明确、严谨。在这些企业中，绩效评估内容有以下特点：注重短线目标，以成果为评估标准，以个人为评核单位。培训方面，训练内容以应用的技巧为主。薪酬以对外公平为原则，基本薪酬低，归属感低，员工雇用保障亦很低。相比之下，以投资战略为主的企业，其人力资源管理作业则大不相同。

总体来说，人力资源管理战略旨在有效地、有系统地协调各人力资源管理作业，以使人力资源管理作业一方面能适合企业文化，另一方面能协助企业竞争战略的完成。若人力资源管理有效地设计和推行，将直接影响员工的信念和行为，而员工的信念和行为，又是决定企业文化影响力的关键。

10.5 酒店企业文化阅读材料

10.5.1 花园酒店管理文化评析

广州花园酒店建成于1984年，是目前国内最具规模的五星级商务酒店。在20多年的发展历史中，它经历了三个不同的管理阶段：即1984年10月—1985年11月半岛集团管理时期、1989年11月—1995年6月利园集团管理时期和1995年至今中方自己管理时期，最终从委托管理走向了自我管理。在这一过程中，花园酒店建立起了自己的管理模式，形成了自己的管理文化，即以人为中心、以民主管理为基础、以制度为保障的管理体系。

1. 花园酒店管理文化的塑造

花园酒店的管理充分体现了人本主义的管理理念，酒店强调人是企业发展的主要因素,只有高素质的员工才能使酒店的经营达到高效益,其中管理队伍的成长是酒店取得巨大成就的关键一环,是酒店最大的财富。酒店提出了用"一流员工"提供"一流服务"的管理思想,认为一流的员工尤其是骨干人才,是把花园酒店经营管理成世界一流的现代化酒店的重要前提。

在花园酒店中,员工一流的服务素质包括三方面的内涵:一是服务意识强;二是服务技巧高;三是在服务过程中充分体现酒店的文化特点。

(1) 服务意识的培养

为了增强员工的服务意识,花园酒店首先从思想意识方面注重具有针对性的培训和学习,在不断学习的过程中,帮助员工树立起正确的世界观、人生观和价值观,从思想深处认识清楚"为谁工作,为谁服务"的问题,从而使"员工赢、顾客赢、酒店赢"三赢的服务思想在酒店中得以确立。

相关统计数据显示,为了促进员工综合文化素质的提高,花园酒店不断聘请有关专家或由酒店有经验的主管在财务管理、金融知识、外语知识、礼仪修养、业务操作、各国各地风土人情等方面进行培训,员工受惠面广,提高了员工在各方面的综合知识,逐渐形成了具有花园酒店特色的员工风貌。同时,开展和其他酒店的学习交流,开阔员工的视野,并通过对比深化了对服务的意识的理解。

(2) 服务技巧的培训

花园酒店通过酒店培训和部门培训两个方面的工作来强化员工的服务技巧。其中酒店的培训强调从整体上给予指导,并对培训效果实施必要的监控和反馈。如由职能培训部门安排和统筹员工升值考试、员工在酒店或社会上考取各类职业证书、员工境内境外的专业培训以及各种培训课程的设立等。而部门培训侧重于员工日常具体工作技巧的训练,由部门主管按工作程序、工作标准和实际需要进行安排。

(3) 管理文化的培育

花园酒店以人为本的管理文化主要体现在实施高效的激励措施以满足员工多方面的需要以及用真诚关心员工、营造良好的团队工作氛围等方面。

花园酒店激励员工的基本原则为"奖之以功,授之以能"。奖之以功是指对于那些为企业做出了突出贡献的员工,依据其贡献的大小给予相应的奖励,包括物质奖励和精神奖励;授之以能是指一定的管理岗位只授予那些具备了相应能力的人。这样的用人制度保证了"功"与"能"的对等,能够极大地提高员工的积极性。花园酒店的员工管理突破了论资排辈的酒店业惯例,只要员工工作认真努力且具备了相关的能力,就能得到提升。酒店不拘一格地提拔了许多优秀的年轻管理人员就是这种用人思想的体现。

酒店建立了高效的物质激励机制和精神激励机制。物质激励机制主要体现在坚持按劳分配原则,通过各项工资制度将员工的收入与其劳动成果挂钩,实现公平分配;同时通过思想建设和企业文化建设、注重榜样和典型的推动效应等措施充分发挥精神激励的作用,塑造积极进取、努力向上的员工风貌和企业氛围。

为了给员工创造一个和谐的工作关系,酒店通过各项措施真诚地关心员工,为员工办实事,并认真管理员工人际关系。如建立员工住房公积金制度、建设员工活动中心,为员工提供工作之余的休息、休闲娱乐场所以及"职工敬老及解困济难基金"以解决员工及家庭的经济困难等。

花园酒店在 1995 年由中方自己管理之后,在员工升迁、员工培训、对员工的理解等许多方面,立足于选拔自由人才,并为员工提供充足的学习机会,用心和感情去留住人才。酒店提供了多种多样的渠道使员工得到合理的提升,并为员工持续学习和开阔视野创造机会。使酒店成为员工施展身手的大舞台,员工实现其价值的天地。

酒店实行全方位的民主管理,这也是人本主义管理文化的重要组成部分。从酒店的重大决策、到管理人员聘任,再到员工生活福利,都是员工参与管理的范围。如酒店每季度都召开一次主管会议,由总经理在会议上将酒店的经营情况做出口头陈述,使各级管理人员了解酒店的现状,明确酒店将面临的困难,以及应该如何承担责任,采取什么方针以改善经营状况,如何提供更优质的服务,真正做到"以质取胜"等。再如酒店编制财务预算时,发动员工和基层管理人员积极参与,并进行反复讨论,对企业的实际情况和市场状况以及政治、经济因素对经营的影响等都作了充分的考虑。这样层层把关,层层讨论不仅是员工和各级管理人员参与酒店管理的能力得到锻炼,而且提高了酒店经营预算的可行性。

为了使员工民主管理能更好地进行,花园酒店及时公布每天的营业数据,保证了员工对经营情况信息的迅速了解。即在员工食堂的墙报栏上公布每天的营业额,让员工关注酒店营业的状况,知道酒店的营业动态,及时提出相关经营管理的意见和建议。在花园酒店,所有员工都有权利参与民主管理,对于员工提出的所有建议,有关人员都会做出回答,合理的则被采纳,并提出处理建议,不能采用的也会说明理由。

(4) 有序管理的制度化

健全的管理制度是有序化管理的必要保证,花园酒店经过 5 年的建设和实践,已基本形成了一套比较科学全面的管理制度,为所有管理工作的开展提供了依据。酒店的制度建设和层级管理以责任制为核心,按内容与层次将责任、权利、义务在管理者和员工身上分别加以落实,实行"横向到边,纵向到底"的责任制管理,这样不仅保证了经营、管理、服务各工作环节中责、权、利的对等,还使各项工作得到很好的落实,从而提高了管理的效率和效能。

酒店积极建设管理制度和业务规程,坚持用制度来约束、规范员工的行为。酒店管理规范化主要有三个方面的具体体现:即严格、科学和标准化。严格主要表现为制定严格的制度,实行严格的管理,严格的培训和严格的纪律;科学性则是指科学地设计制度和业务操作规程;标准化则在管理和业务操作标准化的文本建设中体现出来。

花园酒店完善的管理制度不仅体现在日常管理中,对于那些涉及各个部门的活动或比较大型的活动,酒店都要根据具体情况制定实施方案,并把这一要求制度化,保证了一切活动按章有序开展。因此,在花园酒店中无论是日常的经营管理活动,还是为客人服务的具体活动都具有高度的规范性,一切活动都有章可循,各项业务的进行都呈现出有序化的状态。花园酒店规范化的管理和业务操作,是其能够高效率的提供产品和服务的保证,使其圆满地完成了许多要求高、难度大的接待任务。

总的来看,花园酒店管理文化的最大特点就是人性化和规范化,建立以人为本的管理文化,用真诚关心人、爱护人;用事业的发展吸引人,留住人;用标准化、规范化和科学化的制度约束人。

2. 分析

(1) 企业文化培育需要培训与制度并行

"员工第一"是花园酒店中一句很响亮的口号,目的就是要满足员工需要,赢得员工的忠诚。为了使员工的素质和技能得到全面地增强,酒店提供了全方位的培训,激发了员工的忠诚度,通过高效的激励措施和对员工的真诚关系,来满足员工的需要,进而创造良好的团队氛围。

一般地,企业都会开展对员工的培训,但花园酒店的培训有其独到之处。目前,不少企业的人力资源开发采用"为企业所用"的指导思想,其目的是为了使员工的专业技能得到提高,从而能够更有效率地完成工作,提高企业整体的工作效率。这类培训的重点是业务技能,有些企业的培训费用还要员工自己支付,或者必须与企业签定多少年的工作合同,保证在一定时间内为企业服务等。这并非真正的以人为本的员工管理,是一种典型的从企业利益出发的人力资源管理形式。而花园酒店有着不同的指导思想,花园酒店对员工的培训着眼于员工未来的发展,以员工的职业保障为出发点,目的是使员工的能力得到全面发展,综合素质得到全面提高。

然而人本管理并不是管理文化的全部内容,制度建设也是其很重要的方面。只有建立完善的制度和规程,才能明确酒店企业中每个人的责、权、利,保证整个管理体系运作的有序化和高效率。

(2) 企业文化培育的过程

一个组织之中，管理文化代表着目标、信念与价值观。管理文化是指将一个组织的全体人员结合在一起的行为方式和标准，是管理精神世界中最本质、最核心的成分。在酒店企业管理文化的塑造过程中，不仅要注重管理制度的制定、管理规章和守则的实施，更需要对员工进行集体意识的培养。其中，人本管理和团队精神的塑造在酒店管理文化建设中将越来越受到重视。

酒店业属于生产与消费同步进行的劳动密集型行业，服务产品"生产与消费同时性"的特点增加了对服务过程管理控制的难度。因此，顾客对酒店所提供的服务是否满意，不仅取决于管理制度和业务规章的制定，也取决于员工的临场表现，临场表现的好坏则取决于员工的素质。员工的服务是否按规范操作，服务过程是否细心、周到又热情，是否用心为顾客服务，这不仅仅是服务的熟练程度问题，也是一种是否遵守职业道德的问题，更是企业文化的感召力问题。这一切都与服务人员的素质和管理人员的水平高低密切相关。因此对酒店业而言，建立"以人为本"的管理文化尤其重要，对外应以顾客为本，对内应以员工为本，尊重和信任员工、重视员工的需要、为员工提供适当的激励和发展机会，善待员工是员工善待客人的保证，只有快乐的员工才能给客人带来快乐，从而带来快乐的客人。

酒店企业管理文化的形成是一个长期的过程，是企业在经营发展过程中管理思想、管理理念不断积累的结果。每个酒店企业因其所处背景、发展过程、经营管理特点的不同，管理文化也会有一些差异。花园酒店管理文化的形成过程以及其内容和特点，可以为其他酒店塑造管理文化提供些许借鉴。

10.5.2 凯悦人本管理文化的启迪

凯悦酒店及度假村集团是一个在国际上知名度很高的豪华酒店管理集团，该集团由两个独立的集团公司组成：一是凯悦酒店集团，主要负责美国、加拿大及加勒比海地区的酒店经营；二是凯悦国际酒店集团，负责经营除美国、加拿大及加勒比海地区以外的所有酒店。现在，该集团旗下所属的豪华酒店和度假村分布于世界43个国家和地区的主要城市和旅游胜地，并形成了三个著名品牌，分别为凯悦(Hyatt Regency)、君悦(Grand Hyatt)和柏悦(Park Hyatt)。凯悦酒店有其独到的企业文化，其中包含了以员工为本和以顾客为本的管理文化。

1. 以员工为本的管理

凯悦的管理哲学观是：集团的所有员工使凯悦拥有了卓越不凡的经历。

凯悦集团努力为世界各地的员工营造一个公正且与道德标准相符合的工作环境。在凯悦的管理理念中，员工是集团的基本资产，他们对凯悦集团价值观的认同使其能够与众不同。

凯悦相信充满激情的员工是实现企业经营目标的有力保证,集团要尽力吸引并保留一支能够提供优质服务的生力军,他们以顾客为中心,富有创新精神,充分体现当地文化。

在集团价值观的引导下,凯悦不仅努力帮助员工很好地完成工作,更重要的是帮助他们发展其职业生涯。凯悦集团对员工的基本价值给予了充分的肯定,围绕"以人为本"的管理思想对员工进行管理和培训。

(1) 多元化培训

凯悦酒店和度假村每天接待的客人可能来自世界各地,这些客人也许会有一些与众不同的、特殊的需要,为了能给客人提供满足其个性化需要的服务,凯悦酒店和度假村对员工实施常规的多元化培训。为了使员工熟悉在给特定团体的客人提供卓越服务时可能出现的障碍,酒店会提前与特定团体进行沟通和交流,了解他们的相关信息,制定相应的培训计划。这些可以增强员工服务过程中的信心,使他们面对任何情形都能够得心应手,这样才能集中精力为客人提供最优质的服务,完成他们最重要的工作。同时,多元化培训的实施也可以提升顾客的体验,实现员工与顾客的双重利益。

以芝加哥的凯悦丽晶酒店为例,酒店将要接待一批参加国际皮革会议的客人,在所接会议召开的前六个星期,酒店召开了准备会议,由 100 名管理人员为员工介绍所接会议的目的、活动内容和会议期间的演出节目等相关事项,并为各相关部门的员工提供必要的培训,教给他们为这些客人服务时所必须的技巧,其目的是让员工为应付任何可能出现的情况提前做好准备,以便在任何时候都能满足顾客的需要,为其提供卓越的服务体验。

(2) 管理部门的培训计划

凯悦酒店中管理部门的目标着眼于满足每一个员工的具体需求,其培训设计通常针对某个专门部门开展,为员工提供与某个部门相关的专门训练和实际操作培训,并同时提供各相关部门见习的机会。

管理人员培训会从酒店内部或外部选拔人才。接受培训的人员需要满足一定的条件:如文化程度大学毕业或大学毕业以上,能够提供具有酒店管理方面职业潜能的证明。培训见习通常情况下限定在某一部门,而培训项目的长短根据培训目标、受训人员的工作经验、教育程度、个人目标和公司的目标等因素来确定,其中培训目标是首要的、起决定性作用的因素。

(3) 公司培训计划

凯悦的公司培训计划与管理部门的培训计划不同,它主要是针对那些素质较高、有潜力成为公司高层管理人员的大学毕业生进行,他们通常具备酒店管理、企业管理、市场营销等专业学位或同等学历,且有良好的英语水平并熟练掌握一门外语。集团会为他们提供一些额外的培训,帮助他们培养承担管理责任所需具备的能力和素质,并促使他们和公司共同迅速地发展。

培训的课程通常颇具挑战性,主要包括两个阶段的内容:首先在酒店各部门实习,然后对接受培训者感兴趣的方面实行强化培训。一般是根据受训者的需要和工作经历以及个人的目标来制定,其目的是让学员通过培训获取一定的实践经验,并在不同的学习环境中发展人际管理技能,在使受训者达到公司专业标准要求的同时帮助他们实现其个人职业生涯。培训计划的持续时间根据个人的需求和已有的经验而定,一般为6~12个月不等。

2. 以顾客为本的管理

在对顾客的服务上,凯悦的口号是"时刻关照您",其目的是尽力向所有顾客提供最佳的服务,用优质的服务创造独特的"凯悦风格"。提供高水平的个性化服务,使顾客感觉舒适和满意是凯悦的一大宗旨,对于顾客的每一项要求,酒店都会特别留意并尽量满足,同时凯悦还积极进行产品和服务创新,以满足顾客不断变化的需求。

酒店前台服务中的登记手续办理通常耗时很多,经常遭到顾客的投诉,凯悦多年来一直致力于发展更快、更有效的登记服务,最后在海特高科技公司的协助下研制出一种"一触即可"的自助登记系统,该机器由键盘、显示器、读卡仪、打印机和钥匙传送器构成,并安装在一个特制的黑色架子上。操作起来很简便,顾客只需要输入信用卡和身份证明,然后确认姓名、房间类型,完成后机器便自动传送出1~2把钥匙,同时打印出一份印有房号及客房路线图的登记单。这一系统的应用大大提高了办理登记手续的效率,节省了顾客等候的时间,一般来说,凡有预定的客人只需60秒,而下午预定的客人也只需不到90秒。

为了满足商务旅游者的需要,凯悦集团的许多酒店中都有"商务计划房间",这些房间都经过了特殊设计,配备有打印机、复印机、传真机等办公设备,并提供免费早餐以及其他富有特色的服务,其目的是保证商务游客在旅途中的良好工作效率。

凯悦还有其他一系列独一无二的产品和服务,用来满足特定顾客的专门需求。例如为了给会议旅游者提供高水平的服务而实施的多项创新措施,其中包括专门针对会议策划者和参加者所提供的"会议金钥匙服务",还有为提高会议策划的服务质量和增加顾客的满意度而设计的顾客关注运动(The Customer care initiative);以及用来奖励会议策划者的会议红利政策(Meeting Dividends)等;另外,酒店开展了一项与专业会议管理协会(PCMA)的合作计划,旨在证明凯悦的会议服务人员都是这方面的专家。

考虑到有孩子的家庭的需要,凯悦于1989年开始了"凯悦营地活动"。这是酒店为孩子们设计的一项很广泛的教育活动,适合小孩子到十几岁的青少年,活动内容包括以西寓教于乐的游戏和其他文化活动,能使孩子们在活动中学习到许多知识。在这个项目中,家长能以半价为孩子们订到一个小房间,并且酒店将会安排适合孩子们的食谱和客房服务等。

3. 分析

酒店业是服务性行业,服务质量的高低对酒店的经营绩效有着重要影响,而员工是酒店服务的主体,在酒店运营中的重要作用已被逐渐认识到,以人为中心的管理思想在酒店管理中也日益受到重视。

凯悦在其管理理念中提出的"正是集团的所有员工使凯悦拥有了卓越不凡的经历",这句简短的管理理念,包含着丰富的内涵,该理念充分体现了集团对员工的尊重,把员工看成是酒店经营的核心要素和重要资源,肯定了员工在集团中的主人翁地位,同时也强调了酒店与员工的共同发展。

对员工的尊重是酒店塑造"以人为本"管理文化的重要前提。从凯悦集团管理理念的表述中可以看出,凯悦集团充分尊重和重视员工。认识到员工不是只追求经济利益最大化的"经济人",而是有着"经济需要"、"社会需要"和"精神需要"等多方面需求的社会人,并采取各项措施满足员工的需要,努力为员工营造了一个合乎道德的工作环境。

对员工进行培训是酒店塑造"以人为本"管理文化的关键环节。培训是酒店提高服务水平和服务业绩的保证,也是酒店吸引和留住最好员工的一种行之有效的方法。如果员工对酒店业充满兴趣,决心长期在酒店业发展,他在选择工作机会时会更倾向于能够提供各种培训以促进其事业发展的酒店,并希望酒店为其提供终身学习的机会。无力为员工提供更多学习、发展机会的酒店自然无法留住这样的员工,即使短时间内留住了,也难以获得他们对企业的忠诚。培训也能帮助员工更好地理解和接受企业的奋斗目标和价值观念,使他们愿意留在企业工作,为企业服务,从而增强员工对企业的奉献精神。

以人为本的管理文化,不仅要在管理中以员工为本,还应该以顾客为本。顾客是酒店文化设计和塑造的核心,"以顾客为本"已成为酒店经营和管理中的重要指导思想。以客为本就是要尊重客人、信任客人,并尽量满足客人的需要,为其提供安全、舒适的服务,用发展的眼光培育忠诚顾客,寻求与顾客的共同发展。凯悦酒店从顾客的需求出发,努力改进自己的服务以使顾客更加满意,从发展的角度预测顾客需求的变化,不断改进自己的产品和服务,以实现和顾客长期的共同发展,培育顾客的忠诚。

附录 I

员工考勤、假期及加班管理规定(样例)

一、考勤管理制度

1. 考勤

(1) 考勤以部门为单位,由部门指派一名责任心强的考勤员负责考勤统计工作。考勤员与部门行政主管对考勤的真实性负责。

(2) 每月考勤周期为上月 26 日起至当月 25 日止。

(3) 全勤者按国家规定计算日工资,并根据国家规定的调整做相应的变动。

(4) 未满勤者按当月实际出勤天数计算其日工资。

(5) 各部门需于每月 28 日以前将部门行政主管签字的考勤资料递交至人力资源部,若未按期递交,该部门员工工资的发放时间顺延。

(6) 考勤表统一以电脑打印表格为准。

(7) 发薪日期为每月的 8 日。

(8) 处罚:每季度中有一次未能按时递交考勤资料,则对部门行政主管进行一次性人民币××元的经济处罚。

2. 工作时间

(1) 标准工作时间:一般工作时间为每天 7 小时(不含用餐时间),每周总工作时间不超过 40 小时,具体上、下班时间根据各部门的工作性质和业务需要由部门确定。

(2) 综合计算工时制:在 6 个月或 1 年内综合计算,但每天总的工作时间不超过 11 小时。

(3) 不定时工作制:因经营生产特点、工作特点需要或职责范围的关系无法按标准工作时间衡量的人员执行不定时工时制。

(4) 各部门和个别工作岗位人员的工时制度具体按"酒店工时制表"执行。

3. 迟到、早退、旷工

(1) 在规定的上班时间未到岗者即为迟到,包括已到达酒店但未到岗者。

(2) 未到下班时间而提前离岗者即为早退。

(3) 迟到、早退超过 30 分钟,视为旷工。

(4) 处罚:有关处罚规定可以参阅《处罚规定》。

4. 出差、外勤

(1) 员工出差必须经部门行政主管批准并报人力资源部备案,否则按旷工处理。

(2) 员工办理外勤时必须事先经本部门行政主管批准,否则按旷工处理。

二、假期管理规定

1. 公众假期

(1) 员工每年可以享有以下 11 天法定节假日:元旦 1 天,春节 3 天,清明节 1 天,五一劳动节 1 天,端午节 1 天,中秋节 1 天,国庆节 3 天,具体日期以国家公布为准。

(2) 若员工被安排在法定节假日当值,酒店按相关规定给予补休或加班补助。

(3) 除淡季期间或特殊情况,员工不可以提前调休,需经部门或人力资源部统一安排方可调休。

2. 病假

(1) 员工因病请假时,需持医疗保险机构指定医院或酒店医务室的病假建议书,经部门主管审核,报人力资源部批准方可生效。急诊或不便行走者,若病假在 3 天以内者,应先电话报告再由本人上班后补办手续;若病假超过 3 天者,应由其亲友在 3 天内到酒店办理请假手续;回家探亲或休假的外地员工,应于返岗后 2 天内凭县级以上医院的医生建议书补办手续。否则,一律按事假处理。

(2) 高层管理人员每次病假超过 2 天者,需报总经理审批。

(3) 患疾病需停工治疗或住院的员工,经县级以上医院的医生开具证明后,人力资源部将根据其为酒店服务年限,按国家相关规定给予停工医疗期和相应的病假工资。

3. 事假

(1) 个人有事,应先利用年假或补休时间办理,事假为无薪假。

(2) 员工必须提前 7 天书面申请事假(特殊情况必须在返岗后 2 天内)。若申请者请事假在 3 天内,经部门行政主管批准,报人力资源部备案;若超过 3 天(含 3 天),由部门行政主管批准,报人力资源部核准后方可生效。未经批准离岗者按旷工论处。

(3) 员工当年累计事假超过 10 天未超过 80 天(含 80 天)者,当年奖金将按比率扣减。超过 80 天者,不享受当年奖金。

4. 婚假

(1) 符合《中华人民共和国婚姻法》和相关计划生育规定的正式员工,在酒店工作时间满一年,结婚时可以申请 3 天有薪婚假;符合晚婚条件者(男 25 周岁,女 23 周岁以上)可以增加 10 天晚婚假。

(2) 申请婚假应至少提前 15 天书面申请。

(3) 婚假需在结婚登记正式注册生效之日起半年内使用,过期则按放弃该权益处理。

5. 产假

(1) 按《中华人民共和国劳动法》中的规定,女员工生育可享有 90 天有薪假期。

(2) 难产增加 30 天假期。

(3) 晚育者(24 岁后生育第一胎)增加 15 天假期。

(4) 多胞胎每多生一胎增加 15 天假期。

(5) 办理"独生子女证"者,增加 35 天假期。

(6) 男员工在子女出生后的 15 天内,凭子女出生证可以申请 10 天有薪看护假。但必须在子女出生日起 30 天内休完该假期,否则作为自动放弃处理。

(7) 怀孕 6 个月以上的女员工若因身体状况不能适应酒店的工作安排,可以提前申请休假。酒店可以考虑按其月工资 30% 的标准,每月发放生活补助费,直至其子女出生前 15 日为止。

(8) 其他计划生育假按照相关规定执行。

6. 慰唁假

员工直系亲属(父母、配偶父母、配偶、子女)去世,凭公安部门出具的死亡证明可以享有 3 天有薪慰唁假。

7. 年假

(1) 在酒店连续工作时间满 12 个月的员工,均可享受年假待遇。年假为有薪假期,年假天数视员工级别和工作年限而定。

(2) 中层管理人员及普通级员工每年年假为 5 天。在本酒店工作满 5 年不足 10 年者,可以享有 7 天年假;满 10 年未满 20 年者,可以享有 10 天年假;满 20 年以上者,可以享有 14 天年假。

(3) 高层管理人员每年年假为 10 天,在酒店工作满 5 年者,可享有 11 天年假。本年度的年假应一次性连续使用,不得累计至下年度。因酒店工作需要而导致当年不能休假的,经人力资源部批准可以顺延 6 个月内使用。

(4) 员工申请年假需提前 15 天提出书面申请,中层管理人员和普通员工由部门行政主管审核并报人力资源部批准,高层管理人员需经总经理批准后方可生效。

8. 加班规定

(1) 各部门若确实因工作需要加班,应事前填写加班申请表,经部门行政主管或总经理批准后报人力资源部批准并存档,否则不视为加班。

(2) 超时工作在 30 分钟以内的不算加班,且当月不得累计计算。

(3) 每季度加班补休累计不得超过 10 天,并要在当季度内补休完毕,不得累计至下一季度使用。特殊情况应由部门向人力资源部提交书面报告,报总经理审批。

(4) 有关加班处理的具体规定可以参阅《加班规定》。

9. 请假程序及相关规定

(1) 本制度所规定的所有假期原则上应一次性休完,不得累计(特殊情况必须经人力资源部批准)。假期内若遇公休假日的,不另外增加假期天数。

(2) 本制度未尽事宜可以参考国家、省相关规定予以补充。

三、解释权与生效期

酒店有权对本规定做适当的修改和补充,最终解释权归人力资源部门所有。

本规定自公布之日起实行。

附录 Ⅱ

人事档案管理办法(样例)

1. 总则

为了规范酒店劳动人事档案管理工作,特制定本办法。

2. 管理体制

人事档案统一由人力资源部保存。

3. 管理内容

(1) 负责员工人事档案的建档工作。

(2) 员工调入时,人事档案的转调工作。

(3) 员工考核结果及奖励、惩罚决定存入人事档案。

(4) 统计分析人事档案资料,合理调配人才,做到人尽其才。

(5) 员工离职或调出时,工作总结与工作证明、人事档案调转工作。

(6) 人事档案为密件,需合理存放,不泄露秘密,无关人员不得查阅。

(7) 因各种特殊原因,若调入人原单位无正当理由不予调动、档案丢失、毁损等,酒店按相关规定为其重新建立人事档案。

4. 附则

本办法最终解释权归属于人力资源部,经总经理批准颁行。

附录 Ⅲ

员工职务变动管理规定(样例)

为使各部门明确掌握职务变动的标准,根据《员工手册》制定本规定。

1. 员工职务变动包括晋升、降职、内部调职

(1) 晋升。

① 根据酒店员工编制,确有晋升职务的空缺。

② 在德、能、勤、绩等方面有良好的表现。

③ 达到拟晋升职务的要求和标准,或具备该职务应有的潜质。

④ 半年内未受到口头警告以上的处分。

⑤ 凡晋升的员工,要完成酒店规定的培训课时,并需通过相关部门的考核。

⑥ 普通员工、中层管理人员晋升,原则上应有原职务半年以上工作经验;高层管理人员晋升,原则上应有原职务一年以上工作经验。

(2) 降职。

① 工作表现未达到现职务的工作要求和标准。

② 严重犯规或失职,受到书面警告以上的处分。

③ 职务调动,但未达到新职务的要求。

④ 身体状况欠佳,暂不胜任现任职务的工作。

(3) 内部调职。

① 酒店及部门工作需要(调职员工需基本具备新职务的工作能力和潜质)。

② 员工不胜任现职工作。

③ 因身体健康状况不能从事现职工作。

2. 员工职务变动后工资档次的调整办法

(1) 晋升:原则上可以调整至新职务工资级别的最低档次。

(2) 降职:原则上可以降至该职务的工资级别,具体档次视情况确定。

(3) 内部调职:可以调整至新职务的工资级别,具体档次视情况确定。

3. 审批权限及生效日期

（1）人力资源部审核所有的职务变动申请，普通员工职务变动但不调整工资的由人力资源部总监批准，其余变动均需呈报总经理审批。

（2）员工任新职务和新工资标准的生效日期以人力资源部签发的《人事变动通知》为准。

（3）普通员工和中层管理人员职务晋升生效的首个月、高层管理人员首个季度需接受所在部门或人力资源部对其工作情况进行的考评，考评不合格者则下调回其晋升前职务（职级）和工资标准，合格者需于指定时间到人力资源部办理合同变更手续。

4. 程序

（1）部门主管填写《人事变动报告》，详细注明变动原因，晋升者需提交考评表，降职者需附上相关证明材料。

（2）部门行政主管签署意见后，将《人事变动报告》密封后由专人送至人力资源部。

（3）《人事变动报告》按审批权限获得批准后，人力资源部将于3个工作日内发放《人事变动通知》，所在部门或人力资源部需及时递交员工任新职的相关考评材料。

5. 解释权与生效期

（1）酒店有权对本规定作适当的修改和补充，最终解释权属人力资源部。

（2）本规定自××××年×月起实施。

附录 IV

人力资源部工作报告(样例)

人力资源部××××年×月工作报告

1. 成本费用报告

页码:共 页。如附表 IV-1 所示。

表 IV-1

项 目	实际费用	预算费用	差 异	费用分析
工资及福利				
电话费				
维修费				
招待费				
文具用品				
物资报废				
汽油费				
路费				

2. 员工状况报告

人员变动情况表如附表 IV-2 所示。

附表 IV-2

项 目	姓 名	职 位	说 明
晋升			
辞职			
解雇			
入职			
口头警告			

续表

项　目	姓　名	职　位	说　明
书面警告			
最后警告			

3. 领用物品报告

如附表Ⅳ-3所示。

附表Ⅳ-3

名　称	数　量	单　价	总　金　额	用　途

4. 采购物品报告

如附表Ⅳ-4所示。

附表Ⅳ-4

名　称	数　量	单　价	总　金　额	用　途

5. 盘点报告

如附表Ⅳ-5、附表Ⅳ-6所示。

附表Ⅳ-5　设备物品盘点总报表

名称	单位	单价	上月结存		本月领用		本月发出		本月结存		差异		报废		备注
			数量	余额	数量	余额	数量	余额	数量	余额	数量	余额	数量	余额	

续表

名称	单位	单价	上月结存		本月领用		本月发出		本月统存		差异		报废		备注
			数量	余额	数量	余额	数量	余额	数量	余额	数量	余额	数量	余额	
总计															

附表 Ⅳ-6　贵重失物盘点表

名　称	数　量	品　牌	拾获日期	存放箱号	备　注

6. 本月工作总结

（略）

7. 下月工作计划

（略）

报告人：人力资源部
日期：　年　月　日

参 考 文 献

[1] 廖钦仁,胡蓉.酒店人力资源管理实务[M].广州:广东经济出版社,2012.

[2] 胡八一.民营企业人力资源管理实务[M].北京:电子工业出版社,2012.

[3] 顾沉珠,田刚.饭店人力资源管理实务[M].南京:东南大学出版社,2007.

[4] 徐文苑,贺湘辉.饭店人力资源管理[M].北京:清华大学出版社,北京交通大学出版社,2005.

[5] 张玉改.酒店人力资源管理[M].北京:北京大学出版社,2008.7.

[6] 高子平.民营企业家人力资本形成研究[M].上海:上海社会科学院出版社,2010.

[7] 何丽芳.酒店服务与管理案例分析[M].广州:广东经济出版社,2008.

[8] 李志刚.饭店人力资源管理[M].北京:中国旅游出版社,2005.

[9] (澳)唐·约翰逊.旅游业人力资源管理[M].朱虹,译.北京:电子工业出版社,2004.

[10] 黄维德.人力资源管理与开发案例[M].北京:清华大学出版社,2005.

[11] 吴冬梅,白玉苓,等.人力资源管理案例分析[M].北京:机械工业出版社,2008.

[12] 孙宗虎.人力资源管理职位工作手册[M].北京:人民邮电出版社,2009.

[13] 邱庆剑.人力资源管理工具箱[M].北京:机械工业出版社,2009.